KB146369

영남 선비들, 정조를 울리다
—1792년 만인소운동

이
상
호
지
음

영남 선비들, 정조를 울리다

—1792년 만인소운동

푸른역사

● 이 책은 2023년 상반기, 한국국학진흥원 연구년 지원으로 집필되었습니다.

열려 있는 청원문화

1792년 음력 윤4월, 영남 남인으로 일컬어지는 경상도 유생들이 가족들의 눈물을 뒤로한 채, 목숨을 건 한양행에 나섰다. 유학 이념에 따라 잘못된 권력을 비판하고 올바른 정치를 청원하는 연명 상소를 올리기 위해서였다. 사도세자의 아들 이산(묘호는 정조)에 대한 기호 노론의 압력과 오만불손을 '옳지 않음'으로 규정한 영남 유생들은 이를 바로잡는 데 목숨을 걸었다. 1만여 명이 넘는 유생들이 연명했고, 청원의 정당성을 확보하는 과정을 거쳐 상소 봉입이 이루어졌다. 한국 역사에서 최초로 1만 명 이상이 연명한 상소, 즉 만인소가 올라가는 순간이었다.

　모두 잘 알고 있듯, 1792년의 조선은 민주적 절차에 따라 권력 획득과 이양이 이루어지는 국가가 아니었다. 특히 다양한 사상과 생각의 자유를 기반으로 합의를 통해 결론을 도출하는 나라도 아니었다. 유학의 이념에서 벗어나면 바로 '이단'과 '사문난적斯文亂

賊’으로 규정되던 사회였다. 이러한 나라에서 영남 유생들은 강고
하기 이를 데 없는 집권 권력을 향한 비판적 여론을 상소에 담아
왕에게 올렸고, 정조는 눈물을 흘리며 이 상소를 받아들였다. 유
교 이념에 의해 운영되던 왕조 국가 조선에서 여론을 통한 비판이
실현되는 순간이었다.

만인소운동은 조선의 열려 있는 청원문화에 기반했다. 조선은
글을 할 수 있는 사람, 특히 유학을 수양하는 선비라면 누구나 왕
에게 자기 의견을 개진할 수 있었고, 왕은 이를 보장해야 했다. 유
학 이념이 왕과 권력자들에게 비판을 수용하도록 강제했다. 그러
나 아무리 왕이 이를 보장해도, 왕에게 올리는 청원은 기본적으
로 불편하고 받아들이기 힘든 내용들일 수밖에 없었다. 그 결과
상소는 점점 개인에서 집단운동으로 변화해 갔다.

만인소는 이러한 집단 상소운동이 ‘모든’을 상징하는 숫자인
‘만萬’에 도달했음을 의미한다. 1만 명 이상이 연명해서 청원했다
는 사실은 이 상소야말로 왕이 반드시 받아들여야 할 ‘공론公論’
(한자로만 보면 공적인 의론이지만, 조선에서 공론은 ‘올바른 의론’이라는 의
미로 해석되었다)이라는 의미였으며, 따라서 파급력 역시 컸다. 연
명과 수결을 통해 청원에 참여한 인원이 1만 명을 넘겼다는 사실
은 ‘민심’(오늘날 개념으로 여론)이 그곳에 있음을 의미하는 것으로
읽혔다.

하지만 이런 이유로 권력을 잡은 이들은 만인소운동을 특정 파
당의 이익을 위해 올리는 상소운동으로 비하하면서, 이를 저지하

기 위한 노력을 마다하지 않았다. 게다가 권력의 정점에 서 있던 군주가 이러한 민심을 받아들일지도 불투명했다. 이 때문에 절차적 정당성을 잃었을 경우 목숨을 잃을 위험성 역시 컸다. 큰 결단과 고민이 필요한 일이라는 의미이다. 그래서 만인소운동은 '자발적 참여'가 원칙이었다. 물론 학연과 지연 등을 바탕으로 하는 촘촘한 관계망이 이러한 운동에 참여를 독려하는 힘이 되기도 했지만, 최종 판단은 결국 자발성에 근거했다.

민주적 절차에서 '자발적 참여'는 그 의미가 크다. 자발적이라면, 참여한 사람들 개개인에게 동일한 지위와 자격이 부여되기 때문이다. 자발적 참여가 원칙이 되면서, 만인소운동은 추진하는 과정 자체가 다양한 의견들의 합의 과정일 수밖에 없었다. 모두의 의견은 동일한 지위와 자격을 가졌다. 이 때문에 설득과 합의를 통해 운동 전체를 모아 가는 과정이 필요했다. 상소운동을 위한 여론을 형성하고 참여를 유도했으며, 참여자 모두가 민주적 절차에 따라 소두(상소의 대표자)를 선출하고, 실행 방향을 결정했다. 그리고 이렇게 합의된 내용에 따라 모두가 함께 행동했던 것이다.

만인소운동은 추진하는 주체 세력들 내에서도 다양한 정치적 행위가 이루어졌고, 비판과 합의 역시 다반사로 이루어졌다. 이로써 만인소운동은 현대적 개념의 민주적 절차에 따른 행위로 평가되기도 한다. 물론 만인소운동 참여자들이 현대적 개념의 민주주의 이념 아래에서 이 운동을 진행했던 것은 아니다. 하지만 그들은 제한된 환경 속에서 이상적인 민주주의의 원형을 만들었다. 오늘날 우리가 최초의 만인소운동을 다시 새겨 봐야 하는 이유이다.

이 책은 정조의 명에 따라 1792년 음력 3월 영남 남인들만을 대상으로 시행했던 도산별과를 시작으로, 이후의 만인소운동의 과정을 추적하고 있다. 특히 이 책은 이 과정에서 형성된 영남 남인과 기호 노론의 갈등, 그 중간에 서 있던 정조의 의도와 생각, 그리고 상소운동 주도 세력 내부의 갈등 등을 추적하고 있다. 이를 통해 예나 지금이나 특별한 정치운동 과정에서 발생하는 다양한 현상들을 중심으로, 만인소운동 전체 과정을 이해할 수 있도록 기술했다.

이 책은 한국국학진흥원 소장 필사본 《천휘록闡揮錄》에 들어 있는 〈임자소청일록壬子疏廳日錄〉의 기록과 시선을 따라 집필되었다. 부족한 부분이나 보충해야 할 내용은 같은 내용을 다룬 다른 기록들을 참고했다. 《천휘록》, 〈임자소청일록〉의 저자가 명시적으로 기록되어 있지 않아, 저자 미상으로 처리되어 있지만, 학계에서는 내용을 볼 때 당시 상소운동에 참여했던 류이좌의 기록으로 추정하고 있다. 이러한 이유에서 이 책에서는 《천휘록》, 〈임자소청일록〉을 집필했을 것으로 추정되는 류이좌의 이름을 전면에 드러냈다.

1792년 만인소운동 관련 기록 가운데 《천휘록》이라는 이름을 가진 또 다른 책이 있다. 이 책의 원본은 당시 상소운동에 참여했던 권방權訪(1740~1808)이 편집한 것으로 알려져 있으며, 1933년에 《천휘록》 건乾·곤坤(활자본) 두 책으로 발간되었다. 이 외에 관련 일기로 상소운동을 주도했던 김한동金翰東의 《와은선생문집臥隱先生文集》(권4), 〈소행일록疏行日錄〉과 소두인 이우李瑀의 《면암집별록俛庵集別錄》(상上), 〈임자일기壬子日記〉, 그리고 저자 미상의 《영소전말嶺疏顚末》 등이 있다.

이 밖에도 당시 상황을 기록했던 두어 종의 개인 일기들이 더 있다. 더불어 이 기록들을 기반으로 1792년 만인소운동 과정을 다룬 이병훈의 〈1792년 사도세자 신원 만인소의 추진 배경과 추이〉라는 논문도 함께 참고했다.

이 책은 《1751년, 안음현 살인사건》으로 출발한 '조선사의 현장으로'의 두 번째 시리즈물이다. '조선사의 현장으로'는 특정 사건이 가진 다양한 내용들을 세밀하게 보여 줌으로써, 일반인이 그 현장 속에 들어가 있는 것 같은 입체감을 느끼도록 기획된 시리즈이다. 이 책에서 소개하는 사건 또한 짧은 미시적 사안이지만, 사건이 가진 다양한 요소들을 현대인의 시각에서 입체적으로 재구성하려 노력했다. 이를 통해 분과 학문으로 나뉘어서 연구되어 온 다양한 내용들을 하나의 사건 속에 통합하여 이해할 수 있도록 했다.

사건을 미시적으로 다루다 보면, 기록이 없거나 현대 관점에서 이해되지 않는 사실 역시 적지 않다. 기록이 없을 경우 선행 연구 결과를 바탕으로 추론하거나 상식적 수준의 유추를 통해 빈 부분을 채워 넣어야 했다. 더불어 관련 전문가들의 도움을 통해 전문적인 부분을 철저하게 확인해야 했다. 원고를 꼼꼼히 읽어 준 이정철, 김형수 두 역사학자에게 감사 말씀을 전한다. 또한 당시 경상도 유생들이 경상도 북부에서 출발하여 성균관까지 4~5일 만에 이동했던 길을 함께 답사하면서 소행길을 추적했던 한국방송통신대학교 신춘호 박사님의 도움에도 깊은 감사를 드린다.

필자는 이 책을 한국국학진흥원에서 근무한 지 16년 만에 맞은 연구년 기간에 집필했다. 연구년을 통해 그야말로 연구만 할 수 있도록 배려해 준 동료 연구원들과 직원 여러분에게 감사의 말씀을 전한다. 더불어 연구년이라는 잠시의 짬에도 불구하고 책 집필로 짧은 여행조차 함께하지 못한 가족들에게 미안한 마음이 크다. 아내 미라와 아들 주형, 딸 수연에게 이 책을 통해 그 미안함과 감사의 마음을 함께 전한다.

안동호 상류에서
저자 씀

어머니의 눈물

1792년 음력 윤4월 17일, 하회(현재 하회마을)를 감싸고 도는 강물 위로 뉘엿뉘엿 넘어가는 햇살이 마지막 빛을 내뿜고 있었다. 29세의 젊은 안동 선비 류이좌柳台佐(鶴棲)(1763~1837)는 높지 않은 북촌 본가[1]의 담벼락을 사이에 두고 집에 들어가지 못한 채 서성이고 있었다. 원래 그는 3월 초부터 어머니 병증이 전염병 같아 보여, 봉서암鳳栖菴[2]에 피신해 있던 터였다. 두 달 가까이 암자에만 머물렀던 터라, 회복하신 어머니를 뵙고 문안부터 드리는 게 당연했다.

편지_아니 갈 수 없는 길

넘어진 김에 쉬어 간다는 속담처럼, 류이좌는 어머니의 병이 의

심되어 잠시 피신했던 봉서암에서 시간을 가지고 책과 벗하기로 했었다. 그러나 시간 가는 줄 모르고 책에 빠져 있었던 두 달여의 시간은 전날(윤4월 16일) 봉서암으로 날아든 편지로 인해 끝나 버렸다. 백부 류종문柳宗門[3] 선생이 보낸 편지였다.

"류성한柳星漢(1750~1794)[4]이 어떤 이상한 귀물鬼物인지는 모르겠으나 흉측한 상소를 올려 임금을 무함하고 욕되게 했다"[5]라는 문장으로 시작하는 편지에서 이번에 영남[6]이 대대적으로 상소운동을 일으키게 되었다는 사실을 알려 왔다. 상황을 모르는 류이좌를 위해 상소운동이 시작된 대강의 연유와 이번 상소운동에 류이좌가 소임疏任[7]으로 거론되었다는 사실도 함께 알려 주었다.

편지에 따르면, 지난달 대간臺諫[8]이었던 류성한이 왕에게 해서는 안 될 말로 상소를 올렸고, 이로 인해 조정은 벌집을 쑤셔 놓은 것처럼 시끄럽다고 했다. 영남에서도 류성한을 탄핵해야 한다는 여론이 일기 시작했고, 류이좌에게 이 소식이 전해질 때쯤 영남의 여론은 이미 비등점을 넘어 행동으로 옮겨지고 있었다. 류성한을 앞세워 왕을 능멸한 노론의 행태를 더 이상 두고 볼 수 없다는 데 영남의 의견이 모였고, 그에 따라 벌써 영남은 발을 싸매고 한양을 향해 위험한 발걸음을 시작했다.

류이좌에게 이 소식이 전해질 무렵 이미 한양을 향해 출발한 사람[9]도 있었으니, 상황은 긴박하게 돌아가고 있었다. 삼계서원三溪書院에서 보내온 문서에 따르면 상소운동에 참여할 소임들은 일단 윤4월 19일 풍기향교(현재 경북 영주시 풍기읍 교촌리에 있다)에 모여 한양으로 출발할 예정인데, 류이좌에게도 여기부터 참여해 달라는 요청이 있었다. 이 일정에 맞추려면 윤4월 18일까지 풍기향교에 도착해야 했다. 편지 내용만으로는 저간의 사정을 자세하게 파악할 수는 없었지만, 날짜만 보면 하루가 급했다. 일단 봉서암을 내려와야 했다.

윤4월 17일 아침식사를 하는 둥 마는 둥 하고 급히 짐을 챙겼다. 정오 무렵, 아우 (류)석조가 아버지를 모시고 함께 봉서암에 올라왔다. 부친은 류이좌가 한양행에 나서야 한다는 사실은 모른 채 봉서암을 오른 듯했다. 짐을 싸고 있던 류이좌는 대강의 내용을 말씀드렸다. 영남 유림을 대표할 사람 가운데 한 명으로 아들 이름이 거론되었다는 사실이 아버지 입장에서는 한편으로 자랑스러웠지만, 또 한편으로는 영남의 이러한 집단 행동이 앞으로 어떤 파장을 낳을지 짐작할 수 없어 걱정스럽기도 했다. 하산하는 내내 한마디도 내뱉지 않는 것으로 불안한 심경을 드러냈다.

부친을 먼저 집으로 보낸 후, 우선 하상河上(병산서원이 하회의 상류에 위치해 있기 때문에, 하상은 병산서원을 지칭하는 말로 보인다)을 찾아 편지를 보낸 백부와 숙부를 만났다. 오후 늦게까지 류종문 선생이 알고 있는 당시 상황을 좀 더 자세하게 듣고 나니 답답한 마음을 숨길 수 없었다. 영남의 입장에서 이 문제는 그냥 넘길 일이 아니었다. 병산서원에서 하회마을로 이어진 강을 따라 집에 도착하니 이미 해가 저물고 있었다. 철이 들면서 늘상 왕래했던 길이었건만, 이날만큼 병산에서 하회가 멀게 느껴진 적도 없었다. 출발 준

삼계서원

기묘사화에서 희생된 충재冲齋 권벌權橃(1478~1548)의 학문과 덕행을 추모하기 위해 설립한 서원. 당시 안동부사였던 김우옹이 1588년 건립했다. 1660년 사액을 받았지만, 1868년 흥선대원군의 서원 철폐령으로 철폐되었다가 1951년 복설되었다. 현재 경상북도 봉화군 봉화읍 삼계리에 있다.

병산서원의 만대루

원래 풍산 류씨의 교육기관이었던 풍악서당을 모태로 한다. 류성룡 생전인 1575년 서당을 병산으로 옮기고 순수한 강학 기능을 가진 '병산서원'으로 부르다가, 류성룡 사후 1614년 존덕사를 세워 그의 위패를 모시면서 배향과 강학 기능을 모두 갖춘 서원이 되었다. 흥선대원군의 서원 철폐령에도 훼철되지 않은 47개 서원 가운데 하나로, 2019년 유네스코 세계유산에 등재되었다. 현재 안동시 풍산면에 있다. ※출처: 문화재청.

영남 선비들, 정조를 울리다—1792년 만인소운동

비도 서둘러야 하는데, 막상 대문 앞에 서니 쉬이 집에 들어갈 수가 없었다. 담장 밖에서 서성이는 류이좌의 모습을 본 어머니의 부름이 없었다면, 언제 집에 들어갈지 알 수 없는 상황이었다.

어머니의 눈물 _ 위험한 길

어머니 앞에 앉았다. 오랜만에 올리는 문안 인사였다. 어머니는 이미 저간의 사정을 대략은 알고 있는 듯 한양 가는 일에 대해 상세하게 물었다. 그제서야 류이좌는 머뭇거리며 한양행에 대해 입을 열었다. 류이좌가 말을 끝맺기도 전에 상소를 올리기로 했다는 말만으로 이미 어머니의 눈에서는 걷잡을 수 없는 눈물이 흐르고 있었다. 이 길이 얼마나 위험한 일인지, 그래서 이게 살아서 마지막으로 아들의 손을 잡는 순간이 될 수도 있다는 사실을 어머니 역시 알고 있었다.

그도 그럴 것이, 류이좌의 어머니는 16년 전인 1776년 안동에서 있었던 일을 또렷하게 기억하고 있었다. 그해 3월 10일, 사도세자의 아들 '이산李祘'이 왕위에 오르자 영남은 이를 새로운 기회로 여겼다. 새로 즉위한 정조는 당연히 아버지 사도세자의 죽음에 대한 책임을 추궁할 가능성이 높았고, 이는 사도세자의 죽음에 관여된 기호 노론에 대한 타격으로 이어지리라는 생각 때문이었다. 정조의 즉위가 노론에게는 그만큼 위협이었고, 그래서 영남에는 그만큼 새로운 기회였다. 정조 즉위년에 안동 유생 이도현李道顯(1726~1776)과 그 아들 이응원李應元이 상소를 올린 이유였다.[10] 이들은 사도세자의 아들이 왕이 되었으니, 사도세자의 원통한 사연은 밝혀져야 한다고 생각했다. 막 즉위한 왕의 정치적 역량이나 생각, 그리고 환경까지 고민할 상황은 아니었다. 그러나 예나 지금이나 최고 권력자가 바뀌었다고 모든 게 한순간에 바뀌지는 않는 법, 정조의 즉위는 그야말로 왕만 바뀌었을 뿐 권력구조가 바뀐 것은 아니었다. 게다가 정조는 사도세자 문제를 다루지 말라고 신신당부한 영조의 유언을 기억하고 있었다.[11] 정조는 즉위하자마자 사도세자 죽음에 직접 관여했던 몇 사람만 처단했고, 기호 노론은 여전히 권력을 유지할 수 있었다. 이러한 저간의 사정을 알 리 없었던 이도현 부자는 의기 하나로 노론이라는 거대 권력을 향해 자신의 몸을 던졌던 것이다.

이들이 올린 상소는 영남에 엄청난 충격이 되어 돌아왔다. 이도현·이응원 부자는 역도로 몰려 처형당했고, 안동은 지역의 격이 '부府'에서 '현縣'으로 강등되었다.[12] 조선에서 사형은 오직 왕만 명할 수 있다는 사실을 감안하면, 이들의 사형도 정조 자신의 입으로 명했을 터였다. 정조는 자신의 아버지 사도세자의 억울한 죽음을 신원해 달라고 청원한 사람들을 사형에 처해야 하는 상황에 내몰렸지만, 여기에서 그가 할 수 있는 일은 많지 않았다. 역모의 소용돌이가 안동을 휩쓸고 지나가면서, 그해 8월까지 관련자 처벌이 이루어졌다. 그렇게 영남은 바뀌지 않은 현실을 절감했다. 영

영남 선비들, 정조를 울리다―1792년 만인소운동

남 사람이라면 누구나 알고 있는 1776년 여름의 기억이었다.

　이후 재위 16년 동안 정조의 정치력은 커졌겠지만, 어머니 입장에서 그 정도의 정치력이 아들의 목숨을 보존할 수 있을 정도인지는 알 수 없었다. 아무리 시간이 지났다고 해도 집단 상소를 올리는 일은 여전히 목숨을 걸어야 하는 일이었는데, 지금 아들이 그 길의 전면에 나서겠다고 하기 때문이었다. 영남을 생각하면 아니 갈 수 없는 길이지만, 어머니 입장에서는 눈물보다 더한 것으로라도 말리고 싶은 길이었다. 많은 영남의 선비들은 1792년 윤4월 누군가는 어머니의 눈물을, 또 다른 누군가는 아내의 눈물을, 또 다른 누군가는 아들의 눈물을 뒤로한 채 한양을 향한 발걸음을 떼기 시작했다. 어쩌면 다시 돌아올 수 없는 길을 말이다.

- 이 책은 한국국학진흥원 소장 필사본 《천휘록䠒揮錄》에 들어 있는 〈임자소청일록 壬子疏廳日錄〉의 기록과 시선을 따라 집필되었다. 이 책의 저본이 되는 《천휘록》 〈임자소청일록〉은 한국국학진흥원에서 번역·간행한 《국역 조선 후기 영남사림 일기》(2008) 속에 포함되어 있다. 원래 이 책은 저자 미상으로 알려졌지만 책 내 용과 관련 연구들을 통해 당시 만인소운동에 참여했던 류이좌가 기록한 것으로 정리되었다. 그래서 《천휘록》의 저자는 류이좌로 표기했다. 번역은 정원준이 했 다. 관련 내용을 인용할 때에는 이 책의 번역서를 기준으로 했다. 따라서 이 책 의 서지사항을 "류이좌, 《국역 천휘록》"으로 표기하고 《국역 조선 후기 영남사 림 일기》의 쪽수를 부기하기로 한다.

- 원래 《천휘록》이라는 이름의 책은 두 종이 있다. 위의 류이좌가 쓴 책이 그 하나 이고, 권방이 편집한 또 다른 책이 있다. 후자는 활자본으로 1933년 권방이 편 집한 《천휘록》 건乾·곤坤으로 발간되었다. 따라서 권방이 편집한 《천휘록》 건· 곤(활자본)의 서지사항을 표기할 때에는 《천휘록》 건, 권1, 〈임자록〉"으로 하고 날짜 및 원문을 제시하기로 한다.

- 조선시대 통용되는 날짜는 모두 음력이다. 이 책에서 참고한 모든 원전 기록들 은 음력이므로, 이 책에서 다루는 날짜 역시 별도 표기가 없으면 모두 음력이다.

|《천휘록》의 저자 류이좌 |

류이좌의 본래 이름은 류태조柳台祚였는데, 1794년 과거에 합격한 이후 정조가 직접 "나를 돕고 스스로를 도우라"라는 의미를 지닌 이좌台佐로 바꾸어 주면서, 이후 류이좌로 불렸다. 이 일기가 기록되는 시점의 이름은 류태조지만, 역사적으로 알려진 이름이 류이좌이기 때문에 혼돈을 피하기 위해 이 책에서는 류이좌로 표기한다. 그는 1794년 정시문과에 병과로 급제해 승정원 가주서가 되었고, 1800년 사간원 정언이 되었으며, 1807년 안변부사로 있으면서 화재로 소실된 무기고와 병기를 복구했다. 1810년 군자감정과 홍문관 교리를 지냈다. 1820년 예조참의와 1822년 동부승지 및 1829년 오위도총부 부총관·승정원 우승지·호조참판 등을 역임했다. 정경세鄭經世의 연보와 구보舊譜를 개정해 펴냈고, 1837년에는 도산서원에서 사림의 천거로 동주洞主가 된 뒤《퇴계집》을 중간하기도 했다. 저서로《학서집鶴棲集》20권 10책이 전한다.

|이 책의 주요 인물 |

● 김한동

안동 출신으로 본관은 의성이다. 1763년 진사가 되고, 1781년 경릉 참봉이 되었다. 1789년 식년문과에 을과로 급제해 전적이 되었다. 부교리·지평·정언을 거쳐, 1791년 헌납, 이어서 수찬을 거쳐 이듬해 동부승지, 1794년에는 순천부사를 지냈다. 1796년 대사간이 되었으나 파직되었다가 1799년에 다시 대사간에 기용되었으며, 이어서 승지를 지냈다. 1802년(순조 2) 지평 정언인鄭彦仁의 탄핵을 받고 명천明川에 유배되기도 했다. 그 뒤 흡곡歙谷으로 이배되었다가 1805년에 풀려났다. 저술로는《와은선생문집》이 있다.

● 이우

본관은 한산으로, 호는 면암俛庵이다. 경상도 안동 소호리(지금의 경상북도 안동시 일직면) 사람이다. 아버지는 소산小山 이광정李光靖으로, 당시 영남 유림의 종장이었던 대산大山 이상정李象靖의 동생이다. 따라서 이우는 이상정의 조카이기도 하다. 가학을 통해 공부를 했으며, 1792년 만인소운동의 소두로서 활동했다. 이로 인해 정조 사후 고금도에 유배되기도 했지만, 사면된 이후 참봉에 추천되어 벼슬이 내려지기도 했다. 그러나 사양하고 백부 이상정의 유사를 짓고 문집 발간에 정성을 다했다. 문집으로는《면암집俛庵集》이 전해지고 있다.

● 머리말_열려 있는 청원문화 ... 005
● 프롤로그_어머니의 눈물 ... 011
편지_아니 갈 수 없는 길 | 어머니의 눈물_위험한 길

01 ... 도산별과_새로운 희망 ... 022
영남_반역의 땅 | 정조의 즉위_희망과 절망 사이 | 도산별과_새로운 영남의 희망

02 ... 반발_류성한의 상소 ... 038
발화_류성한의 상소 | 비판_당파를 넘어 | 확산_윤구종 사건 | 의도_정조의 생각

03 ... 분노_공론의 수렴과 소행 ... 060
소식_영남의 행보 | 의결_여론 형성과 도회 | 상소운동_공론이 갖는 권위 |
소행_상소운동의 시작 | 지역_배소 유생들의 활약

04 ... 소청_본격화된 상소운동 ... 094
조직_소두와 공사원 | 운영_상소 준비와 예산 | 소두의 재선출_이념의 강조

05 ... 1차 봉입_이산의 눈물 ...114

근실_상소를 막는 빌미 | 실랑이_그리고 묘수 | 봉입_왕의 눈물 | 비답_아픔과 공감

06 ... 회유_그리고 2차 상소 ...140

성균관 근실불허의 책임 | 회유_내려진 관직 | 고민과 출사 늦어지는 상소운동 |
재소 준비_명분과 소두의 재선출 | 부조 도움도 명분에 맞게 | 2차 봉입 형식적 비답

07 ... 삼소_시도와 좌절 ...166

왕의 회유_이제는 돌아갈 때 | 왕이 내린 비용_받아도 문제, 받지 않아도 문제 |
설득_명분에 따른 거부 | 갈등_명분과 현실 | 말미_사도세자의 기일 | 중지_그리고 낙향

●에필로그_만인의 청원, 만인소운동 ...195

영남_만인소 이후 | 배경_조선의 권력과 상소의 권위 | 의미_만인소의 가치와 영향

●주 ...210   ●찾아보기 ...252

01

도산별과

- 새로운 희망

약 한 달 반 전인 1792년 3월 25일, 영남은 새로운 희망으로 넘실 거렸다. 넘쳐나는 선비들로 인해, 도산서원 맞은편 너른 솔밭은 그 푸른 솔잎마저 잘 보이지 않을 정도였다.

23일 전인 3월 2일 규장각 신하[각신閣臣] 이만수李晚秀(1752~ 1820)에게 내려진 왕명 때문이었다. 이만수는 왕명에 따라 며칠 전 경주 숭덕전과 옥산서원에서 제사를 지내고, 3월 25일 도산서 원에 도착했다.

이날 도산서원에는 워낙 많은 인파가 모여, 모든 유생을 진도 문進道門 안으로 들이는 게 불가능했다. 어쩔 수 없이 터가 너른 분천汾川 건너 솔밭으로 장소를 옮겼다. 당시 여기에 모인 영남 유 생들의 얼굴에서는 과거 응시생의 흔한 긴장과 엄숙함이라고는 찾아보기 힘들었다. 새로운 희망이 과거 시험장을 덮고 있었다. 왕명에 의해 영남 인재만을 대상으로 하는 특별 과거시험이 도산

옥산서원
경상북도 경주시 안강읍 옥산리에 있는 서원으로, 사적 제154호로 지정되어 있다. 이황에
게 강한 학문적 영향을 끼쳤고, 이후 문묘에 배향되면서 동방오현東方五賢에 오른 이언적李
彦迪(1491~1553)을 배향하기 위해 1572년 창건한 서원으로 1871년 대원군의 서원 철폐령의
대상에서 빠진 47개 서원 가운데 하나가 되었다. 2019년 세계유산으로 등재되었다.

숭덕전
신라 시조인 박혁거세에 대한 제사를 모시기 위해 지은 건물로 현재 경상북도 경주시 탑동
에 있다. 세종 11년인 1429년 창건되어 봄과 가을에 향과 축을 하사해 제사를 지내고 있다.
1723년에는 숭덕전의 현판을 내리고 참봉 2인을 두어 국가에서 직접 관리했다.

서원에서 치러진다는 그 자체만으로 도산서원 일대는 축제의 장
이었다.

영남_반역의 땅

도산별과陶山別科는 100여 년 이상 영남을 외면했던 왕의 시선이
영남을 향하기 시작했음을 보여 주는 상징적 행사였다. 영남 지
역을 대표했던 '영남 남인'은 마음 수양과 실천을 강조했던 퇴계
학 기반의 영남학파 인물들이 정치 집단을 형성함에 따라 만들어
진 이름이다.

영남학파는 정몽주(1337~1392)와 길재(1353~1419)의 절의 정신
을 기반으로 형성된 초기 영남 사림[1]의 후예들이다. 왕도정치 실
현을 주장하다 사화로 희생되었던 이들의 절의 정신은 이황(1501
~1570)에 의해 강력한 실천 철학으로 재탄생했고, 이후 이황의 고
향인 안동을 넘어 영남 지역 전체에 폭넓게 자리 잡았다.

영남 출신들은 선조 때 동인의 중심 세력이 되었고, 이들은 조
식(1501~1572)의 제자들로 구성된 북인과 이황의 학문을 이은 남
인으로 나뉘었다. 그러나 인조반정(1623)으로 인해 북인 세력이
몰락하면서 동인에는 퇴계학을 기반으로 하는 영남 남인만 남았
다. 영남 남인들은 중앙정계 진출을 통해 근기 지역까지 자리 잡
으면서 근기 남인으로 분화되었고, 이로 인해 '남인'은 영남과 근

도산서원

❶ 전경
경북 안동시 도산면에 있는 서원으로, 사적 170호로 지정되어 있다. 퇴계학을 창시하고, 이후 영남학파의 정신적 중심이 된 이황을 배향하기 위해 1574년 건립되었다. 그리고 이듬해인 1575년 바로 사액되었다. 1615년 그의 제자 조목趙穆(月川)(1524~1606)이 종향되면서, 현재의 모습을 갖추었다. 흥선대원군의 서원 철폐 당시에 훼철되지 않고 보존된 47개 서원 가운데 하나로, 2019년 유네스코 세계유산에 등재되었다. ※출처: 문화재청.

❷ 진도문
도산서원 출입문으로, '도를 향해 나가는 문'이라는 의미이다.

❸ 도산서원 앞 너른 솔밭
도산서원 앞 시사단비試士壇碑가 있는 장소로, 1970년 안동댐 건설에 따라 수몰되기 전까지 이곳은 넓은 소나무밭이었다. ※출처: 문화재청.

❹ 분천
도산서원 앞으로 흐르는 낙동강 상류 천의 옛 이름으로, 도산구곡에서는 이 이름으로 불렸다. 도산서원 별유사를 지냈던 이동구의 책에 따르면 이곳을 낙천洛川으로 부르기도 했다. 이동구, 《도산서원이야기》, 도산서원관리사무소, 2020, 38쪽. 강세황의 〈도산서원도〉 속에 묘사된 분천. ※출처: 국립중앙박물관.

❹

기 남인 전체를 합하여 부르는 말이 되었다. 이들은 이이(1536~1548)의 율곡학을 중심으로 형성된 율곡학파, 그리고 이들 학파의 인적 네트워크에 기반해서 형성된 정치 집단인 서인(이후 기호)과 대립했다.

17·18세기 조선은 당쟁의 시대였다. 율곡학을 기반으로 하는 서인과 퇴계학을 기반으로 하는 남인은 철학적 차이에 근거해서 정치적인 대립을 이어 갔다. 당연히 정치적 대립은 학문적 차이에만 머물지 않았고, 당파의 이익을 위해 그 차이를 극대화하기 시작했다. 예컨대 예송 논쟁의 경우 예禮에 대한 학문적 차이가 왕의 정통성에 대한 문제로 이어졌고, 이를 기반으로 정치적 차이를 만들면서, 당파 간 피 튀는 싸움으로 번졌다. 유학 이론에 기반한 예의 적용과 해석의 문제는 철학과 학문의 영역이지만, 이를 정치에서 이용하면서 목숨을 건 당파 싸움의 이유가 되었다. 조선은 유교 이념에 기반해서 설립된 국가였기 때문이다.

17세기가 성리 논쟁 및 예송 논쟁 등의 철학 차이를 바탕으로 당파의 차이를 만든 시기라면, 숙종기는 이렇게 만들어진 당파 간의 극단적인 대립이 이어진 시기였다. 당시 서인과 남인의 대치는 극에 달했는데, 이렇게 된 중요한 원인 가운데 하나는 숙종이었다. 그는 자신의 정치적 입지를 강화하기 위해 당파의 대립을 활용한 환국換局정치를[2] 주도했고, 이 과정에서 서인과 남인 사이에는 회복하기 힘든 감정의 골이 패였다. 결국 이 대립은 서인이 승리를 했고, 남인은 중앙정계에서 축출되는 결과를 낳았다. 대표적 사건이 바로 1680년 경신환국과 1694년 갑술환국이었다. 이때부터 영남에서는 개인의 노력과 능력으로 중앙정계에 진출하는 경우는 있어도, 영남의 이름으로 중앙정계에 진출하는 것은 힘들어졌다.

이 와중에 영남을 회복 불가능하게 만든 사건이 바로 영조 4년 발발한 이인좌(1695~1728)의 난(무신란)이었다. 1728년 영조의 정통성에 대해 동의하지 않았던 이인좌가 호서에서 난을 일으켰고, 경상도에서는 안음현(현재 경상남도 함양군 안의면 일대) 사람 정희량(?~1728)이 여기에 동조했다. 이들은 영조와 기호 노론을 제거하고 밀풍군 이탄李坦을 왕으로 옹립하려 했다. 갑작스러운 경종의 죽음에 대한 의구심이 가라앉지 않은 상황에서, 왕위 계승의 명분이 약했던 영조의 정통성을 정면으로 겨냥한 반란이었다.

당시 영조는 호서에서 거병한 이인좌보다 정희량에 대한 미움이 더 컸다. 정희량은 인조 시기 대사헌을 지냈던 정온(1569~1641)의 후예로 이인좌보다 더 많은 반란군을 모은 데다[3] 이인좌의 죽음 이후에도 끝까지 저항하면서 영조의 분노를 키웠다. 이 일로 영조는 정희량의 출신 지역인 안음현을 철폐하고,[4] 이인좌의 난 진압을 기념하면서도 호서가 아닌 경상감영이 있던 대구에 '평영남비平嶺南碑'를 세웠다. 그리고 영남 인사에 대한 출사 자체를 금지했다. 안 그래도 막혀 있던 출사 길이 역향逆鄕이라는 오명으로 인해 아예 마음도 먹을 수 없게 되었다.

1680년 경신환국과 1694년 갑술환국으로 영남은 중앙정계에서 밀려나 재야 지역이 되었고, 1728년 발발한 이인좌의 난으로 영남은 반역의 땅이 되었다. 물론 개인 능력으로 혹은 당파를 바꾸어 중앙정계에 진출하는 영남 사람들이 없었던 것은 아니지만, 정치 세력으로서의 '영남' 혹은 '남인'은 더 이상 중앙정계에 존재하지 않았다. '문경새재를 넘으면 영남의 선비가 아니다'라는 말은 원래 영남 선비의 염치와 기개를 상징하는 말[5]이었지만, 실제 이 시기 영남 선비들은 문경새재를 넘는 것 자체가 힘들었다.

정조의 즉위_희망과 절망 사이

경신환국 이후 약 100여 년 정도 지난 1776년, 훗날 정조로 불리는 사도세자의 아들 '이산'의 즉위는 영남 남인들과 기호 노론에게 각기 상반된 의미로 다가왔다. 당연히 영남 남인들은 이를 새로운 기회라고 생각했다. 사도세자의 죽음이 비록 영조의 명에 의한 것이라 해도, 왕의 판단을 잘못으로 평가하지 않는 당시 정치 문화에서, 영남 남인은 영조의 판단을 유도했던 노론의 책임이 크다고 생각했다. 따라서 사도세자의 아들 이산이 아버지 죽음에 대한 책임을 묻다 보면 노론에 대한 문책 역시 불가피할 것으로 예상했다. 한편 실제 당시 권력을 차지하고 있었던 기호 노론에게 이산의 즉위는 큰 위협이었다. 영조가 정조에게 대리청정을 명령했던 1775년, 홍인한洪麟漢(1722~1776) 등을 중심으로 하는 노론의 핵심 인물들은 영조의 왕명까지 막아설 정도였다. 정조의 즉위에 대한 노론의 공포가 어느 정도였는지를 잘 보여 주는 대목이다.[6]

그럼에도 불구하고 1776년 정조가 즉위했고, 그는 채제공蔡濟恭(1720~1799)을 형조판서 겸 판의금부도사로 삼아 아버지의 죽음에 직접 관계된 인물들을 처결했다. 사도세자의 죽음과 그의 즉위를 반대했던 사람들만을 대상으로 한 제한된 처결이었지만,[7] 이 자체만으로도 영남은 새로운 기회가 왔다고 생각했다. 안동 유생 이도현과 그의 아들 이응원이 상소에 나섰던 이유다.

그러나 노론에 둘러싸여 즉위했던 정조의 선결과제는 아버지를 죽인 권력과 공생하면서 자신의 힘을 키우는 일이었다. 당시 노론은 왕권으로서도 어떻게 할 수 있는 집단이 아니었기 때문이다. 이도현과 이응원에 대한 자신의 사형 명령을 돌이켜 보면서, 그 스스로도 힘을 키우는 게 우선이라는 사실을 인지했을 터였다. 이때 정조에게 가장 큰 힘이 되었던 인물이 바로 채제공이었다. 채제공은 고향이 충청도였지만 남인 청류淸流 지도자였던 오광운吳光運(1689~1745)으로부터 학문을 배우면서, 남인으로 분류되었다. 채제공이 영조 시기 탕평책의 상징적 인물로 부상한 이유였다.[8] 영조 입장에서도, 경상도를 역향으로 지명한 상황에서 충청도 출신 남인의 등장은 탕평책의 관점에서 참으로 반가웠을 가능성이 높았다.

이 때문에 채제공은 정조와 남다른 인연을 갖게 되었다. 정약용(1762~1836)이 쓴 《번옹유사樊翁遺事》에 따르면, 1758년 채제공이 도승지로 임명되었을 때 영조는 사도세자를 폐위하기 위한 비망기를 내리려 했다. 이때 그는 영조의 소매를 붙들고 눈물로 호소해서 이를 거두게 했다. 목숨을 걸고 사도세자의 폐위를 막으려 했던 그가 1762년 5월 사도세자가 죽은 임오화변壬午禍變[9]까지 막지 못한 이유는 모친상으로 인해 관직에서 물러나 있었기 때문이었다. 물론 채제공이 있었다고 해서 이를 막을 가능성은 크지 않아 보이지만,[10] 여기에 대한 채제공의 후회는 컸다. 그의 이러한 마음을 알고 있었던 영조는 자신이 죽기 얼마 전 정조에게 "(채제공은) 진실로 나에게는 신실한 신하였고, 너에게는 충성스러운 신하가 될 것이다"[11]라고 말했다.

영조는 1772년 채제공을 세손우빈객世孫右賓客으로 봉해 세손 교육 및 보호를 담당하게 했다. 이러한 인연으로 채제공은 정조가 왕세손이 되어 대리청정할 때 호조판서와 좌참찬 등으로 활동했고, 1776년 영조가 죽자 국장도감 책임자가 되어 전체 장례 절차를 지휘했다. 이후 정조의 즉위와 함께 형조판서 겸 판의금부사가 되어 사도세자의 죽음에 직접 관여했던 인물들을 대상으로 한 옥사도 처리했다. 그리고 이듬해인 1777년 정조 시해 시도사건이 발발했을 때[12] 궁궐 수비를 담당하는 수궁대장을 맡아 정조를 호위했다. 채제공에 대한 정조의 신임은 두터웠다.

당시 채제공 입장에서도 가장 중요한 일은 정조가 왕에 걸맞는 힘을 갖도록 하는 일이었다. 그는 정조의 굳건한 정치적 지원자로 규장각[13]을 키우고, 사도세자의 무덤인 현릉원과 수원 화성 축조 책임을 맡아 정조의 힘을 보여 줄 수 있는 숙원 사업들을 이루어 냈다. 그리고 이러한 노력의 결과는 정조가 1788년 남인인 채제공을 정승－당시 우의정－에 올리는 것으로 가시화되었다. 정조의 왕권이 강화되었음을 보여 주는 상징적인 사건이었다.

이제는 정말 노론을 견제하고 정조의 힘을 지지해 줄 새로운 정치 세력이 필요했다. 그런데 채제공이 조심스럽게 키웠던 근기近畿 남인들은 1791년 천주교 관련 진산사건珍山事件으로 인해 노론의 공격에 시달리다가 힘을 잃었다.[14] 채제공이 정조와 함께 적극적으로 영남을 향해 시선을 돌렸던 이유이다. 그는 정승이 되자마자 이인좌의 난으로 차별받던 영남의 인물들을 적극적으로 신원하고, 영남 지역을 덮은 역향의 그림자를 지우기 위해 노력했다. 특히 정조는 영남이야말로 사학邪學에 물들지 않았다는 사실을 강조하면서, 그 학문의 순수성을 공공연하게 노론에게 강조하기에 이르렀다. 1792년 3월, 도산서원에서 치러진 '별과'는 바로 이러한 노력이 만든 결과였다. 안동 유생 이도현의 죽음 이후 절망에 빠졌던 영남은 이제 다시 희망의 씨앗을 틔울 수 있게 되었다.

도산별과_새로운 영남의 희망

영남의 선비들에게 도산별과는 100여 년 영남의 어두운 역사와 결별하는 축제였다. 1792년 음력 3월 2일, 정조는 규장각 신하 이만수를 영남에 파견하면서, 경주 옥산서원과 예안 도산서원에서 제사를 지내게 했다.[15] 영남 유림의 정신적 지주였던 이언적李彦迪 (1491~1553)과 이황에게 왕명으로 예를 표하도록 함으로써, 영남에 내한 왕의 관심과 존숭을 직접적으로 드러냈다. 당시 정조는 각신 이만수에게 다음과 같이 명했다.

올바른 학문을 존숭하려면 선현을 존숭하는 것이 마땅하다. 어제 옥산서원에 제사를 지내라 명했는데, 옥산서원에 제사를 지내고 도산서원에 제사를 지내지 않는 것이 어찌 옳겠는가? 지난번 사특한 학문[16]이 점차 번져 갈 때 오직 영남의 인사들만이 선대의 올바른 학문을 지켜 흔들리지도 않고 마음을 빼앗기지도 않았으므로, 그 후로 나는 그들을 더욱 앙모하게 되었다. 각신 이만수는 명령을 받들고 돌아오는 길에 예안에 있는 선대 '올바른 학문正學'을 지킨 문순공文純公(이황의 시호)의 서원에 가서 제사를 지내라. 제문은 지어 보내겠다. 그리고 선대 정학正學을 했던 이들의 자손들과 이웃 고을 인사들 가운데 제사에 참여할 자들은 미리 와서 기다리게 하라. 제사 지내는 날 각신은 전교당(도산서원의 강당)에 앉아 여러 생도들을 불러 진도문 안뜰에 서게 하고, 가지고 간 글 제목을 게시해 각기 글을 짓도록 한 후 시험지를 거두어 조정에 돌아오는 날 아뢰도록 하라.[17]

영남 선비들, 정조를 울리다—1792년 만인소운동

정조가 이언적과 이황에 대해 왕명으로 제사를 명한 이유는 영남을 '올바른 학문', 즉 정학의 수호지로 인식했기 때문이다. 이러한 정조의 발언은 영남에 대한 왕의 인식이 어떻게 바뀌고 있는지 정확하게 보여 준다. 정조는 영남에 씌워진 반역의 땅이라는 그림자를 걷어 내고, '정학의 수호지'라는 새로운 평가를 내렸다. 이러한 기반 위에서 정조는 정학을 지켜 온 후예들을 등용하겠다는 의지를 분명히 했다. '영남'의 이름으로 이들을 등용하겠다는 의미였다.

그런데 정조의 이런 인식은 4년 전인 1788년부터 이미 드러나고 있었다.[18] 이해 3월 1일, 정조는 무신란 1주갑(60년)[19]을 기념해 공을 세운 209명에게 포상과 증직贈職을 내리는 한편, 당시 의병 사적에 대해 누락은 없었는지 조사해 보고하라는 명을 각도 관찰사들에게 내렸다. 그러나 당시 경상감사가 이를 적극적으로 수행하지 않자, 경상도에서는 이진동李鎭東(1732~1815)[20]의 주도로 《무신창의록戊申倡義錄》을 편찬해 그해 11월 상소의 형태로 올렸다.

정조는 이를 받아 든 후 채제공의 건의에 따라 조덕린趙德鄰(1658~1737)과 황익재黃翼再(1682~1747)를 신원했다.[21] 그러면서 이 책을 편찬했던 이진동과 김한동을 직접 불러 "근래에 조정에서는 영남을 거의 다른 나라처럼 보니 진실로 개탄스럽다. 인재가 부족한 이때 영남의 허다한 인사 중에는 반드시 등용할 만한 사람이 많을 것이니, 만약 이를 받아들여 조정에 서게 한다면 어느 쪽에도 치우치지 않고 공평하게 하는 도에 부합할 것이다"[22]라고 밝혔다. 노론의 강한 반대에도 불구하고, 정조는 왕명으로 무신란 이후 영남을 따라 다녔던 역향의 꼬리표를 떼어 냈다. 그리고 영남 인사에 대한 적극적인 발탁 의지도 보여 주었다. 1792년 도산별과는 정조의 이러한 의지가 구체적으로 드러난 행사였다.

도산별과는 그야말로 '별과'였다. 영남 인재만을 대상으로 한 특별 전형만으로 정조의 의도는 분명했다. 이날 시험에 응시한 사람만 7,228여 명이었고 제출된 시권試券(과거시험 답안지)도 3,632장[23]이었다. 따라서 이날 참여한 영남의 인사들만 해도 1만여 명을 훌쩍 넘었을 터였고, 유생들을 시종해서 따라온 사람들까지 합하면 도산서원과 그 일대는 몇만의 사람들로 북적였을 터였다. 시험에 참여하려는 유생들이 너무 많이 몰려 도산서원 경내에서는 시험을 치를 수가 없었다. 왕명은 '진도문 안뜰에 서게 한 후' 글을 짓게 하라는 것이었지만, 결국 분천 건너편 솔밭으로 장소를 옮겨야 했다.

이날 시험 결과는 다음 달인 4월 4일 정조에게 보고되었는데, 정조는 이를 직접 채점할 정도로 관심을 보였다.[24] 정조는 채점 후 1만여 명 이상 모였다는 사실에 대해 흡족해하면서, 우수한 등급으로 합격한 사람에게는 연회를 베풀고 후하게 대접하라고 경상도 감영에 명을 내렸다. 더불어 이렇게 시험 본 일을 책으로 만들어 후세에 전하는 게 합당하므로, 전례에 따라 경상도에서 이를 간행하게 했다. 특히 도산서원에서 합격한 유생과 도내의 고을에도 각각 한 부씩 나누어 주고, 그 판본은 도산서원에 보관하

라고 명했다. 이렇게 만들어진 책이 바로《교남빈흥록嶠南賓興錄》이다.[25]

　20일쯤 지난 4월 15일 합격자 발표가 있었다.[26] 급제자는 세 등급(상, 중, 하)으로 나뉘었는데, 삼상三上에는 강세백姜世白(1748~1824)과 김희락金熙洛(1761~1803)이 이름을 올렸다. 이들 두 명에게는 대과 회시 합격에 준하는 자격을 주어, 바로 전시殿試에 응할 수 있게 했다.[27] 회시에서 당락이 결정되면 전시는 등수만 정하기 때문에, 실제 이 둘은 대과 합격과 동일한 상황이었다. 엄청난 파격이었다. 그리고 삼중三中에 2명,[28] 그리고 삼하三下에 26명[29]이 합격했다.[30] 그러나 당시 영남의 유생들에게는 누가 합격했는지가 그렇게 중요하지 않았다. 더 중요한 사실은 영남을 향해 보여준 정조의 관심과 기대였으며, 그것만으로 충분했다. 그야말로 100여 년의 한을 푸는 축제의 장이었다.

02

반발

– 류성한의 상소

도산별과는 영남 남인과 기호 노론을 향한 정조의 메시지가 분명한 행사였다. 영남 남인을 정치적 동반자로 삼겠다는 의미이자, 노론에 대한 강한 견제의 의미를 담고 있기 때문이다. 1788년 이후 노론 역시 정조의 관심이 영남을 향하고 있다는 사실을 알고는 있었지만, 이제는 눈에 보이는 경고장까지 받아 든 셈이었다. 대책이 필요했다. 사도세자 죽음의 책임에서 자유롭지 못한 노론 입장에서 정국 주도권이 넘어갈 경우 자신들의 앞날을 기약하기 어렵다는 사실을 잘 알고 있었다. 특히 영남 인재가 대거 기용될 경우, 이후 정국은 그들이 제어할 수 없는 상태에 빠질 것은 불 보듯 뻔했다.

발화_류성한의 상소

노론 내부 기획에 의한 것인지 그렇지 않은지 알 수는 없지만, 정조를 향해 가장 먼저 견제의 총대를 멘 사람은 사간원 정언 류성한이있다. 도산별과에 대한 결과가 4월 15일 발표되었는데, 3일 뒤인 음력 4월 18일, 류성한은 사간원 언관 신분으로 왕의 공부를 강조하는 상소를 올렸다. 임금이 학문에 정진해야 한다는 사실을 강조하는 상소였지만, 누구나 그의 상소에 숨은 뜻을 알고 있었다.

류성한의 이런 상소는 처음도 아니었다. 1788년 사헌부 지평이었을 때에도 당시 조덕린과 황익재의 신원을 반대하면서 상소를 올린 적이 있었다. 그때에도 학문에 정진하고 잘못된 일에 대한 원수를 분명히 하며, 사치를 없애라는 내용에 빗대 조덕린과 황익재의 신원을 비판했다.[1] 영남을 향한 정조의 정책에 유난히 민감하게 반응했던 그였다. 이번에 올린 상소 역시 마찬가지였다. 상소 문장만 가지고 보면 내용은 두 가지다. 하나는 왕이 요즘 경연[2]에 잘 참석하지 않는다는 비판이며, 또 다른 하나는 '광대가 임금의 행렬인 대가 앞에 외람되게 접근하고, 여악女樂[3]이 들어와서는 안 되는 궁궐의 금원禁苑까지 난잡하게 들어간 일이 있다'는 비판이었다.[4]

사실이라면 왕에 대한 비판을 전문으로 해야 하는 사간원 정언으로서 마땅히 해야 할 비판이었다. 왕이 경연에 잘 참석하지 않았다면, 이는 왕도정치를 실현해야 하는 왕의 기본 의무를 저버린 것이었다. 왕의 이러한 처신은 풍속의 문란으로 이어져 광대가 왕이 타는 대가 앞에 접근하고, 노래하고 춤추는 여악이 궁궐의 깊은 곳까지 들어오는 결과를 낳았다. 당연히 비판해야 할 사안이었다. 왕을 처벌할 수는 없으니, 이와 관련된 자들을 처벌해서 궁의 풍속을 다잡아야 하며, 왕은 경연 참여를 강화함으로써 이와 같은 일이 일어나지 않도록 해야 했다.

그런데 류성한의 이 상소는 그것을 올린 의도만큼이나 표현에도 문제가 많았다.[5] 류성한은 경연 문제를 다루면서, '매일 식사하듯 경연에 참석하던 정조'가 근래 경연에 잘 참여하지 않게 된 이유로 "별다른 은미한 뜻이 있어서 그런 것인지"를 물었다. 그러면서 그는 "전하의 밝은 지혜로 볼 때, '목이 메어 밥을 먹지 않는다는 것[因噎而廢食]'이 옳지 않다는 것을 어찌 생각하지 않으셨겠습니까?"[6]라고 반문하면서, 비판의 강도를 높였다. 그런데 이 '은미한 뜻'이 문제였다. 상소 내용을 본 사람들은 누구나 이 '은미한 뜻'을 '사도세자를 생각하는 슬픔'으로 해석했고, 여기에 따라 류성한의 상소는 사도세자를 생각하느라 경연까지 소홀히 하는 정조를 겨냥한 것으로 해석되었다.[7] 특히 여기에서 방점은 '경연 참석 소홀' 그 자체보다 '목이 메어 밥을 먹지 못할 정도로 사도세자를 생각하는 마음'에 찍혔다.

류성한은 금기시되어 있는 사도세자까지 끌어들여 왕에게 경고성 상소를 올렸는데, 이 말들은 당시 상소문에서는 쓰지 말아야 할 일종의 흉언凶言[8]이었다. 이 때문에 류성한의 표현에 대해서는 그를 비판했던 반대파뿐만 아니라, 노론 내에서도 문제가 있다고 생각했다. 게다가 금원에 여악을 들였다는 비판 역시 실제로는 금문禁門 밖에 있는 방마원放馬苑[9]에서 장수들이 즐겼던 일을 잘못 알고 한 말로 드러났다.[10] 비판 여부를 떠나, 사실 자체도 제대로 파악하지 않은 채 상소를 올렸다는 사실을 스스로 드러낸 꼴이었다. 이 역시 왕에게 올리는 상소에서는 중대한 결격 사유였다.

이 상소가 근래 영남을 향한 정조의 태도를 겨냥했다는 사실을 모르는 이는 없었다. 류성한의 상소를 통해, 노론은 근래 영남을 향한 정조의 행보가 사도세자 때문에 그러한 것은 아닌지 물어왔던 터였다. 류성한의 이 같은 언급은 정조의 역린을 건드린 것이지만, 류성한의 상소를 대하는 정조의 태도는 의외로 유연했다. 표면적으로는 사간원 언관의 상소인지라 언로를 보장하고 선비들의 기상을 꺾지 않겠다는 게 이유였다. 류성한이 상소에서 언급한 세부적인 내용에 대해서는 조목조목 답했지만, 전체 방향에 대해서는 '시골 선비가 행할 수 있는 웃어넘길 만한 일'로 치부했다. 그러면서 그는 류성한의 상소에 대해 다음과 같이 비답을 내렸다.

이 밖에 아뢴 것은 모두 진심에서 나왔고 글에 겉치레가 없으니, 근래에 이러한 문장이 없었다고 할 만하다. 다만 한번 웃을 만한 일은, 네가 항간에 전한다면서 말한 것 중 두 번째 조목에 대한 내용이다. 대저 병신년丙申年(정조 즉위년인 1776년)부터 이와 비슷한 호화로운 짓을 했다면 위에서 말한 '경연을 열지 않은 연유를 상세하게 알지 못한다'는 말이 어떻게 네 상소에서 나왔겠는가? 사직하지 말고 임무를 살펴라.[11]

상소의 논리도 맞지 않고 내용도 잘못되었지만, 그럼에도 상소 그 자체는 '진심에서 나왔고 글에 겉치레도 없다'는 평가였다. 상소에 문제는 있지만, 언관으로서 할 만한 일이라면서 유연하게 대응했다. 하지만 정조의 이 같은 태도와 달리 이 상소는 조정 전체를 태우고도 남을 불길로 타오르기 시작했다.

비판_당파를 넘어

류성한의 상소에 대한 비판의 포문은 사헌부 장령 류숙柳潚이 열었다. 류성한의 상소가 올라오고 난 후 9일이 지난 시점이었다. 류성한의 상소와 정조의 비답을 확인한 후, 처음 의견을 정리해서 올린 비판 상소였다. 그는 류성한의 상소에 대해 "현혹하는 계책을 이루기 위해 말이 자못 의아스럽고 자취가 몹시 경망스럽다"면서 바르지 못한 무리의 언관직을 삭탈해야 한다고 비판했다.[12] 포문은 늦게 열렸지만, 강도는 비교적 강했다.[13] 그러나 이 상소에 대해 정조는 "(류성한이) 감히 말하지 못하고, 차마 말하지 못할 일을 전혀 제대로 살피지 않고 말했어도, 오히려 시골 선비의 어두움 정도로 치부한 것은 스스로 참작한 것이 있기 때문이다"[14]라면서 그 나름의 이유가 있다고 대답했다.

그렇지만 앞에서 언급한 것처럼 상소 문안에 포함된 흉언은 같은 당파 내에서도 용인하는 게 쉽지 않았다. 당연히 비판론자들은 한 단계 더 강한 비판들을 쏟아 내기 시작했다. 류숙의 상소 이후 올라온 몇몇 상소에는 류성한이 혼자 집에 있을 때 흉악한 말을 하면서 임금을 헐뜯고 백성들을 현혹시키고 있다는 소문까지 언급했다.[15] 역모 혐의로까지 번질 수 있는 위험한 비판이었다. 당연히 류성한에 대한 탄핵론도 강해지고 있었다.

류숙의 상소가 받아들여지지 않자, 사간원이 나섰다. 사간원 정언이 올린 상소에 대해 사간원 헌납 박서원朴瑞源이 직접 반박하고 나선 꼴이었다. 그는 류성한의 상소에 대해 단순 탄핵을 넘어 의금부로 하여금 국문해 그 죄를 물어야 한다면서, 신속한 처벌을 청했다. 그러나 정조의 비답은 기존 입장에서 물러서지 않았고, 결국 사간원 수장인 대사간 홍인호洪仁浩가 나섰다. 이는 사간원에서 간언하는 관례로, 사간원 전체 입장을 담은 청원이 받아들여지지 않으면 대사간이 직접 나섰다. 사간원 내에서 류성한 탄핵이 공식 입장으로 채택되었음을 의미하는 행보였다.

일반적으로 사간원의 이름으로 올리는 상소는 사간원 내에서 조율을 거치고,[16] 그에 따라 상소 내용과 수위를 정한다. 경우에 따라 사간원 내에서 조율된 내용을 감찰 기능을 담당하는 사헌부와 공유[17]하기도 하고, 이를 통해 탄핵과 감찰을 함께 진행하기도 했다. 우선 사간원 내부 논의를 기반으로 홍인호는 류성한에 대해 절도 유배, 즉 멀리 떨어진 섬으로 유배를 보내야 한다고 주장했다. 그러면서 그는 비판의 대상도 넓혔다. 처음 류성한을 탄핵했던 류숙의 상소가 실제로는 류성한을 보호하기 위해 올린 것이라면서, 류숙 역시 삭탈관직해야 한다고 주장했다. 류성한의 죄는 삭탈관직하는 정도로 처리해서는 안 될 정도로 중죄인데, 이를 삭탈관직하는 선에서 처리하기 위해 상소를 올려 류성한을 비호했다는 말이다. 류성한의 상소에 대한 비판이 류성한 개인을 넘어서고 있었다. 그런데 홍인호의 이러한 주장은 정조의 심기를 건드렸다. 정조는 오히려 상소를 올린 대사간 홍인호를 체직시키면서, 류성한을 처벌하지 않겠다는 입장을 재차 확인했다.

하지만 처벌을 두려워해 간언을 하지 않는다면 조선의 언관들이 아니었다. 사간원의 간언이 채택되지 않고 수장까지 체직되자, 이번에는 사헌부가 나섰다. 여론이 사간원을 넘어 삼사三司까지 확대되고 있었다.[18] 사헌부에서는 집의 최훤崔烜·장령 심갱沈鏗·지평 민사선閔師宣이 직접 왕을 대면했다. 이들은 류성한의 상소가 일상적 상소 범주에서 벗어났다면서, 의금부로 하여금 국청鞫廳을 설치해서 심문해야 한다고 간언했다. 역모로 다스려야 한다는 의미였다. 집단 간언을 통해 사헌부 역시 합의된 입장임을 드러냈다. 사헌부의 입장은 간언 부서인 사간원의 입장을 지지하는 동시에, 감찰을 전문으로 하는 부서 관점에서도 감찰이 필요하다는 입장을 분명히 했다. 그러나 정조는 완강했다. 그는 조정 여론을 대표하는 사간원 및 사헌부와의 대립도 불사하면서 류성한을 감쌌다.

결국 의정부가 나섰다. 좌의정 채제공이 류성한 탄핵 상소를 올린 것이다. 그는 상소 원칙에 대해서는 "신하가 임금에게 진언할 적에 진실로 임금께 잘못이 있으면 무슨 일인들 지적하지 못하겠으며, 무슨 말인들 하지 못하겠습니까?"라고 전제하면서도, 류성한의 상소에 대해서는 "지금 항간에 전하는 것이라고 가칭하면서, 갑자기 여악女樂이란 두 글자로 거짓을 꾸며서 말했으니, 이는 신하로서 진실로 죽을죄입니다"[19]라며 강한 처벌을 청했다. 더불어 채제공 역시 홍인호와 마찬가지로 처음 상소를 올린 류숙을 탄핵했다. 류숙의 상소는 마치 류성한을 배척하는 척하지만, 그 내용을 보면 애석하게 여기고 보호하려는 뜻이 숨어 있다는 것이었다. 언관으로서 기본적인 업무 태도마저 무시했다는 비판이다. 그러나 이 역시 받아들여지지 않았다.

사헌부 관원들의 간언이 받아들여지지 않자, 관례에 따라 사헌부 수장인 대사헌 이성규李聖圭가 나섰다. 그런데 이성규가 나설 때 즈음 되면, 이미 류성한에 대한 탄핵 상소는 봇물이 터져, 일일이 기록할 수 없을 정도였다. 대사헌 이성규 역시 사헌부에서 올린 상소를 수정해, 류성한의 처벌을 다시 청했다. 이 과정에서 탄핵 대상이 또다시 넓어졌다. 류성한을 비판한 류숙의 상소를 문제 삼은 전 대사간 홍인호는 중신重臣에 속하는 김이소가 류성한을 배척하는 듯하지만 실제로 그를 보호하고 있다며 비판했다. 게다가 홍인호의 체직으로 새롭게 대사간에 임명된 임시철林蓍喆 역시 류성한의 일과 관련해 김이소의 처벌을 간언했다. 여러 정황으로 볼 때, 같은 파당 내에서도 류성한에 대한 비판을 하지 않을 수는 없고, 그러다 보니 탄핵의 수위만 낮추어서 상소를 올리는 진풍경이 벌어지고 있었다.

4월 18일 시작된 류성한의 상소는 윤4월 초가 되면 조정의 여론을 빨아들이는 블랙홀이 되어 있었다. 윤4월 2일, 조정을 넘어 관학(성균관) 유생 윤면순尹勉純 등 400여 명이 류성한의 처벌을 요구하는 집단 상소를 올렸다. 정조는 이 문제가 관학 유생들에게까지 번진 것에 대해 예민하게 대응했다. 그는 기존처럼 짧은 비답으로 대응하지 않고 장문의 비답을 내렸다. 여기에서 그는 특히 소문으로 제기되었던 류성한의 사적 발언까지 상소에서 직접 언급한 것을 두고 그 저의가 의심스럽다고 꾸짖었다. 유생들의 상소인지라 처벌은 하지 않겠지만, 더 이상 저의가 의심되는 상소에 대해서는 용인하지 않겠다는 의지를 분명히 했다.

그러나 정조의 의도와 달리, 류성한의 처벌을 청하는 상소는 왕의 후설喉舌[20]이라고 불리는 승정원에서까지 올라왔다. 처리하기 힘들 정도로 많은 상소가 승정원으로 올라온다는 사실을 아뢰는 형식이었지만, 결국 공론의 이름으로 류성한을 처벌해야 이 문제가 해결된다는 의견을 제시했다. 윤4월 3일 하루에만 수찬

권평, 형조판서 이민서, 부사 정경순 등의 상소가 뒤를 이었고, 다음 날인 윤4월 4일에는 사헌부의 공식 입장을 담은 상소가 다시 올라왔다. 승정원으로 올라오는 상소 대부분이 류성한 탄핵소일 정도였다. 이후 우의정 박종악, 그리고 사간원의 2차 상소, 대사간 임시철, 헌납 박규순 등의 상소가 뒤를 이으면서, 조정 전체가 류성한을 탄핵하는 상황이 되었다.

이런 분위기는 류성한 입장에서도 곤혹스럽기 이를 데 없는 상황이었다. 언관으로서 정조를 견제하는 총대를 먼저 메었을 뿐인데, 그로 인해 자신을 탄핵하라는 상소가 자기 파당에서까지 나오고 있으니 말이다. 류성한을 보호하고 있는 사람은 류성한 자신이 비판했던 정조밖에 없는 형국이었다. 이 와중에 류성한의 상소는 또 다른 사건과 엮이면서 새로운 파장을 낳고 있었다.

확산_윤구종 사건

윤4월 10일, 류성한에 대한 거센 탄핵 요구가 갑자기 윤구종에게로 옮겨 붙었다. 부수찬 최현중은 이날 류성한 탄핵 상소를 올리면서, 윤구종 역시 같은 이유로 탄핵해야 한다고 주장했다. 윤구종이 사간원 언관임에도 불구하고, 류성한에 대해 성토할 의사가 그에게 전혀 없다는 게 이유였다. 윤구종은 자신이 미친병[狂症]에 걸렸다고 주장하면서, 대간들의 류성한 탄핵 논의에도 빠지더니, 연명으로 탄핵할 때에도 병을 핑계로 나오지 않았다고 했다.

검찰이 기소해야 할 사안을 기소하지 않는 것도 잘못이듯, 언관 역시 탄핵해야 할 사안을 탄핵하지 않는 것도 큰 문제였다. 그는 류성한과 이웃에 살면서 평소에도 가까운 사이로 알려져 있었다. 그러다 보니 탄핵 논의에서 빠지는 게 낫다고 판단한 듯했다. 정조는 윤구종이 미친병을 핑계로 공무에 나서지 않았다면 죄를 면할 수 없지만, 실제로 그랬는지는 알 수 없으니 승정원에서 조사해 아뢰라고 명했다. 그러면서 이 사안에 대해 궁금하거나 필요한 게 있으면 상소를 올린 최현중에게도 물어보라고 했다. 얼마 뒤 승정원에서 조사 결과를 보고했는데, 그 속에 들어 있는 내용이 큰 파장을 불러일으켰다.

승정원의 보고는 꽤 합리적이었다. 보고 내용에 따르면, 당시까지 윤구종의 관직 경력과 이번(4월 20일)에 사간원 정언으로 임명되었을 때의 행실 등을 보면 갑자기 미친병이 발병했다는 게 말이 되지 않았다. 미친 증세라고 해봐야 큰 소리로 떠들고 사간원 아전을 구박하고 꾸짖는 정도였는데, 이 때문에 대간이 된 지 하루 만에 업무를 보지 못할 정도라는 것은 말이 되지 않는다고 보고했다. 그러면서 그가 미치지 않았다는 증거로 든 또 하나의 사례가 있었다. 윤구종이 동릉東陵[21]을 지키는 별검으로 있을 때, 그가 매번 혜릉惠陵을 지나면서 말에서 내리지 않았다는 사실이었다. 그런데 이건 정말 심각한 문제였다.

혜릉은 선대 왕인 경종의 비, 단의왕후 심씨의 능이다. 당연히 모든 신하는 능 앞을 지날 때 반드시 말에서 내려야 했다. 이 때문에 심지어 능을 지키는 능졸이 규례에 따라 말에서 내려야 한다고 하니, "이 능에서도 내가 말에서 내려야 하는가?"라고 말했다는 내용까지 보고되었다. 혜릉을 지나면서 한 번의 실수도 아니고, 매번 말에서 내리지 않았다는 말은 결국 경종을 왕으로 여기지 않았다는 의미였다. 정조 역시 이 문제만큼은 심각하게 받아들였다. 이는 경종에 대한 노론의 기본 인식을 보여 주는 일이기 때문이다.[22]

경종은 영남 남인과 정치적으로 연결되어 있었던 희빈 장씨의 아들로, 어머니가 사약을 받고 죽는 일을 봐야 했다. 아버지의 죽음을 눈 뜨고 지켜봐야 했던 정조처럼 경종 역시 조정의 권력 싸움에 밀려 어머니가 죽는 상황을 지켜봐야 했던 불운한 아들이었다. 이 역시 노론의 공격 때문이었고, 이로 인해 경종의 즉위는 정조의 즉위만큼이나 노론에게 위기였다. 이러한 이유 때문인지 경종은 4년 정도에 불과한 재위 기간 내내 소론과 손을 잡으려 했고, 그만큼 역으로 노론의 공세에 시달렸다. 경종은 노론의 강요에 의해 영조를 왕세제로 책봉해야 할 정도로 힘든 과정을 겪었지만, 경종만큼이나 노론 역시 경종에 대한 입장이 좋지 않았다.

정조가 보기에, 혜릉에서 보인 윤구종의 태도는 이 같은 노론의 입장이 노골적으로 드러난 일이었다. 게다가 윤구종이 스스로 경종의 신하 노릇을 하지 않겠다고 말했다는 소문까지 퍼지면서, 사안이 일파만파로 커졌다.[23] 승정원의 보고를 받은 정조는 그가 미친 척하고 공무에 나오지 않은 일이야 '국가의 체통을 생각해서 한 번 심문할 일'에 불과하지만, "끝에 붙인 말이 사실이라면 그가 범한 죄는 죽음을 면할 수 없다"[24]면서 심문하여 그 결과를 아뢰라고 명했다. 류성한의 상소가 심상치 않은 방향으로 번지고 있었다.

윤구종은 바로 의금부에 구금되었고, 강도 높은 국문이 이루어졌다. 윤구종은 근래 광증이 심해진 것은 사실이며, 혜릉을 지나면서 말에서 내리지 않았다는 소문은 사실무근이라고 발뺌했다. 그러나 윤구종을 심문한 의금부에서는 말과 행동이 평상시와 다름없다는 점을 들어 윤구종이 미쳤다는 사실을 부정했다. 동시에 능관陵官으로 있을 때 일 역시 변명으로 일관하고 있어서, 좀 더 국문이 필요하다고 보고했다. 이틀 동안 모진 공초가 진행되었다. 결국 4월 12일 의금부에서 올린 보고에 따르면, 윤구종은 혜릉의 홍살문을 지나면서도 견여[25]에서 내리지 않았고, "이 능에서도 말에서 내려야 하는가?"라는 말도 사실이었다고 인정했다. 물론 가혹한 국문의 결과였다. 그럼에도 불구하고 어찌 되었건 윤구종이 시인한 모양새는 만들어졌다.

이렇게 되자 형조에서는 사안의 중대성을 감안해 숭릉崇陵[26] 아전들을 조사했고, 그의 병에 관해 의원과 주위 사람들의 증언도 모았다. 또 윤구종의 사돈이자 그가 숙식하던 집 주인인 이밀李滵까지 잡아들여 신문했다.[27] 그러나 벌써 이때부터 신문은 윤구종의 반역죄에 대한 증거를 보완하고 다른 사람들의 가담 여부를 판단하는 쪽으로 가닥을 잡고 있었다. 숭릉의 아전들은 윤구종이 몇 차례 말에서 내리지 않은 일이 있다고 증언했고, 또 어떤 이는 직접 보지는 못했지만 그러한 일이 있었다는 사실을 들어서 안다고 했다. 이밀 역시 진술을 번복해 자신 역시 속은 것에 불과하다면서 윤구종의 광승을 인정하지 않았다. 윤구종은 헤어나오기 힘든 올가미에 빠져들고 있었다.

이제 류성한이 문제가 아니었다. 윤구종의 죄는 역모에 준했다. 정치적으로 자신과 유사한 경험을 했던 경종에 대한 윤구종의 태도를 보면서, 정조는 이를 자신에 대한 태도로 받아들인 듯했다. 그는 윤4월 14일 직접 심문을 준비하게 한 후, 오후에 비변사에 나아가 친국했다. 친국 중에 정조의 심기를 건드린 말은 '당론'이었다. 그는 윤구종이 "당론을 위하는 마음에서 행동했다"는 말에 대해 "한없이 흉측하다"면서, 남은 죄질까지 남김없이 실토케 하라고 주문했다. 당연히 국문은 더욱 강해졌고, 윤구종은 결국 다음 날인 윤4월 15일 국문을 견디지 못하고 사망했다.[28] 류성한의 상소로 인해 윤구종은 목숨을 잃었고, 이후 숭릉과 혜릉의 전 참봉을 비롯한 관료들 역시 모두 삭탈관직당했다. 이처럼 엄중한 사실을 미리 고변하지 않았다는 게 이유였다. 동시에 민간에서는 "윤구종이 서인이라 신하의 절개가 없다"는 말이 돌기 시작했다.[29] 노론에 대한 민간의 여론까지 나빠지고 있었다.

류성한의 상소에서 번진 윤구종 사건은 순식간에 윤구종을 태우고, 다시 더 큰 불길이 되어 류성한을 향해 불어 닥치기 시작했

영남 선비들, 정조를 울리다―1792년 만인소운동

다. 채제공은 윤구종과 류성한에 대해 "윤구종은 경종에 대한 반역이며, 류성한은 선세자先世子(사도세자)에 대한 반역이다. 경종에게 신하 되지 않는 자가 어찌 선대왕先大王에게 충성하겠으며, 선세자를 속이는 자가 어찌 전하를 우러러 사랑하는 마음이 있겠는가?"[30]라고 말했다. 윤구종의 죄질이나 류성한의 죄질이 다를 게 없다는 판단이었고, 이러한 판단은 류성한의 죄목을 규정하는 기준이 되었다. 노론 입장에서는 어떨지 몰라도, 최소한 영남에서는 그랬다.

사간원과 사헌부 역시 류성한을 윤구종과 연계시켜 함께 처벌해야 한다고 상소를 올렸고, 윤구종과 관계되거나 이를 비호하려는 의사가 조금만 있어도 바로 파직당했다.[31] 심지어 류성한을 적극적으로 탄핵했던 우의정 박종악도 윤구종의 극형을 주장하면서 올린 차자에서 윤구종의 말을 그대로 인용했다는 이유만으로 파직당했다. 게다가 류성한의 탄핵에 적극적으로 참여하지 않은 삼사 관원들은 스스로를 탄핵해야 하는 상황이 되었고, 이제는 탄핵 여부가 아니라 탄핵의 강도를 놓고 그를 비호하는 것인지 그렇지 않은지를 따질 정도였다. 조정은 류성한과 윤구종의 일로 인해 감당할 수 없는 상태로 치달아 가고 있었다.

의도_ 정조의 생각

윤구종이 사망했고, 이제 이 사안을 정리하려면 류성한에 대한 처벌만 남았다. 결국 이를 위해 윤4월 17일 채제공이 다시 상소를 올렸다. 그는 류성한 처벌의 당위성을 강조하면서 윤구종과 같은 수위의 처벌을 요구했다. 그러나 정조는 채제공의 상소도 받아들이지 않았다. 핵심 측근인 채제공의 청원에도 정조는 류성한에 대한 처벌을 유보하고 있었다. 그 의도를 유추하기 위해서는 당시 정조가 채제공에게 내린 비답을 살펴볼 필요가 있다.

정조는 채제공의 상소에 대해 "(류)성한의 국문을 지체시키고 있는 것은 느슨하게 하려는 것도 아니고 대충 넘기려는 의도도 아니다. 말로는 뜻을 다 전할 수 없으니, 모름지기 이치로 미루어 보기 바란다"[32]라고 답했다. 국문을 해야 한다는 사실도 인정하고 이게 지체되고 있다는 점도 인정했다. 그러나 자신이 이렇게 하는 이유가 벌을 느슨하게 하려거나 대충 상황을 마무리하려는 의도는 아니라는 점을 명확히 했다. 다만 그 이유를 말로 설명할 수는 없으므로, 이치에 따라 미루어 짐작해 달라고 주문했다. 채제공이라면 충분히 자신의 의도를 알고 있을 것이며, 그 의도를 읽어 달라는 의미로 보인다. 이 사안에 대한 일정 정도의 공감대가 있었음을 드러낸 대목이다.

정조는 어떠한 의도로 류성한의 처벌을 유보하고 있었을까? 그는 아버지 사도세자의 죽음 이후, 세손 시기부터 감당할 수 없을 정도의 많은 사건을 겪었고, 생명의 위기를 겪기도 했다. 그야말로 파란만장한 삶이었다. 할아버지 영조의 비호 아래 어렵게 왕으로 즉위한 후에도, 16년 동안 노론의 영향력 아래에서 조심스럽게 자신의 정치적 입지를 강화해 왔다. 세손 시기부터 따지면, 그는 이미 노회한 군주로서의 면모를 가지고 있을 시기였다.[33] 이로 미루어 보면 류성한의 처결을 미루고 있는 데에는 그만한 정치적 판단이 있으리라 짐작할 수 있다. 또한 정조가 보기에 그동안 정치적 동지로서 함께 이 모든 것을 헤쳐 왔던 채제공 역시 자신의 그러한 의도를 충분히 추론할 수 있으리라 예상했던 듯하다.

윤구종의 문제까지 겹치면서 류성한의 문제로 조정 전체가 들썩이고 있지만, 가만히 생각해 보면 이렇게까지 된 데에는 정조의 류성한 비호가 가장 큰 역할을 했다. 지속적으로 정조와 교감을 했던 채제공 입장에서는 이제 정리해야 할 시점이라고 생각했지만, 정조는 이 사안을 좀 더 길게 끌고 가고 싶었던 듯하다. 조정 내에서는 당파를 불문하고 류성한에 대한 탄핵 요청이 올라왔지만, 정조 입장에서는 이를 류성한 개인의 죄로 처벌하고 싶지는 않았기 때문이다.

이러한 정조의 의도는 며칠 뒤인 윤4월 19일 올라온 전 장령 이지영李祉永의 상소[34] 처리 과정에서 보여 준 태도에서 추론 가능하다. 이지영은 류성한과 윤구종의 배후에 사도세자의 죽음에 관여하고 이후 정조의 즉위를 반대했던 파당이 존재하고 있으며, 따라서 이들 전체를 정리하지 않으면 지금처럼 흉악한 짓이 계속

일어날 것이라는 상소를 올렸다.[35] 류성한 개인을 넘어 그 뒷배경인 노론을 정면으로 겨냥한 것이었다. 정조는 여기에 대해 비답을 내리지 않고, 며칠 뒤 이지영을 따로 불렀다. 이 자리에서 정조는 슬픔으로 목이 멜 정도의 감정을 드러내면서 이지영과 상소 내용에 대해 많은 이야기를 나누었다.[36]

금기였던 사도세자 문제를 직접 언급한 사람과 오랜 이야기를 나누면서 자신의 심경을 피력하는 동시에, 다양한 정황들로 인해 이지영이 말한 사람들을 벌하지 못했던 이유를 설명했다. 알려진 내용과 실제 상황들 사이에 많은 차이가 있고, 왕의 시각과 판단 역시 그에 따라 이루어지고 있다는 사실을 가르치듯 설명했다. 그러나 정조는 이러한 말을 하면서도 비답이 아니라 비교적 긴 시간 동안 얼굴을 맞대고 이야기하는 방식을 선택했다. 문건으로 남기는 게 부담스러웠던 듯하다.

왜 그랬을까? 이 단계에서 우리는 사도세자의 문제가 이렇게 직접 언급되고, 그와 관련된 사람들에 대한 처리 문제가 공식 석상에서 논의된 적이 거의 없었다는 점을 상기해 볼 필요가 있다. 정조는 이 문제에 대해 공식적인 비답은 부담스러워 했지만, 이를 언급한 사람에게는 그 마음은 털어놓았다. 이는 사도세자 문제를 자기 입으로 공론화하기에는 문제가 있지만, 공론의 장으로 올라오면 충분히 설명하는 방식으로 이 문제를 다루겠다는 의도를 드러낸 것은 아니었을까? 또한 정조는 내적으로 이 문제가 이지영 개인을 넘어 좀 더 공적 영역에서 다루어지기를 바랐던 것은

영남 선비들, 정조를 울리다—1792년 만인소운동

아니었을까? 실제 사도세자 문제가 공식적으로 언급되면 당연히 정조의 정치적 입지는 강화되기 마련이고, 벽파(僻派)[37]를 이루고 있는 노론의 입지는 좁아질 수밖에 없다. 다만, 그렇다고 이 문제를 정조 자신이 직접 거론할 수는 없었다.

정조가 이러한 생각을 가졌을 것으로 추론할 수 있는 다른 정황도 있다. 기록에 따르면 당시 영남에서 관련 소식을 가장 빨리 들었을 것으로 추정되는 인물은 김한동金翰東(1740~1811)[38]이다. 그는 류성한의 상소를 비판하는 류숙의 상소가 처음 올라온 다음 날인 4월 28일 홍문관 수찬에 제수되었다.[39] 그리고 그가 관직에 제수되었다는 소식은 윤4월 4일 전해지는데, 이때 기별을 가지고 온 홍문관 아전으로부터 조정의 소식을 들었다.[40] 1789년 식년문과에 급제했던 그는 이미 전년도인 1791년만 해도 헌납과 수찬을 거쳐 동부승지까지 지냈다. 한양으로 출사한 영남 인사들의 리더 역할을 했던 것으로 보이며, 당연히 채제공과도 긴밀한 관계를 유지하고 있었다.

이 때문에 순조 원년인 1801년 경상도 유생 강락姜㰝 등 490여 명이 채제공을 탄핵하면서 "채제공이 천 리 길을 달려 김한동에게 편지를 보냈고, 천금의 재화를 주어 이우에게 소장을 올리는 밑천으로 삼게 했습니다. 그래서 10일도 되기 전에 1만 명의 사람들이 모여들었습니다"[41]라고 말했을 정도이다. 채제공을 탄핵하기 위해 올린 상소여서 어디까지 사실로 받아들여야 할지 알 수 없지만, 채제공과 김한동 간에 긴밀한 연락이 이루어졌을 가능성은 확인할 수 있다. 정조와 채제공이 이 정국 전체를 주도했다는 결론에 이르기에는 여전히 논리적 비약이 많이 따르지만, 정조와 채제공이 이 문제에 대해 수동적으로만 반응하고 있었던 것도 결코 아니었음을 알 수 있다. 재야 유생들의 공론이 일 때까지 류성한의 처벌을 미루었을 것으로 추정하는 이유이며, 좀 더 적극적으로는 이를 부추겼을 가능성도 있다.

정조는 좀 더 큰 명분 속에서 류성한의 문제를 처리하고, 이를 통해 자신의 정치적 정당성이 확보될 때까지 이 사안을 끌고 가고 싶어 했던 것은 분명해 보인다. 이러한 이유에서 이후 정조는 류성한의 처벌 문제에 대해 '왕의 사적 복수가 아닌 국가의 역적이 되었을 때 해야 한다'는 점[42]을 강조했다. 류성한에 대한 처벌이 정조 자신을 비판한 사람에 대한 개인적 처벌이 아니라, 국가의 역적이라는 판단이 나올 때까지 기다려 그 처벌의 당위를 확보하려 했던 것이다.

이는 맹자가 양 혜왕梁 惠王에게 "가까운 신하들이 모두 죽여야 한다고 말하더라도 듣지 말며, 대부가 모두 죽여야 한다고 말하더라도 듣지 말고, 온나라 사람들이 모두 죽여야 한다고 말하면 그 이후 그 사안을 살펴 마땅히 죽여야 된다고 생각되면 그를 죽이십시오. 그래야 이를 온나라 사람들(의 여론)이 죽였다고 말할 수 있게 됩니다"[43]라고 했던 말에 근거한다. 즉 온나라 사람들의 여론을 통해 그를 처벌할 수 있도록 명분을 만들고, 그 명분이 만들어질 때까지 기다려야 한다는 의미이다. 윤구종의 경우처럼 처벌의 정당성이 확보된 경우에는 강한 처벌의 의지를 보여 주면서도, 류성한에 대한 처벌을 늦춤으로써 '온나라 사람들이 류성한을 죽이는 것이 될 정도'로 여론이 농익기를 기다렸던 것 같다. 이제 공론의 이름으로 아버지 사도세자의 문제를 다룰 때가 되었다.

03

분노
— 공론의 수렴과 소행

조정을 흔든 류성한과 윤구종에 대한 탄핵 사태는 정조나 채제공이 의도했든 그렇지 않든, 조정을 넘어 영남까지 전달되었다. 류성한의 상소 이후 9일 만에 시작된 비판은 윤4월이 되면 당파를 넘어서기 시작했고, 조정 내에서만 이루어지던 비판 범위도 유생의 상소로까지 확산되었다. 도산별과 이후 장밋빛 희망에 물들었던 영남은 이 문제에 특히 예민했다. 류성한의 상소는 정조를 정확하게 겨냥했는데, 이는 도산별과를 통해 보여 준 영남에 대한 정조의 따뜻한 시선을 직접 겨냥한 것이기도 했기 때문이다. 류성한의 상소가 궁극적으로는 영남을 겨냥했다고 말할 수 있는 이유이다. 이제 영남도 참을 수 있는 상황이 아니었다.

소식_ 영남의 행보

류이좌가 봉서암에서 책에 빠져 있을 동안, 류성한의 상소가 일으킨 파장은 빠르게 영남으로도 전파되었다. 윤4월 4일 김한동은 자신이 홍문관 수찬에 제수되었다는 기별을 받았고,[1] 기록으로 볼 때 그가 류성한의 상소 사태에 대해 알게 된 것도 이때였다.[2] 김한동은 그 소식을 듣고 분노에 차서 몇몇 동지들과 함께 상소를 올리는 쪽으로 의견을 나누었고, 자신이 출입하고 있던 삼계서원에서 이 문제를 다루기 위한 회의를 열기로 약속했다.[3]

김한동이 지역에서 이 소식을 들었을 무렵, 한양에 있는 영남 인사들 역시 이 문제를 두고 어떻게 행동해야 할지 고민하고 있었다. 윤4월 2일 성균관 앞 반촌泮村에 머물고 있던 영남 인사들이 사령社令 이세윤李世胤의 숙소에 모여 논의를 진행했다. 이때 모인 인물들을 보면, 봉사 류규柳奎와 감찰 권방權訪, 참봉 박한동朴漢東, 전적 이기정李基禎, 선혜청 낭관 이헌유李憲儒, 참봉 이인행李仁行, 감찰 강세규姜世揆, 진사 권취도權就度, 유생 이경운李景運, 손석지孫錫祉, 이엄행李儼行[4] 등이었다. 지금 언급된 인물들은 이후 영남에서 올라온 인사들과 함께 소청을 운영했던 인물들과 대부분 겹친다.

첫 번째 모임 이틀 뒤인 윤4월 4일 이들은 다시 이헌유의 숙소에 모여 논의를 진행했는데, 이헌유나 권방은 김한동에게 이 사실을 알리는 게 좋겠다는 쪽으로 의견을 모았다. 이들 내부에서 김한동이 차지하고 있는 비중이 컸기 때문이다. 더불어 이 사안

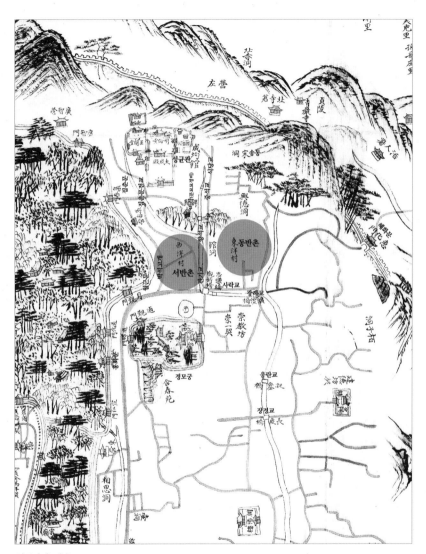

성균관과 반촌

반중泮中, 관동館洞이라고도 불렸는데, 현재 종로구 명륜동 성균관대학교 앞 일대를 말한다. 특히 성균관을 감싸고 흐르는 반수泮水(반泮은 학교 '반'으로, 주周나라 때 국학을 지칭하는 용어이기도 했다. 이 때문에 조선의 국학을 감싸고 도는 물이라고 해서 반수라고 부른 듯하다)의 서쪽을 경계로, 성균관 문묘를 지키고 유생들의 식사 제공 및 제반 관리 등을 하던 사람들이 모여 살았다. 이곳에서는 특히 성균관의 제사 및 유생들의 식사로 제공되었던 소를 잡는 재인들이 많이 살았다고 한다. 일종의 성균관에 소속된 마을로, 상소나 과거시험 등을 위해 지역 유생들이 많이 드나들던 곳이기도 했다. ※출처: 서울역사박물관.

을 빠르게 지역에 알릴 필요가 있다는 데에도 의견일치가 이루어졌다. 그래서 이날 바로 삼계서원에 통문을 보냈고, 이틀 뒤인 윤 4월 6일 귀향하는 참봉 박한동 편에 삼계서원에 보낸 통문을 베껴 상주에 있는 도남서원道南書院에도 보냈다.

류이좌의 기록에 따르면 "성균관에 머물던 영남 유생들이 삼계서원에 통문通文을 보내왔으며", 이로부터 류성한에 대해 "징계하고 성토하는 큰 의론이 일어났다"라고 했는데,[5] 바로 이 상황이었던 것으로 추정된다. 당연히 이 통문은 성균관에서 보낸 공식 통문[6]은 아니었고, 한양에 체류하던 영남 출신 인사들이 상황을 공유하고 함께 상소운동을 진행할 것을 제안하는 통문이었다.

이렇게 되자 영남에서 관련 논의는 가장 먼저 삼계서원으로 모아졌다. 삼계서원이 중심이 된 데에는 거기에 김한동이 있었기 때문이다. 당시 김한동은 영남 출신이 조정에 진출하기 힘든 시기였음에도 불구하고 과거를 통해 관직에 진출했고, 한양에 머물던 영남 인사들의 중심 역할을 했다.

한양에 머물던 영남 인사들은 우선 관직에 진출했던 '진신縉紳'* 중심으로 상소를 올리자는 제안을 했고, 그러다 보니 당시 영남 진신의 핵심 인물인 김한동이 출입하던 삼계서원으로 통문을 보냈던 것이다. 더불어 이 통문을 베껴 상주 도남서원에도 발송함으로써, 경상좌도와 우도가 모두 이 사안을 공유하도록 했다.

---

* 과거에 합격해 관직 생활을 했거나 하고 있는 사람들을 통칭해서 진신縉紳이라고 불렀다.

도남서원

경상우도의 대표적인 서원 가운데 하나로, 1606년 경상도 상주 지역 유림의 공의로 정몽
주와 김굉필, 정여창, 이언적, 이황을 배향하기 위해 창건했다. 이후 노수신과 류성룡, 그
리고 정경세를 추가 배향하면서 1677년 '도남'이라고 사액되었다. 경상우도의 대표 도시
상주를 대표하는 서원으로 기능했다. 1868년 흥선대원군의 서원 철폐령에 의해 훼철된
뒤 1992년 강당을 비롯한 일부 시설이 복설되었고, 2002년 나머지 건물이 모두 복원되어
지금 형태를 유지하고 있다. 위는 도남서원 일관당의 모습이다.

※출처: 한국민족문화대백과사전.

영남의 시간이 다가오고 있었다.

　김한동이 류성한의 상소와 관련된 사태를 인지했던 시점이 윤4월 4일, 그리고 한양에 있는 영남 인사들이 삼계서원에 통문을 보낸 시점도 윤4월 4일이다. 성균관에서 윤4월 4일 보낸 통문은 4일 뒤인 윤4월 8일 삼계서원에 도착했는데, 그 내용은 김한동이 며칠 전 알게 된 내용과 큰 차이가 없었다. 다만 이들은 류숙의 상소 이후 삼사와 대신들의 상소가 지속적으로 올라가고 있다는 사실과 성균관 유생들 역시 상소를 올렸다는 사실을 함께 알려 왔다. 이러한 기반 위에서 영남에서 함께 상소를 올리자는 제안을 해 왔다.[7] 일전에 김한동이 이미 상소 필요성을 제기하면서 도회를 열기로 약속했던 것과 다르지 않은 상황이었다. 다만 한양에서는 4월 20일이라는 날짜를 명시함으로써, 영남이 날짜에 맞추어 서둘러야 할 명분을 만들어 주었다.

의결 _ 여론 형성과 도회

윤4월 9일, 삼계서원에서는 안동을 비롯한 인근 현에 빠르게 이 소식을 알렸고, 마침내 윤4월 10일 삼계서원 도회가 열렸다. 이날 삼계서원 관물루觀物樓에는 70여 명의 영남 유림이 참석했다.[8] 진사 권사회權思晦와 유학 김희택金熙澤을 공사원公事員으로 선출해 회의를 진행했는데, 상소 여부는 반대 없이 만장일치로 결정된 듯하다. 이미 도회 전부터 김한동은 진신들 중심으로 사도세자 이후 30년간 응집된 의리를 펼쳐야 한다고 여론을 모은 데다, 이 말을 들은 유생들[장보章甫]* 역시 자신들도 사양하지 않고 동참해야 한다는 의견을 보태 온 터였다.[9]

4월 10일 진행된 도회는 이러한 논의들을 공론으로 확정하고, 여기에서 한발 더 나아가 한양에 가서 상소운동에 참여할 소임까지 정했다. 그야말로 일사천리였다. 시간이 많지 않은 상황이어서 빠르게 의결과정을 거친 듯하다. 상소운동의 대표인 소두疏頭는 서울에서 상소운동을 위해 기다리고 있는 영남 인사들과 상의해야 할 문제여서, 후일 선출하기로 했다. 삼계서원을 중심으로 급하게 도회가 이루어지다 보니, 결정 사안을 영남 전체에 알리고 동의를 구해야 했다. 류성한의 일을 상세하게 기록하고 도회를 통해 의결된 상소운동 관련 사안들을 통문으로 제작해 먼저 지역 거점 서원들로 보냈다.[10] 이 통문에는 윤4월 17일 출발한 후 20일 충주에서 모여 한양으로 들어가는 일정으로 공지했다.

더불어 도회에서는 소임으로 거론된 사람들에게도 통문을 발송했다. 이후 상소운동의 소두로 활동했던 이우李瑀(1739~1811)[11]는 3일 뒤인 윤4월 13일 이 통문을 받았다.[12] 병산서원에도 삼계서원에서 보낸 장무掌務[13]의 고목告目[14]이 도착했고, 이를 받은 병산서

---

* 관직에 진출한 적이 없어서 신분적으로 유생幼生의 위치에 있는 사람들을 장보라고 불렀다. 앞에서 본 진신과 구별되는 개념이다.

원에서 류이좌에게 연락하면서, 그는 윤4월 16일 이 사실을 알게 되었다. 충주에서 20일 모이기로 한 일정을 감안해, 삼계서원에서 류이좌에게는 19일 풍기향교로 모이라고 통보한 듯하다.[15] 삼계서원 도회에서 보낸 통문에 대한 각 지역의 답신이 빠르게 돌아오기 시작했고, 당연히 적극적인 지지 표명이 있었다.

도산서원에서는 윤4월 13일 바로 유생 명첩과 소요 경비 30냥을 보내왔고, 봉화에서도 통문에 대한 답신과 경비 5냥을 보내왔다. 얼마 뒤 바로 명첩과 소요 경비를 보내겠다는 영천榮川*의 삼봉서원三峯書院 답신도 이날 도착했다. 윤4월 16일에는 안동 도연서원과 묵계서원, 순흥 단계서원 등에서 명첩과 비용을 보내왔다.[16] 윤4월 13일 전후로 통문과 고목을 받은 소임들이 출발 준비를 서두르고 있을 무렵, 거점 서원들에서는 벌써 사안을 공유하고 빠르게 여론을 모으는 작업이 진행되고 있었다. 당시 삼계서원에서 지역 거점 서원에 통문을 보내면, 각 거점 서원들이 자신의 관할 지역이나 관계를 맺고 있는 서원, 향교, 향청, 문중 등에 알렸을 것으로 추정된다.

윤4월 13일부터 여론 형성이 시작되고, 본격적으로 명첩과 상소운동에 사용할 경비가 모이기 시작했다. 일반적인 상소운동은

---

* 지금의 경상북도 영주로, 경상북도 영천시를 말하는 것은 아니다. 영주의 영은 한자로 '榮'을 사용하며, 당시에는 영천榮川으로 불렸다. 현재 영천시의 영은 한자로 '永'을 사용하여 영천永川으로 표기한다. 따라서 이 책에서 '영천榮川'으로 표기된 곳은 모두 지금의 경상북도 영주시이다.

여론 형성부터 한 후, 그에 따라 통문을 발송하고 소두를 비롯한 공사원을 선출하며, 이를 기반으로 소청을 설치하게 마련이다.[17] 그러나 당시 상황에서 이 상소운동은 불타고 있는 류성한 탄핵 여론을 활용할 필요가 있었고, 이를 위해 한양에 있는 영남 인사들과 상소를 올릴 날짜까지 어느 정도 공유한 상황이었다. 모든 절차를 지역에서 밟을 시간이 없었다. 상소 여부에 대한 빠른 의결과 한양에 가야 할 공사원 선출만 진행한 후, 윤4월 17일 한양으로 출발을 서둘렀던 이유이다. 삼계서원 도회 결과를 영남 전체에서 이견 없이 전체 여론으로 공인했음을 알 수 있는 대목이다.

이와 같은 속도는 일반적인 상소운동과 비교할 때 매우 이례적이다. 이 때문에 이 상소의 배경에는 채제공이나 혹은 정조의 의지가 반영되었을 것으로 보는 견해가 힘을 얻는다. 앞에서 본 것처럼, 1801년 경상도 유생 강락 등 490여 명이 연명한 채제공 탄핵 상소에서 채제공이 관련되어 있다고 비판한 배경이기도 하다. 또한 1792년 만인소를 이어 유사한 내용으로 한 번 더 상소를 올렸던 1855년 만인소[18]에서도 영남 유생들은 1792년 만인소에 대해 "위로는 정조의 각별한 대우, 아래로는 채제공의 적극적인 지휘가 있었다"라고 밝힌 적이 있다. 이러한 영남 유생들의 언급은 1855년 만인소의 당위를 설정하는 과정에서 나온 말이기는 하지만, 영남 스스로도 1792년 상소운동에 채제공이 적극적으로 관여했다는 사실을 인정했음을 보여 준다.[19] 이렇게 보면 정조가 윤4월 16일 채제공의 류성한 탄핵 상소에 대해 내린 비답의 의미가

'좀 더 사안이 확대될 때까지 기다리자는 것'이었을 수도 있겠다.

윤4월 17일이 되면 이미 영남의 상소운동은 의견 수렴 단계를 넘어 행동하는 단계로 이행되고 있었다. 홍문관 수찬으로 제수되어 윤4월 12일 한양으로 먼저 올라간 김한동의 뒤를 이어 대부분의 영남 인사들의 출발 준비는 윤4월 17일 끝이 났다. 윤4월 18일 김희택과 김희주가 삼계서원에서 출발했다. 이들이 풍기향교에 도착하니 이미 그곳에는 류회문이 사빈서원과 호계서원, 구계서원의 명첩과 상소 비용 25냥을 가지고 그 전날인 17일부터 이들을 기다리고 있었다. 그리고 전 지평 성언집과 유학 이우, 박한사, 성종로, 이검행 역시 풍기향교에 도착해 있었다. 그리고 영천에서 연명을 받은 명첩과 비용 15냥, 노림서원의 명첩과 비용 5냥도 들어와 있었다. 이들은 여기에서 하루를 묵고 다음 날부터 본격적인 한양행에 오를 참이었다. 영남의 명운을 건 상소운동은 이렇게 시작되고 있었다.

상소운동_공론이 갖는 권위

윤4월 4일 이후 영남의 여론과 그에 따른 윤4월 10일 삼계서원의 도회의 결론은 영남 전체가 참여하는 상소운동이었다. 16년 전인 1776년 이응원과 이도현 부자의 일을 모두가 기억하고 있음에도 불구하고, 이제 다시 영남은 상소를 통해 전체의 힘을 보여 주어야 한다는 데 의견이 모였다. 다만 이번에는 개인이 아닌 연명을 통해 영남의 단합된 힘을 모으고, '공론'의 이름으로 상소를 올리기로 했다.

사실 상소운동은 정치 참여를 위한 영남의 익숙한 수단이자, 거의 유일한 수단이었다. 권력에서 밀려나 중앙정계 진출에 한계가 있던 영남 유생들 입장에서는 유학적 이념에 기반한 정치 참여의 거의 유일한 수단이 상소였다. 게다가 초기 영남 사림의 후예였던 영남 선비들은 함께 집단 상소를 올렸던 보우 탄핵 상소(1565) 이후 중요한 시기마다 공론을 모으고 함께 연명해서 자신들의 의사를 개진해 왔다. 그만큼 상소운동은 그들에게 익숙한 수단이기도 했다. 준비와 경과, 어떻게 일을 해야 하는지에 대한 경험이 많았다. 특히 당시 이들이 '운동movement 차원'의 상소를 계획했던 이유는 집단 상소가 갖는 힘 때문이었다.

조선은 유교를 국시로 삼은 나라였다. 이는 마치 대한민국이 민주주의를 국시로 삼았다는 의미와 유사하다. 이런 조선에서 권력은 혈연을 통해 세습되지만, 권위까지 권력이 갖는 경우는 거의 없었다.[20] 당연히 '권위'는 유학 이념을 기반으로 했고, 그러다 보니 '권위'는 유학 이념에 따라 도덕 수양에 집중하는 개인 혹은 공동체의 몫이었다. 왕으로 대변되는 '권력'이 권위를 가지려면 그 스스로 권력에서 벗어나 수양에 매진하든지, 그렇지 않으면 유학적 이념에 따라 자기 수양을 하는 사람들이 제시하는 방향으로 권력을 행사해야 했다. 이 때문에 조선에서는 유학적 이념을 추구하면서 사는 유생들이나 그들 공동체의 발언에 강한 권위가 실렸다. 조선은 이를 '공론公論'이라는 이름으로 중시했다.

조선에서 상소는 특히 재야 유생들에 의해 적극 활용되었다. '수기修己한 후 치인治人해야 하는'[21] 유학의 학문 목표는 개인의 도덕적 수양을 넘어 타인에게 도덕적 교화를 미치는 단계까지 나아가야 했다. 보통 '치인'의 단계는 과거를 통해 관료로 나아가 선정을 베푸는 것을 의미했다. 그러나 관직에 나아가지 못하는 사람들이 이를 실현할 방법은 올바르지 못한 정치를 비판하고 유학적 이념에 따라 국가가 운영될 수 있도록 길을 제시하는 활동밖에 없었다. 조선은 이러한 활동도 중요하게 받아들였으며, 심지어 이를 중시하기까지 했다. 조선에서 유생 상소가 많았던 이유이며, 이렇게 되면서 관직 여부와 상관없이 평생 도덕 수양에 매진하는 삶이 갖는 가치 역시 높아졌다. 관직에 나가지 못해도 수기를 넘어 치인이라는 유학적 목표를 실행할 수 있었고, 이렇게 되면서 관직과 상관없이 스스로 수양하는 삶 자체도 충분히 중요한 실천의 한 방법이 되었다.

따라서 이들의 공론은 국가 관료 시스템에 의해 의사가 결정되고 보고되는 체계가 아니기 때문에 왕에게 직보될 필요가 있었다. 그리고 왕이 이러한 공론에 기대어 자기 권력을 행사하도록 유도해야 했다. 상소가 최고 권력자에게 올라가는 다른 문서들과 성격이 다른 이유이다. 그러다 보니 상소 내용 역시 국가 운영 절차를 통해서는 올릴 수 없는 내용이거나, 또는 국가 시스템에 속하지 않은 사람들까지 올릴 수 있는 특별한 문건이 되었다. 그런데 조선은 이러한 상소를 특정인에게만 열어 준 것이 아니라, 원론적으로는 글을 할 수 있고 유학적 이념에 따라 사는 사람이라면 누구나 올릴 수 있도록 열어 놓았다.

이 같은 상소문화는 동아시아 전체의 독특한 문화이기도 하지만, 이러한 이념적 모델이 잘 실현된 나라는 단연 조선이었다. 고려 때에도 관료들을 중심으로 왕에게 직접 의견을 개진하는 상소가 있었지만, 일반 백성들, 특히 유학을 공부하는 예비 관료나 관직에 진출하지 못한 유생들에게까지 확대되지는 못했다. 중국 역시 상소는 관료 조직에 속한 사람들에게만 주어진 특권이었으나, 집단 상소의 경우 잘못되면 반역으로 취급되어 대규모 학살의 근거가 되기도 했다. 그러나 조선은 이러한 상소를 제도적으로 권장하고, 왕이 직접 그에 답[비답]하는 문화가 일상화되었다.[22]

특히 조선은 누구나 상소를 올리는 수준을 넘어, 이러한 상소를 선비들의 기상이라며 장려했다. 올바른 국가 운영을 위해서는 유학 이념을 수양하고 그에 따라 사는 선비들의 올바른 제언이 필요하다는 이유에서였다. 상소를 통해 '언로'가 보장된 것이다. 이러한 특징은 조선이 지향했던 '공론에 의한 정치'라는 당위로 이어졌다. "인심이 동의하는 바를 공론이라 하고, 공론이 있는 바를 국시國是라고 한다"라는 이이李珥의 말처럼 조선은 공론정치를 지향했고, 이로 인해 관료를 넘어 재야 유생들에게까지 상소를 올리는 문화가 만들어졌다.[23]

물론 조선 초기 상소는 주로 관료들이 올리는 개인 상소였다. 그러나 사림의 중앙정계 진출 이후 유생 상소가 늘기 시작했고, 상소 형태 역시 다양화되었다. 특히 유생 상소는 그 특성상 집단 상소의 형식을 띠는 경우가 많았다. 아무리 상소를 인정하는 문화라 해도 유생들은 여전히 권력 밖에 있는 약자들이었기 때문에, 개인보다 집단을 통해 의견을 개진함으로써 공론으로서의 파급력을 확보하려 했다. 1565년 100명 이상의 지식인들은 22차례에 걸쳐 연명 상소운동인 '백인소百人疏'[24]를 올려 역사를 바꾸었고, 이 전통은 1650년부터 1679년에 이르기까지 1천 명 가까운 지식인들이 연명한 '천인소千人疏'[25]로 이어졌다. 100여 년 단위로 100명에서 1천 명으로 상소 연명자가 늘어났고, 천인소 이후 약 100여 년 정도 지나 1만여 명이 연명한 상소가 올라갔다.

　1792년 상소는 조선의 집단 상소 발전사에서 볼 때, 최초로 1만여 명이 넘은 상소운동이었다.[26] 당시 정조와 채제공이 영남을 통해 기호 노론을 견제하려 했다면, 영남의 사론士論이 만들어 내는 공론이 가장 큰 힘이 될 수 있었다. 사론은 당연히 많은 선비나 유생들의 참여가 필요했고, 당시 금기시되었던 사도세자의 문제를 직접 거론하면서 권력을 장악한 노론을 견제하기 위해서는 기존 수천 명보다 더 많은 이들의 참여가 필요했다. 게다가 조정의 여론이 한창 달아오르고 있는 시점에 힘을 보탬으로써, 상소의 효율성을 담보해야 했다. 규모에 있어서 '많은 사람의 참여'와 속도에 있어서 '빠른 봉입'이라는 두 마리 토끼를 모두 잡아야 했다.

소행_상소운동의 시작

류이좌가 윤4월 17일 봉서암에서 내려올 때 이미 삼계서원을 비롯한 각지의 소임을 받은 유생들은 풍기향교에 모이고 있었다. 전날 백부로부터 편지를 받았을 때 그 역시 17일 출발해야 했지만, 16일 소식을 듣고 봉서암을 내려온 류이좌 입장에서는 불가능한 일정이었다. 윤4월 17일 편지를 보낸 백부와 숙부를 뵙고, 한양행에 대한 정황을 파악하는 데만 하루가 걸렸다. 류성한의 상소 이야기를 듣고 류이좌와 이야기를 나누던 백부가 분노에 차서 자신도 문경새재를 넘어야겠다면서 길을 나서려는 통에, 류이좌는 이를 말리느라 진땀을 뺐다. 여든의 나이여서 바쁜 소행길에 오히려 방해가 될 수 있다고 설득했다.

윤4월 18일 아침, 류이좌는 출발에 앞서 병산서원에 들렀다. 아무리 출발이 급해도 좀 더 상황을 파악할 필요가 있었기 때문이다.[27] 하직 인사를 겸한 대화에서 류이좌는 그간 지역에서 있었던 일을 좀 더 자세하게 들었다. 집으로 돌아온 후 신양新陽(현재 경상북도 안동시 풍산읍 일대에 있었던 작은 마을 이름)에 사는 이여간李汝幹 (1752~?)에게 편지로 동행을 청해 두었다. 함께 소임을 맡았다는 이야기를 듣고 한양까지 걸음을 함께하기 위해서였다. 오시午時 (오전 11시~오후 1시 사이) 사이에 병산서원 하인이 7냥 남짓한 노잣돈[28]을 가져왔다. 먼 길인지라, 튼튼한 말을 택해 여물을 든든히 먹이게 했다.

윤4월 19일 아침 어머니의 눈물을 뒤로한 채, 류이좌는 한양으로 출발했다. 행여 부지런한 이여간과 발을 맞추지 못할까 싶어 신양촌부터 찾았더니, 아니나 다를까 이여간은 이미 전날 선성宣城(현재 경상북도 안동시 예안면 일대에 있었던 예안현의 옛 이름)으로 떠났다고 했다. 전날 보낸 편지는 이여간이 떠난 후 도착한 듯했다. 이여간의 집을 나와 남은동南隱洞(현재 경상북도 예천군 감천면 포리 지역으로 추정되는 마을 이름)과 수락대水落臺(현재 경상북도 예천군 감천면에 있다)를 거쳐, 노자리老子里에 도착했다. 남은동에는 조문할 일이 있어 잠시 들른 터였다. 출발도 늦은 데다 조문 일정까지 겹쳐 다른 소임들에 비해 하루가 늦어졌다. 윤4월 20일부터 본격적으로 한양을 향해 걸음을 서둘러야 했다. 주막에서 상소운동을 위해 한양길에 오른 생원 채여침蔡如沈을 만났다. 초면이었지만, 소행길이라는 같은 목적으로 인해 서로 안부를 묻고 주막에서 묵는 일정부터 함께했다.

윤4월 20일 새벽, 미명에 출발해 해가 뜰 무렵 풍기향교에 도착하니, 상소운동에 참여한 유생 10여 명이 이미 이곳을 지나갔다고 했다. 다행히 풍기향교에는 류이좌만 늦게 도착한 것은 아니었다. 늦은 발걸음을 재촉하려는데 헐레벌떡 도착한 김종호를 만났다. 그는 자신과 같은 이름이 소임에 거론되었다는 말을 듣고 정확하게 알아보지도 않고 출발했는데, 이왕 여기까지 왔으니 돌아가지 않겠다면서 한양으로 함께 길을 잡았다.

걸음을 재촉해, 죽령 고개 출발점인 수철교水鐵橋에 도착했다.

류이좌의 소행길 첫째 날

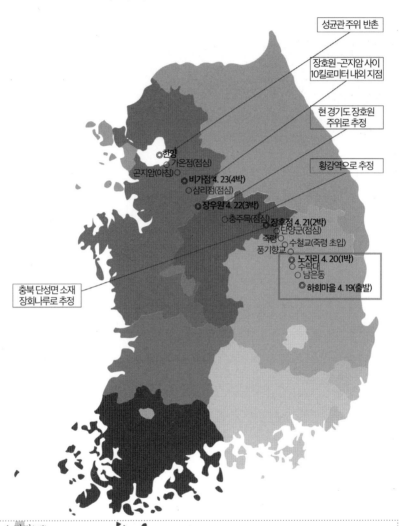

성균관 주위 반촌

장호원-곤지암 사이
10킬로미터 내외 지점

현 경기도 장호원
주위로 추정

황강역으로 추정

○한양
○가온점(점심)
곤지암(아침)
◎비가점 4. 23(4박)
○삼리점(점심)
◎장우원 4. 22(3박)
○충주목(점심)　◎장호점 4. 21(2박)
　　　　　　　　　○단양군(점심)
　　　죽령○　○수철교(죽령 초입)
　　풍기향교○
　　　　　　　◎ 노자리 4. 20(1박)
　　　　　　　○수락대
　　　　　　　○남은동
　　　　　　　◎하회마을 4. 19(출발)

충북 단성면 소재
장회나루로 추정

노자리(1박)

이곳은 현재 경상북도 영주시 봉현면 노좌리 일대로 추정된다. 노좌魯佐와 노자老子는 한자도 다르지만, 지명은 한자 본래 뜻보다 음차해서 이루어지는 경우가 많기 때문이다. 실제 이 마을의 순수한 이름은 '노재이' 마을이었는데 처음에 이를 한자로 음차하여 노자奴者로 표기했다가 한자 이름의 뜻이 너무 상스럽다고 해서 이후 노좌魯佐로 고쳐 불렀다고 한다. 노자리에서 풍기향교까지는 약 13킬로미터로 2~3시간 정도면 도달할 수 있다. 안동 권씨들이 많이 살았던 마을이었으며, 이후 노계서원이 되는 노계사도 이 당시 마을에 존재했다. 그러나 류이좌는 이 마을에 있었던 주막에서 묵었다고 기록했다. 류이좌의 소행은 노자리에서의 출발로부터 본격화된다.

풍기향교

노자리에서 출발해, 3시간 정도 걸어 풍기향교에 도착했다고 기록되어 있다. 그러면 노자리에서는 4~5시쯤 출발했을 것으로 추정된다. 새벽부터 걸음을 서두르고 있었음을 알 수 있는 대목으로, 이후 매일 이처럼 빠른 시간에 한양 일정을 시작했을 것으로 보인다.

《천휘록》건, 권1, 〈임자록〉의 기록에 따르면 대부분의 소임이 윤4월 17일부터 18일에 걸쳐 풍기향교에 도착했고, 19일 아침 본격적인 소행길에 올랐다. 이우와 전 지평 성언집, 진사 류회문 등 상소 운동 본진은 대부분 류이좌가 풍기향교에 도착하기 하루 전인 19일 아침 길을 떠났다.

※출처: 한국민족문화대백과사전.

수철교

현재 경상북도 영주시 풍기읍 수철리에 이 다리가 있다. 수철교는 영주가 끝나고 본격적인 죽령 옛길로 들어서는 고개의 초입이자 출발지였던 것으로 보인다. 쉴 수 있는 노거수가 있고 불망비 등이 남아 있다.

단양군(점심)

단양은 현재 충청북도 단양군 대강면이나 단성면 일대로, 죽령을 넘고 나면 바로 만나는 지역이다. 현재 단양은 신단양으로 부르는데, 구단양이었던 단성면 일대가 충주댐 건설로 수몰되어 옮겼기 때문이다. 단양군 단성면에는 현재에도 단양향교가 남아 있는데, 여기에서 충주 쪽으로 방향을 잡아야 서울로 갈 수 있다. 전날에 출발했던 성언집 일행(12명)은 죽령고개를 내려가자마자 만나게 되는 장림역에서 쉬었는데, 현재 충청북도 단양군 대강면 장림리 일대다. 수철교에서 출발했을 때 도보로 대략 4~5시간 정도 소요되는 길이기 때문에 장림역 또는 단양향교가 있는 단성면에서 늦은 점심을 먹었을 것으로 추정된다.

장림역

현재 충청북도 단양군 대강면 장림리 일대에 있었던 옛 역이다. 죽령을 넘어온 사람들이 충청도에서 처음 만나는 역으로, 힘든 고개를 넘은 사람들을 위한 쉼터 역할을 했다.

류이좌의 소행길 둘째 날

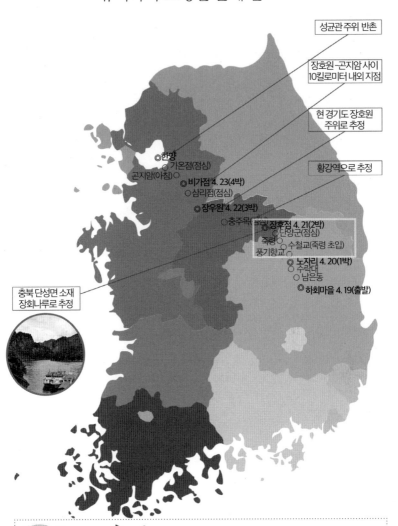

성균관 주위 반촌

장호원-곤지암 사이 10킬로미터 내외 지점

현 경기도 장호원 주위로 추정

황강역으로 추정

○한양
○기온점(점심)
곤지암(아침)○
◎비가점 4. 23(4박)
○삼리점(점심)
◎장우원 4. 22(3박)
○충주목
◎장후점 4. 21(2박)
○단양군(점심)
죽령○○수철교(죽령 초입)
풍기향교○
◎노자리 4. 20(1박)
○수락대
○남은동
◎하회마을 4. 19(출발)

충북 단성면 소재 장회나루로 추정

장후점(2박)
장후점은 지금의 장회나루로 추정된다. 〈대동여지도〉에는 장위長渭로 표시된 지역으로, 현재 충청북도 단양군 단성면 장회리에 있다. 이곳은 옛날부터 나루와 주막이 있어서 영남에서 한양으로 가는 사람들이 묵었던 곳이다. 늦은 점심 후 단양향교에서 출발했을 때 4~5시간 정도 소요되므로, 저물어서 도착했을 것으로 보인다. 이는 전날 출발했던 성언집 일행이 묵었던 곳이기도 하다.

풍기향교에서 수철교까지 대략 7킬로미터 정도 거리니, 빠른 걸음이면 1시간 30분 내에 도착했을 터였다. 다행스럽게도 아직 이 여간이 죽령길에 오르지 않고 수철교에서 출발 준비를 하고 있었다. 한양까지의 고된 길을 함께할 마음 맞는 동행을 만나게 되니, 무거웠던 걸음이 조금은 가벼워졌다. 류이좌와 함께 한양행을 하는 인원이 꽤 늘었다. 이들 일행은 수철교를 출발하여 바로 죽령고개를 넘었다. 그리고 점심때가 되어 단양으로 진입했다. 15~20킬로미터에 이르는 고갯길을 빠르게 넘었다. 전날 출발했던 일행들이 죽령고개를 넘자마자 바로 만나게 되는 장림역에서 쉰 것으로 보아, 이들 역시 장림역에서 멈췄거나 또는 한 시간 정도 더 이동해서 단양향교가 있는 현 단양군 단성면 일대에서 휴식을 취했을 것으로 추정된다. 여기에서 늦은 점심을 한 후, 오후에는 장후점長後店까지 이동해 하루를 묵었다.

윤4월 21일 새벽 장후점을 출발한 류이좌는 오후에 충주목에 도착했다. 그리고 내쳐 걸음을 재촉해 저물녘에는 장우원長宇院에 도착했다. 전체 일정 가운데 가장 먼 거리를 이동했다. 추정컨대 이날은 황강역에서 충주까지 물길로 이동한 후 다시 도보로 장해원, 즉 장호원까지 이동했던 듯하다. 순수한 도보로 하루 만에 이동할 수 있는 거리는 아니었기 때문이다. 22일 아침 장우원을 출발해 오후에는 삼리점三梨店까지 이동했다. 삼리점에 이르러 소호蘇湖[29]에 사는 이우를 만났다. 며칠 무리한 탓에 지친 말이 움직이려 하지 않기 때문이었다. 하루 일찍 출발한 일행들을 거의 따라

류이좌의 소행길 셋째 날

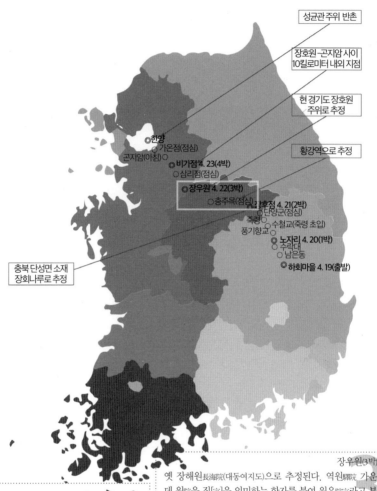

성균관 주위 반촌

장호원-곤지암 사이
10킬로미터 내외 지점

현 경기도 장호원
주위로 추정

황강역으로 추정

한양
가온점(점심)
곤지암(아침)
비가점 4. 23(4박)
삼리점(점심)
장우원 4. 22(3박)
충주목(점심) 장후점 4. 21(2박)
단양군(점심)
죽령 수철교(죽령 초입)
풍기향교
노자리 4. 20(1박)
수다대
남은동
하회마을 4. 19(출발)

충북 단성면 소재
장회나루로 추정

장우원(3박)

3

충주목

류이좌는 충주목으로만 표기했는데, 전날 올라갔던 성언집 일행은 충주목에 속한 황강역에서 식사를 했다고 기록되어 있다. 이곳은 충청도 청풍에 위치했던 역으로, 단양의 장림역에서 충주 쪽으로 이동할 때 만나게 되는 역이다. 지금은 충주호로 인해 수몰되었다. 장후점(장회나루)에서 대략 5시간 정도 소요되는 거리였으므로, 류이좌 역시 여기에서 점심 식사를 했을 것으로 추정된다.

옛 장해원長海院(대동여지도)으로 추정된다. 역원驛院 가운데 院을 집[宇]을 의미하는 한자를 붙여 원우院宇라고 부르기도 했고, 거꾸로 우원宇院으로 부르기도 했는데, 류이좌 역시 이러한 방식으로 지명을 표기한 듯하다. 즉 장長이라는 우원에 머물렀다는 의미로 장우원으로 기록했다. 현재 경기도 이천시 장호원읍 주변이다. 그런데 문제는 이 경우 상식적인 하루 걸음 거리로는 너무 멀다는 점이다. 아마 점심식사를 한 황강역에서 물길로 남한강을 따라 이동한 후 장호원으로 들어갔을 것으로 추정되며, 이날 이동거리는 직선거리로 70~80킬로미터쯤 된다. 뱃길을 이용해 이동 시간을 단축했을 것으로 추정된다.

류이좌의 소행길 넷째·다섯째 날

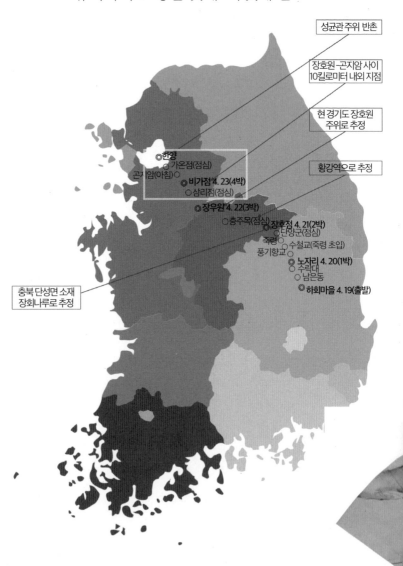

성균관주위 반촌

장호원-곤지암 사이
10킬로미터 내외 지점

현 경기도 장호원
주위로 추정

황강역으로 추정

◎한양
○가온점(점심)
곤지암(아침)○
◎비가점 4. 23(4박)
○삼리점(점심)
◎장우원 4. 22(3박)
○충주목(점심) ◎장흥점 4. 21(2박)
○단양군(점심)
죽령○ ○수철교(죽령 초입)
풍기향교○
◎노자리 4. 20(1박)
○수락대
○남은동
◎하회마을 4. 19(출발)

충북 단성면 소재
장회나루로 추정

김윤겸, 〈송파환도〉, 조선 후기.
송파나루의 모습이 생생하게 그려져 있다.
※출처: 국립중앙박물관.

삼리점

정확한 위치는 확인할 수 없다. 여기에서 말하는 점店은 주막 정도였을 것으로 보이는데, 김정호 역시 "원 이름이 그대로 점(주막) 이름이 된 곳이 많았지만, 생겼다 없어짐이 무상해 어디에 있었는지 모두를 알 수 없다"라고 할 정도여서, 이 이름만 가지고 위치를 확인하기는 어렵다. 관련 내용은 조혁연, 〈조선 시대 교통로와 영남 선비 상경기〉, 《중원문화연구》 제23집, 충북대학교 중원문화연구소, 2015, 44쪽에서 재인용. 다만 이들이 장호원에서 출발했으므로, 현재 경기도 이천시 부발읍 신하리에 있는 비석 삼거리에서 '삼리' 정도의 의미를 추정할 수 있는데, 정확치는 않다. 비석 삼거리였기 때문에 그 다음에 나오는 비가점, 다시 말해 '비석거리에 있는 주막'으로도 추정할 수 있기 때문이다. 그러나 다음날 곤지암에서 아침을 먹을 정도 거리에 비가점이 있어야 하므로, 비가점은 곤지아와 가깝거나 혹은 2~3시간 내 도착할 수 있는 거리여야 한다. 따라서 비석 삼거리보다는 더 많이 곤지아 쪽으로 이동한 장소였을 것으로 추정된다. 이러한 이유에서 삼리점은 현재 이천시 부발읍 신하리에 있는 삼거리 주위에 있었던 주막이나 혹은 이를 기준으로 그리 멀리 떨어지지 않은 범위 내에 있었을 것으로 추정된다. 류이좌가 여기를 지날 때 상소를 위해 이미 이곳에 많은 유생이 지나갔다는 소식을 들은 것으로 보아, 하루 전에 출발한 본대 역시 이곳을 지났던 것으로 보인다.

비가점(4박)

역시 정확한 위치를 특정할 수 없다. 바로 위 '삼리점' 관련 내용에서 본 것처럼 곤지아에서 아침식사를 할 정도의 거리인 데다, 비가 와서 이동 거리가 많지 않은 곳을 감안하면 곤지암 주위 비석이 많은 거리였거나 또는 현재 장호원에서 곤지암으로 가는 3번 국도의 10킬로미터 이내 숙박이 가능한 작은 주막 정도였을 것으로 추정된다.

가은점

역시 정확한 위치가 특정되지 않는다. 다만 이들이 적어도 8~9시쯤 곤지암에서 출발했다면, 전날 성언집 일행이 머물렀을 경안역에서 점심식사를 했거나 또는 좀 더 걸어서 한강을 건너기 위해 송파나루에서 늦은 점심을 먹었을 가능성도 있다. 이렇게 보면 현재 충주에서 서울을 잇는 3번 국도 구간 내에 있는 경안역(경기도 광주시 경안동 일대)과 송파나루를 잇는 지점 언저리에 가은점이 있었을 것으로 추정된다.

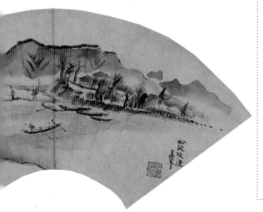

한양 입성

가은점이 경안역에서 송파나루 사이에 있었다고 보면, 여기에서 늦은 식사를 한 후 한양에 들어가기 위해서는 송파나루를 이용해서 한강을 건넜을 것이다. 그러면 굳이 남대문을 통과하기 위해 돌아가는 길을 선택하기보다, 중량천을 살곶이다리로 넘은 후 동대문으로 바로 입성해서 반촌에 들어갔을 가능성이 크다. 이럴 경우 대략 오후 6시 안팎에 도착했을 것으로 추정되며, 이로 인해 류이좌는 해가 남았다는 기록을 남길 수 있었던 것으로 보인다.

잡은 상황이었다. 삼리점에서 상소운동에 동참한 일행 여럿이 지나갔다는 소식을 들었다.

삼리점을 지나는데 오전부터 내린 비로 인해 더 이상 길을 이어갈 수 없어, 비가점碑街店에서 유숙하기로 했다. 이날은 궂은 날씨로 인해 많은 거리를 이동하지는 못했다. 앞선 이들 역시 비로 인해 걸음이 지체될 터이니,[30] 일행에서 뒤처질 일은 아니었다.

윤4월 23일, 걸음을 재촉한 덕에 한양 입성을 앞두고 있었다. 곤지아崑池阿(현재 경기도 광주시 곤지암읍 일대로 추정)에서 아침밥을 먹고 점심때는 가은점加隱店에서 잠시 쉬었다. 그리고는 최종 목적지인 한양에 입성했는데, 이때까지 해가 남아 있었다. 류이좌는 한양에 도착하자마자 반촌에 들어가서 봉사奉事[31]로 계시는 대부大父(류규로 추정됨)[32]를 배알했다. 여전히 건강하신 듯해서 반갑기 이를 데 없었다. 시간이 많지 않아 안부를 묻고 인사만 드렸다.

하회마을에서 출발한 류이좌가 반촌에 도착하는 데는 5일이 걸렸다. 만약 출발 당일 문상을 하지 않고 걸음을 서둘렀다면 4일 만에 도착할 수 있었을 듯하다. 게다가 윤4월 22일은 폭우로 걸음이 지체된 점까지 감안하면, 무척이나 빠른 걸음이었다. 당시 류이좌를 비롯한 경상도 북부 지역 소행 참가자들은 한양과 부산을 잇는 영남대로 가운데 죽령을 넘는 영남좌로를 선택했다.[33] 이는 경상좌도 지역의 대표 고을인 안동을 비롯한 영주, 봉화, 예천 등지에서 한양을 갈 때 주로 선택하는 길이었다.

한양에서 동래를 잇는 영남대로는 추풍령을 넘는 영남우로와 조령을 넘는 영남중로, 그리고 죽령을 넘는 영남좌로로 나뉜다. 영남대로를 대표하는 영남중로는 용인에서 안성, 충주, 문경, 그리고 조령을 넘어 상주와 칠곡, 대구, 청도, 밀양, 양산, 동래에 이르는 길로, 대략 380킬로미터쯤 된다. 지금의 경부고속도로 및 경부선 철도보다 70~80킬로미터 짧은 거리로 영남과 한양을 잇는 대표적인 길이었다. 영남좌로는 동래에서 출발하되, 영천과 안동을 거치는 길이었다. 《임원경제지》에서 말하는 '태백산로'로, 김정호가 '봉화로'로 불렀던 길이다.[34] 이 길은 죽령을 넘어 현재 충주, 장호원, 이천, 곤지암, 광주를 거쳐 서울로 들어가는 3번 국도로, 서울로 들어가면서 송파대로로 이어진다. 이에 비해 영남우로는 김천을 지나 추풍령을 넘는 길이다. 당시 봉화와 안동, 예안 등지에서 출발한 소임들 대부분 죽령을 넘는 영남좌로를 선택했고, 상주에서 출발했던 유생들은 영남중로를 통해 들어왔을 것으로 추정된다. 이 때문에 상주 유생인 이경유와 강세응, 강세륜, 강세로 등은 하루 전인 22일 소청에 도착해 있었다.

영남대로를 따라 동래에서 한양까지는 대략 13일~14일 정도 걸렸다. 그런데 당시 류이좌는 영남좌로 중간쯤 되는 지점인 하회에서 출발해서 반촌까지 5일 걸렸다. 다른 일정이나 폭우가 아니었다면 4일 만에 도착할 길이었으니, 우리가 아는 상식보다 빨랐다.[35] 빠르다고 느끼는 데에는 아무래도 영남에서 한양 가는 길을 '한 달쯤 걸리는 길'로 인식했던 잘못된 상식 때문이기도 하지만, 당시 소행이라는 특수한 상황 때문에 더 서둘러 이동했기 때문이기도 하다.

당시 류이좌가 빠르게 이동할 수 있었던 이유 가운데 하나는 이동 수단이 말이었기 때문이다. 조선시대 양반들의 장거리 이동 수단으로 가장 많이 이용된 것은 단연 말이었다. 물론 이들의 이동 속도는 무관들이 타는 전투용 말처럼 빠르지는 않았다. 견마잡이(말을 끄는 사람)들이 말을 잡고 도보로 이동하는 속도였기 때문에 걷는 속도와 큰 차이는 없었다. 다만 말을 타고 이동할 경우 걷는 것에 비해 피로도는 훨씬 적기 때문에, 견마잡이를 재촉하면 비교적 많은 거리를 갈 수 있었다.

일반적으로 말을 타고 이동할 때 하루 이동 거리는 평균 약 100여 리, 즉 40~50킬로미터 정도였고,[36] 죽령고개와 같은 고개나 산길은 60리, 즉 30~35킬로미터 정도였다고 한다. 그런데 당시 윤4월 20일이 양력으로 6월 9일이므로, 이 시기 일출과 일몰 시간을 계산해 보면 하루에 12~15시간 정도 이동할 수 있다. 류이좌의 기록에 따르면 기상 후 어느 정도 이동해서 아침 먹는 일정이 많았던 점을 생각해 보면, 대략 새벽 4~5시쯤 출발해서 오후 7시 정도까지 이동했을 가능성이 크다. 이렇게 해서 현재 경상도 북부 지역에서 불과 4일 만에 동대문에 입성할 수 있었다.

특히 류이좌는 죽령고개를 넘은 후 윤4월 21일 충주까지는 수로를 이용했을 것으로 추정된다. 이처럼 시간을 단축하기 위한 노력이 기록을 통해서도 드러날 정도이니, 말은 그렇다 해도 견마잡이들의 고생은 보통이 아니었을 것이다. 이우의 경우 말이

지쳐 일정이 지체될 정도였으니, 이들의 이동 속도는 일반적인 도보행보다 훨씬 빠르게 진행되었음을 알 수 있다. 상소 봉입 날짜를 앞당기기 위한 그들의 숨가쁜 노력은 소행길에서부터 드러나고 있다.

지역_배소유생들의 활약

류이좌가 잠시 한양에 사는 문중 어른을 만난 후 다시 모이기로 한 장소에 돌아오니, 상소에 참여할 사람들이 속속 도착하기 시작했다. 당시 소임을 맡아 영남에서 직접 올라온 인원은 25명[37]이었으며, 앞에서 보았던 것처럼 반촌에서 미리 상소운동을 준비하고 있었던 인원들 중에서도 이날 10명이 참가했다.[38] 류이좌도 그제서야 영남에서 올라온 사람들 전체의 면면을 처음으로 확인할 수 있었다. 경상좌도의 중심인 안동에서만 7명, 그리고 경상우도의 중심인 상주에서 6명이 참여했다. 그 외에 작은 군현들에서 2~3명, 적게는 1명씩 참가하기도 했다. 대체로 경상도 북부 지역 중심이었는데, 지역의 크기와 학단 등에 따라 안배된 듯했다. 윤4월 23일 기준, 35명의 영남 대표들이 상소운동을 위해 반촌에 모였다.[39] 영남에서 숨가쁘게 올라왔던 영남인들을 반기는 이들 역시 영남 사람들이었다. 손을 잡고 인사를 나누면서, 서로 반가움을 표했다.[40] 영남의 이름으로 천 리 길을 마다하지 않고 한양에서 하나의 의리를 위해 모였으니, 그 반가움이야 이루 말할 수 없었을 터였다.

류이좌에게는 반가운 얼굴도 눈에 띄었다. 당시 공릉恭陵[41] 참봉으로 근무하는 오랜 벗 이인행이었다. 그리움은 잠시 접어 두고, 이인행으로부터 당시 한양의 정확한 사정을 듣기로 했다. 두 달 이상 봉서암에 머물다가 갑자기 출발한 탓에, 현재 한양에서 진행되고 있는 상황을 자세히 알지 못했기 때문이다. 게다가 한양으로 올라오는 며칠 동안에도 조정의 상황은 시시각각 변하고 있었으며, 소행길에서 윤구종의 사망 소식을 들었을 정도였다.[42] 이인행을 만나 저간의 사정을 좀 더 자세하게 들어봐야 했다(구체적인 내용은 앞에서 설명한 사건 추이와 다르지 않아서, 별도로 언급하지 않는다). 이야기를 나누면서 류이좌는 모골이 송연해졌다.

모든 소임이 반촌에 도착한 후, 이날 저녁 김한동의 숙소에서 한양에 있었던 봉사 류규와 감찰 권방, 전적 이기정 등과 지역에서 올라온 유림들 사이에 상견례를 겸한 간단한 회의가 있었다. 상소운동을 위해 지금까지 진행된 상황을 공유하고 앞으로의 일정을 정리하기 위한 회의였던 것으로 추정된다.[43] 그런데 함께 모여 이야기를 하던 와중에 대략 연명한 인원을 합해 보니 1만 명은 상회할 것이라는 추측이 나왔다.[44] 누구도 상상하지 못한 결과였다. 김한동의 숙소는 순간 놀라움과 축하 소리로 뒤덮였다. 류이좌 역시 벅찬 감정을 숨기기 힘들었다. 돌이켜 보면, 영남 전체가 이렇게 함께 분노한 적이 있었을까 싶었지만, 그렇다고 이러한 결과가 만들어지리라고는 상상하기 힘들었다. 이제 다음 날(24일)부터 본격적으로 소청을 차리고 상소를 올리기 위한 작업에 들어갈 일만 남았다.

이렇게 보면 기록을 찾을 수는 없지만, 이 상소운동에는 숨겨진 사람들의 역할 역시 중요했다. 바로 지역에서 연명을 받았던 배소 유생陪疏儒生들이다.[45] 상소운동 관련 기록 대부분이 한양에 차려진 소청 중심이다 보니, 지역에서 얼마나 많은 배소 유생들이 어떠한 방법으로 활동했는지는 잘 드러나 있지 않다. 그러나 당시 이 상소운동은 규모와 속도라는 두 마리 토끼를 모두 잡아야 했다. 이 때문에 지역에서 연명을 받고 명첩을 정리해서 올려보내는 배소 유생들의 역할이 매우 중요했다. 당시 배소 유생들은 최초로 만여 명이 넘는 사람들의 연명을 받았으며, 이를 한양 도착 4일 만에 봉입할 수 있도록 지역에서 속도감 있게 일을 처리했다.

추정컨대, 연명을 받기 위한 세부 계획 역시 삼계서원 도회都會(윤4월 10일)에서 거의 결정되었을 것이다. 기록에는 한양으로 출발할 소임들을 정하는 일이 중심이었지만, 실제 이를 위한 치밀한 계획도 함께 검토되었을 가능성이 크다. 삼계서원에서 통문을 받은 서원들은 여기에 화답하기 위해 연명을 받고 명첩을 만드는 배소 유생들을 서원별로 별도로 선정했을 것이다. 전해 내려오는 이야기로, 병산서원의 경우 30여 곳 문중 사람들이 모여 여론을 모으고 연명 받는 일을 했다고 하니,[46] 다른 대부분의 거점 서원 역시 마찬가지였을 것으로 추정된다.

조선시대 유림공동체는 서원과 향교, 문중, 지역의 향청 등을 중심으로 강한 조직력을 자랑했다. 배소 유생들은 이런 네트워크의 중심에 있었을 것이다. 그들의 활동을 통해 윤4월 10일 삼계서원에서 보낸 통문을 받은 도산서원은 3일 뒤인 윤4월 13일 바로 명첩과 경비를 보내왔고, 영주와 봉화 등지에서도 그날 명첩이 도착했다. 그리고 윤4월 16일이 되면 지역 거점 서원들뿐만 아니라 거점 서원들과 관계를 맺고 있는 여러 서원의 명첩도 들어오기 시작했다. 이들은 소행단이 한양으로 출발하기 전에는 연명 받은 명첩을 소임들의 손에 들려 주었고, 이후 받은 명첩은 삼계서원으로 모아 한꺼번에 한양으로 전달했다.

이들이 만든 명첩은 상소의 위조 여부 등을 판단하는 데 중요했다. 이 때문에 반드시 자필 서명과 수결[47]을 원칙으로 했다. 이를 위해 삼계서원을 비롯한 지역 거점에서 문서 표준안을 만들고, 이를 기반으로 통일된 형식에 따라 연명을 받고 명첩을 작성했을 가능성이 크다. 1792년 최초의 만인소운동은 처음으로 1만 명이 넘는 인원이 연명했기 때문에 만약 제대로 된 계획이 없었다면 이후 상소운동 과정에서 여러 문제가 발생할 가능성이 컸다. 그러나 1792년 영남의 상소운동 관련 모든 기록에서 명첩이 문제된 경우를 찾아볼 수 없다. 배소 유생이 마치 군사작전 하듯 일사불란하게 연명과 수결을 받고, 이를 정리해서 한양으로 보냈을 것으로 추정되는 대목이다.

이 상황을 보면, 새삼 윤4월 10일 진행된 삼계서원의 도회[48]에

주목하게 된다. 만인소운동을 위한 영남 전체 유림 회의는 이날 열린 삼계서원 도회가 처음이자 마지막이었기 때문이다. 게다가 이 회의는 촉박한 일정으로 인해 인근 유림 70여 명이 모인 게 전부였다. 그러나 도산서원에서 3일 만에 명첩을 보내 이 도회를 공인했고, 이후 이 도회는 영남 전체의 동의를 얻었다. 이렇게 되면서 삼계서원의 도회는 영남 전체를 하나로 통합하는 힘을 갖게 되었다. 이처럼 영남 전체가 도회의 결과를 인정하고 받아들였을 경우, 그 결정에 따른 영남의 단결된 힘 역시 컸다. 영남 유림사회에서 도회가 갖는 권위를 보여 주는 대목이다.

예컨대 1823년 7월 8일 도산서원의 시사단을 중건하고 채제공의 문집 발간을 추진하기 위해 모인 도산서원의 도회에는 400명이 넘는 유림들이 모였고, 여기에서 의결된 채제공 문집 발간은 당시 영남 유림 내에서 첨예하게 맞섰던 병파와 호파의 갈등마저 넘어설 정도였다.[49] 삼계서원에서 열린 영남 유림 도회 역시 이러한 권위를 인정받았고, 그에 따른 결정 역시 영남 전체의 행동 강령으로 받아들여졌다. 이를 통해 영남 전체가 목숨을 건 상소운동에 나섰고, 만 명이 넘는 연명을 불과 며칠 만에 받아 낼 정도로 조직적인 힘을 보여 주었다.

이러한 노력을 통해 한양에서 소청이 차려지기 전 이미 연명을 받은 수가 1만여 명이 넘을 것으로 추정되었으며, 불과 4일 뒤인 윤4월 27일에 최종 1만 57명이 연명한 상소가 왕에게 올라갔다. 이를 역으로 계산해 보면, 한양으로 소임들이 출발할 때 이미 배

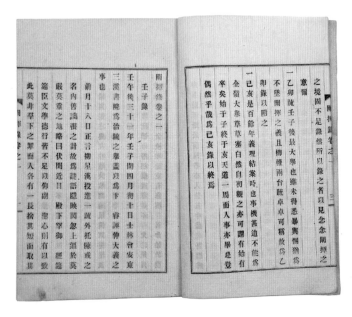

권방의 《천휘록》
1792년 만인소운동에 참여했던 권방이 다른 일기들을 참조하여 상소운동의 진행과정을 편집한 책이다. 1933년 활자본으로 출간되었다.

소 유생들은 상당한 인원의 명첩을 확보했고, 소임들이 한양에 도착할 때쯤 지역에서는 모든 연명 작업을 끝내고 한양으로 명첩을 발송했다는 의미이다. 이 때문에 한양에서 본격적인 상소운동이 시작되면서 바로 시작한 일은 소록을 옮겨 적는 일, 즉 명단을 상소문에 옮겨 적는 일이었다. 이 작업이 조금도 오차 없이 이루어지면서, 4일 뒤인 윤4월 27일 상소가 봉입될 수 있었다.

04

소청

- 본격화된 상소운동

많은 사람이 참여하는 상소'운동'은 이를 체계적으로 추진하기 위한 장소와 조직이 필요하다. 이 때문에 이른바 '상소를 올리기 위한 청사(또는 조직)'를 의미하는 '소청疏廳'의 설치가 필수적이었다. 소청은 특정 장소나 건물을 의미하기도 하지만, 동시에 상소 운동을 진행하는 업무 조직과 체계를 의미하기도 했다. 원래 지역에서 올리는 상소의 경우 효율성을 기하기 위해 대체로 지역에 소청을 설치했다. 소청을 중심으로 지역 여론을 모으고 상소문을 완성하는 작업 등을 진행했기 때문이다. 따라서 한양행은 완성된 상소를 봉입하기 위한 과정인 경우가 많았다.[1]

그런데 1792년 상소운동은 이와 달랐다. 규모(많은 인원의 참여)와 속도(빠른 봉입)라는 두 마리 토끼를 잡기 위해서는 소임과 배소 유생들이 각자 역할을 일사불란하게 진행할 필요가 있었다. 상소 운동을 주도할 소임들이 한양에 올라갈 동안, 지역에서는 배소 유생들이 연명을 받고 명첩을 만들어 이들 손에 들려 주고, 이후에도 작업을 계속해 명첩을 한양으로 올려보냈다. 이렇게 만들어진 명첩이 한양으로 올라올 동안 한양에서는 소청을 구성하고 상소초를 작성하며, 그렇게 작성된 상소문에 각 지역에서 올라온 연명자들 이름을 필사하고 수결을 옮겼다. 빠른 상소 봉입을 위해 소청을 한양에 설치하는 게 효율적이었던 이유이다.

소청은 상소운동의 효율성을 감안해야 했다. 궁궐과 가까우면서도, 지역 유생들에게 익숙한 곳이 좋았다. 이 조건이 가장 잘 충족되는 곳이 바로 성균관을 중심으로 형성된 반촌이었다. 반촌의 사현사동四賢祠洞[2]에 있는 반인도청泮人都廳所[3]를 빌렸다. 이제 소두와 공사원을 선출해 조직을 갖추어야 했다.

조직_소두와 공사원

이른 아침을 먹은 류이좌는 막 시작되는 공식적인 소청 업무부터 참여했다. 5일간의 여독과 전날 늦게까지 이루어졌던 모임으로 피곤했지만, 실제 소청의 업무는 지금부터였다.

소청에서 가장 먼저 해야 할 일은 상소운동을 대표할 소두—소수疏首라고도 불렀다—를 선출하고 업무 조직을 만드는 일이었다. 한양의 인사들과 함께 소두를 선출하기로 했기 때문에 사안의 중요성에도 불구하고 꽤 늦었다.

윤4월 24일 아침, 소청에 참여한 모든 인사들이 반인도청소에 차례로 정렬해서 앉았다. 소청의 출발을 알리는 첫 공식 회의였다. 이들 가운데에는 관직에 나갔던 인물[진신縉紳]도 있었고 순수 유생들을 대표하는 인물[장보章甫]도 있었다. 이들 진신과 장보들은 영남 전체를 대표했다.

　상소운동에서 가장 중요한 의제인 소두 선발에 들어갔다. 원래 지난 4월 10일 삼계서원 도회에서도 논의는 되었지만, 한양에 있는 영남 인사들과 협의를 통해 선발하기로 하면서 미루어 두었던 절차였다. 회의는 진신을 대표해 전 감찰 권방權訪(1740~1808)[4]과 장보를 대표해 유학 강세로姜世魯[5]가 진행했다.

　소두는 전체 상소운동을 대표하고, 그에 대한 무한책임을 지는 자리였다. 지역 유림의 공론을 대표하는 명예로운 자리이기도 하지만, 그 명예는 생명을 담보로 했다. 특히 당시처럼 집권 권력을 겨냥할 경우, 잘못되면 가장 먼저 목숨을 잃을 수 있었다.[6] 하지만 그렇다고 지원하는 사람 누구나 소두 자리에 앉게 할 수도 없었다. 소두가 누군가에 따라 상소운동의 권위와 영향력이 결정되기 때문이다. 소두의 자격에 대한 별도의 규정은 없지만, 일반적으로 유생들 가운데 학문과 기개가 남달리 뛰어나 향촌 사림의 명망을 얻은 인물로 선출했다.[7]

　소두가 되겠다고 출마하는 경우는 없으므로 이 절차를 제외하면, 나머지 소두 선출 절차에는 현대적 개념의 민주주의 정신이 반영되어 있다. 소두에 적합한 사람을 천거하고 이들을 대상으로 투표를 진행해 선출했다.[8] 나이와 관직 여부에 상관없이 상소운동에 참여한 모든 개인이 동일한 자격을 부여받았다. 소두를 선출하기 위해 보통 3배수를 천거받았고, 투표를 통해 그들 가운데한 명을 선출했다. 3배수 천거는 조선의 대부분 인사 정책에서 일반적인 방법이었다. 예컨대 왕에게 인사 대상자를 천거할 때에도이조에서 수망首望(1순위), 아망亞望(2순위), 말망末望(3순위)으로 3명을 천거하고 왕이 한 명을 낙점[9]했다. 이날 회의에서 천거된 3명은 영주 출신의 전 지평 성언집(1732~1812)[10]과 상주 출신의 전 장령 남필석(1738~1813),[11] 그리고 수찬 김한동이었다. 대체로 50대에서 60대의 관직 경험을 가진 진신들이었다. 사안의 중대성을감안해, 영남 전체 여론을 대표하면서도 과거시험을 통해 검증된사람을 선출하려 했던 의도였다.

이렇게 천거된 사람들을 이른바 '천망薦望(망단자에 천거되었음)'되었다고 하는데, 천망이 되면 이들의 이름은 투표 대상을 적어놓은 망단자에 올라간다. 투표는 천거된 망단자 내의 이름 밑에찬성을 의미하는 점을 찍는 방식으로 진행되었다. 이를 권점圈點이라고 하는데, 말 그대로 '특정 인물에게 점을 찍는 행위'이다. 3개의 선택지를 놓고 자신이 원하는 곳에 스티커를 붙이는 요즘의투표 방식과 유사하다. 그런데 이날 투표는 3명의 대상자 가운데자신이 선택한 1명의 이름 아래 점을 찍는 방식이 아니라, 3명 가운데 자신이 선택하지 않는 사람을 제외하고는 모두 점을 찍는 복수 선택 방식으로 진행된 듯하다.

이러한 방식은 향교 입학이나 향안鄕案[12]에 이름을 올릴 대상을 정할 때 주로 사용했는데, 특정 인물에 대한 찬성표를 통해 그 사람의 명망을 확인하려는 의도를 가진 투표 방법이었다.[13] 투표에 참여한 사람들은 소두 자격이 있다고 생각하는 누구에게나 복수로 점을 찍어 자신의 뜻을 표했고, 그 표를 가장 많이 받은 사람이 소두로 선출되었다. 3명 모두 찬성한다면 셋 모두에게 권점할 수도 있었고, 두 명에 대해, 또는 한 명, 혹은 한 명도 권점하지 않을 수도 있었다. 상대평가를 통해 누가 많은 사람의 선택을 받았는가보다는 물망에 오른 후보자 개개인의 명망이 어디까지 미치고 있는지를 파악해서 소두를 선출했다.

성언집과 남필석, 김한동을 두고 회의 참가자들이 차례대로 권점했다. 투표를 통해 이날 천망된 3명은 모두 동일한 권점을 받았다. 누가 얼마나 표를 받았는지에 대한 구체적인 기록이 없어 알 수 없지만, '처음과 끝이 모두 같은 권점'이었다는 것으로 보아 투표자 전체가 3명 모두에게 권점했을 가능성이 높다. 당시 회의에 참여한 사람들은 천망된 3명 가운데 누가 소두가 되어도 문제가 없다고 생각한 듯하다. 관례상 권점의 수가 동일하면 망단자에 오른 순이나 혹은 연장자순으로 선출했는데, 이 기준에 의해 가장 연장자이면서 망단자에 첫 번째로 이름을 올린 성언집이 선출되었다. 이제 소두를 청하는 의식이 남았다.

형식적이라고 해도, 엄밀하게 말하면 소두는 자신이 지원해서 선출된 자리는 아니다. 소두의 생각과 상관없이 여론의 이름으로 천거하고 선출했기 때문에, 소두가 선출되면 이를 알리고 소두가 되어 달라고 청하는 의례가 필요했다. 그래서 소두가 선출되면 회의에 참여한 유생 가운데 적당한 인물을 선발해 소두를 모셔 오게 했다. 이처럼 소두를 모셔 오는 유생을 청좌 유생請坐儒生이라고 했는데, 젊은 유생 가운데 류회문(1758~1818)[14]이 선출되었다. 류회문은 성언집에게 가서 투표 상황을 알리고, 소두 자리에 앉기를 청했다.

그런데 청좌 유생이 청한다고 소두가 바로 자리에 앉는 경우는 거의 없었다. 공론에 의해 만들어진 결과라 해도 최소 몇 번은 이를 고사하는 게 관례였다. 주로 자신의 부족함을 이유로 들면서 다시 선출할 것을 권했다. 그런데 어떤 경우는 소두로 선출되었다고 해도, 실제 그 자리에 앉고 싶지 않은 경우도 있었다. 특히 위험한 상소의 경우에는 더더욱 그랬다. 성언집 역시 관례에 따라 청좌 유생의 권유를 사양하며, 다른 사람을 선출하라고 권했다. 그러자 여러 유생이 자리에서 일어나서 성언집에게 소두가 될 것을 권했고, 몇 번의 권유와 사양이 오가다 '그야말로 부득이하게' 성언집은 그 자리를 받아들였다. 소두의 자리에 앉은 성언집과 회의에 참여한 모든 유생이 서로 예를 표함으로써 소두 선출이 완료되었다.

소두가 정해지면서, 상소운동 추진 조직의 기반이 만들어졌다. 이제 소두와 함께 상소운동을 추진할 공사원들을 정해야 했다. 공사원은 소청 업무를 담당하는 사람으로, 상소운동 추진을 위해 세분된 업무 조직에 속한 사람들이었다. 많은 사람들의 연명을 받아 상소를 올리는 일에는 다양한 업무가 있고, 그에 따라 업무를 분장하고 적절한 사람을 선임해야 했다. 상소초를 짓고 이를 기반으로 청원문을 쓰는 업무인 제소製疏, 청원문과 연명자 명단을 옮겨 적어 왕에게 올릴 전체 상소 문건을 만드는 사소寫疏, 그리고 소두를 보좌하면서 상소운동을 조율하고 진행하는 장의掌議는 소청에서 없어서는 안 될 사람들이었다. 또한 대외 업무를 담당하는 관행管行, 그리고 회의에 참여해 방향을 설정하고 필요한 인력 수요에 대응하는 소색疏色도 중요했다. 더불어 사무 업무가 많아지면서 이를 담당하는 도청都廳의 직위를 두기도 했다. 만인소운동은 초기 연명 상소를 올릴 때에 비해 대외 업무나 소청 내 사무적인 업무 역시 많아지면서 소임도 다양하게 분화되었다.[15]

특히 소청의 설립에 있어서 소두만큼이나 상징적인 직책 가운데 하나가 일기유사日記有司였다. 소청에서 이루어지는 전체 과정과 세부 내용을 일지나 일기 형식으로 기록하는 업무를 맡은 사람(들)이다. 류이좌에게는 풍기향교에서 함께 출발했던 김종호와 더불어 일기유사의 직책이 맡겨졌다.[16] 더불어 소록을 베끼는 사소의 역할도 함께 맡겨졌다. 1만 명이 넘는 명첩을 상소문에 베껴 쓰는 일은 소청에서 가장 힘든 일 가운데 하나였고, 이로 인해 소청에서는 사소만 7명을 배정했다. 류이좌는 매일 일기를 쓰고, 소록 베끼는 일을 겸해야 했다. 소청의 구성이 끝났다. 이제 본격적인 업무 시간이 도래했다.

운영_상소 준비와 예산

소청 조직이 만들어지면서, 소두를 중심으로 여러 회의가 진행되었다. 우선 이들이 가장 먼저 결정해야 할 일은 상소 봉입 날짜였다. 원래 한양에서 삼계서원에 통문을 보낼 때에는 윤4월 20일 통합 상소를 올리기로 했지만, 지역 여론을 모으고 상경해 소청을 차리는 과정에서 이미 그 날짜는 지났다. 그러나 당시 상황에서 상소 봉입은 이르면 이를수록 좋았다. 게다가 윤4월 24일 정도 되면 이미 영남 유생들의 소청이 한양에 설치되었다는 사실이 알려지고 있었다.[17] 당연히 조정뿐만 아니라 노론 계열에서도 이를 알게 될 가능성이 컸다. 지체할 시간이 없었다.

그러나 어쩔 수 없는 물리적인 시간도 필요했다. 청원 내용인 상소 문안—이를 소본疏本이라고 한다—을 확정해야 했고, 연명한 이름을 상소에 옮겨 왕에게 올릴 상소문을 만들어야 하기 때문이다. 이렇게 상소문이 완성될 수 있는 시간을 계산해, 가장 이른 날을 선택하기로 했다. 여러 가능성을 놓고 논의를 거듭한 결과, 이틀 뒤인 윤4월 26일 상소를 봉입하기로 했다. 지금까지 준비 상황과 투입 가능한 여력을 모두 계산한 결과였지만, 촉박하기는 했다.

가장 큰 문제는 상소문에 연명자 명단을 옮겨 적는 일이었다. 사람을 많이 투입하는 수밖에 없었다. 조거신과 류이좌를 비롯해 사소직에 선임된 사람들뿐 아니라, 10여 명이 함께 소록 필사에 매달렸다. 상소 봉입 여부는 소본과 연명자 명단이 모두 포함된 상소문의 완성에 달렸기 때문이다. 특히 이름이야 베껴 적으면 되지만, 수결은 흉내 내거나 다른 사람이 옮겨 적을 수 있는 게 아니기 때문에 이를 하나하나 복제해서 옮기는 일은 결코 쉽지 않았다.[18]

또한 기록에는 보이지 않지만, 청원 내용인 소본을 만드는 일 역시 중요했다. 소본은 상소문을 짓는 제소製疏들의 업무이지만, 그들에게 한정된 업무만은 아니었다. 1792년 상소는 세 번에 걸쳐 소본이 작성되는데, 세 번째 상소를 올리기 위해 준비하는 과정에서 소본이 어떻게 만들어지는지 알 수 있는 기록이 있다. 당시 제소들은 당연히 상소초—소본으로 채택되기 전의 상소문 원고—를 지어야 했지만, 제소가 아닌 류규가 지은 상소초가 세 번째 소본으로 채택되었다. 이로 보아 제소들이 청원 내용 정리 및 소본 작성을 주도하지만, 원하는 사람이면 누구나 상소초를 작성할 수 있었다. 이렇게 만들어진 여러 상소초를 놓고 회의를 통해 소본 대상을 선정한 후, 여러 차례 의견 수렴과 수정을 거쳐 최종적으로 소본을 확정했다.

기록에는 없지만, 이렇게 만들어진 소본을 공유하고 공인하는 의식도 있었을 것이다.[19] 최종 소본을 모든 소청 구성원들이 공유하고, 이 소본이 왕의 마음을 움직이기를 바라는 마음을 담는 의식이었다. 일반적인 관례에 따르면, 소청에서는 병풍 앞에 향을 피운 탁자를 설치하고 유생 2명이 채택된 소본과 성공을 기원하는 장대를 들고 양쪽에 섰다. 소두가 맨 앞에 서고 그 뒤에 장의 이하 유생들이 도열하면, 소두 앞에서 독소讀疏(상소를 읽는 사람)가 소본을 낭독했다. 그러고 난 후 연명부와 함께 소본을 붉은 궤짝에 넣어 자물쇠를 채우고 붉은 비단보자기에 싸서 별도의 장소에 안치했다. 1792년 상소의 소본 역시 이러한 과정을 밟았을 것으로 추정되지만, 관련 기록이 없어 확실치는 않다. 특히 언제 이러한 행사를 진행했는지도 기록이 없어 알 수 없다. 모든 소본과 소록을 모아 임금에게 올릴 하나의 상소문을 만든 봉입 전날이거나, 아니면 소본만 완성된 시점이었을 가능성이 높다.

소청이 출발하면서, 이들을 괴롭힌 힘든 문제 가운데 하나는 예산이었다. 소청에서는 상소문을 만들기 위한 용도로 한지 11축을 우선 구입했다. 상소문을 올리는 규격의 종이 2,200장이었다.[20] 상소를 올리기 위한 종이는 일반 하품의 종이가 아니었을 것이다. 현존하는 1855년 만인소를 보면 상서上書나 소지, 단자 등을 만들기 위한 소지류 종이[21] 가운데에서도 밀도가 높고 처음부터 약간 두껍게 만든 종이를 사용했다. 용도로만 보면 상소지上疏紙[22]로 분류되는 종이이기는 한데, 현존하는 1855년 만인소와 1884년 만인소 종이 질을 비교해 보면 품질 차이가 크다. 따라서 상소지라는 말은 쓰임에 따른 분류이지 품질에 따른 분류는 아닌 듯하다.

손계영의 연구에 따르면, 대략 1800년대 후반에 작성된 것으로 보이는《탁지준절度支準折》[23]에 상소에 사용되는 종이의 품질을 알 수 있는 기록이 있다. 상소지는 13종의 종이 종류 가운데 도련저주지搗鍊楮注紙가 사용되었다.[24] 이는 상소와 더불어 차자箚子와 홀기笏記 등에 사용되는 고급 종이로, 한자 그대로 닥나무를 재료로 만든 두꺼운 종이로 '도련搗鍊',[25] 즉 두드려서 질김과 품질을 높인 종이다. 물론 이 역시 약간씩 품질 차이가 있을 수밖에 없으며, 동시에 소청의 예산과 종이 수급 상황 등에 따라 다른 종이를 사용했을 가능성도 있다. 그러나 그들 역시 예산 범위 내에서는 가능한 좋은 종이를 사용했을 것으로 추정된다.

종이에 드는 예산 역시 적지 않았다. 조선시대 종이는 지금과 달리 고가의 물품이었다. 워낙 생산 자체가 귀했고, 또 대부분 지역 사찰 등에서 공납으로 이루어졌기 때문이다.[26] 이날 11축의 종이를 구입한 비용으로 25냥을 지불하는데, 이는 2,200장의 종이를 구입하는 데 한양의 괜찮은 기와집 한 채 값의 5분의 1~4분의 1에 해당하는 비용을 쓴 셈이다. 특히 1만 명 이상이 연명한 상소는 그 길이만 해도 100미터가 조금 넘었을 것으로 추정되어 종이 구입비만 해도 소청의 허리를 휘게 만들었을 것이다.

소청의 필요 경비는 종이 구입에만 한정되지 않았다. 소청을 빌리는 비용부터 25~40여 명의 소임들이 서울에 머물면서 숙식을 해결하는 비용, 손님들이 오면 최소한의 대접이라도 해야 하는 비용 등이 모두 포함되어 있다. 종이를 비롯한 문구와 상소문을 제작하기 위한 다양한 도구를 마련하는 데에도 만만찮은 비용이 들었다. 물론 서울에 올라온 공사원들이 각자의 노자로 숙식

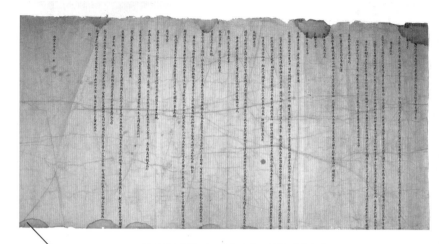

1855년 만인소 원본. 사도세자 사망 2주갑을 맞아 올린
1855년 만인소의 경우 1만 94명이 연명했는데,
상소의 길이는 세로 1.11미터, 가로 96.5미터였다.

이름과 수결 부분 확대 사진
이름에 비해 수결 부분이 흐릿한 것을 볼 수 있다.

영남 선비들, 정조를 울리다—1792년 만인소운동

비용을 해결한다고 하지만, 편차가 많아 소청에서 부담해야 하는 경우도 적지 않았다. 모두를 지원할 수는 없지만, 체류 비용에 쓰도록 소임들에게 돈을 나누어 주는 경우가 종종 있었다.

소청 예산은 자발적 기부를 통해 확보하는 게 원칙이었다.[27] 윤4월 10일 도회 이후 삼계서원에서 보낸 통문에도 이러한 점이 명시되었을 터였고, 당시 도산서원에서 가장 빠르게 30냥을 보내온 이유이기도 했다. 이후 다른 곳에서도 적게는 5냥에서 많게는 몇십 냥씩 소청 운영에 사용할 비용을 보내왔다. 이처럼 상소에 명첩을 보내고 참여 의향을 밝히는 경우 그에 대한 재정적 책임도 함께 지는 게 관례였다. 그러나 이렇게 모인 돈만으로 힘들다고 판단되면, 서원이나 향교, 그리고 영남 출신 관리들에게 할당해 재정 지원을 요청하는 경우도 있었다.[28] 다행히 한양에서 소청이 운영되면서 적게는 한두 냥에서 많게는 몇냥씩 개인 부조를 하는 사람들도 있었고, 영남 남인 가운데 관직에 있는 사람들의 부조도 들어왔다. 그러나 한양에 설치된 소청에서는 이 정도의 예산으로 힘들었던 듯하다.

윤4월 24일 소두를 중심으로 재정 관련 회의가 열렸다. 당장 필요한 예산이 산적해, 결국 50냥을 선혜청에서 빌리기로 결정했다. 하루 이틀 상간에만 100냥 가까운 추가 예산이 필요했던 듯했다. 그런데 다행스럽게도 영천의 김부총관[29]이 부조한 돈 39냥이 있고 이후 예상되는 부조들도 있어서, 우선 50냥만 빌리기로 했다. 일단 융통한 50냥 가운데 25냥을 한지 11축의 값으로 지불하고, 나머지는 유생들에게 체류 비용으로 나누어 주었다.[30] 이후에도 여러 곳에서 지속적으로 소청에 필요한 돈과 물품[31]을 보내오고 있었지만, 예산 문제는 상소운동이 끝날 때까지 계속해서 소청을 괴롭혔다.

요즘이야 필요 예산이나 큰 금액의 투자는 은행에서 빌리는 게 일반적이지만, 이 당시 조선은 화폐경제나 금융업이 발달되지 않아 그러한 돈을 융통하는 게 만만치 않았다. 개인에게 빌리는 경우가 아니면, 많은 예산과 재정을 관리하는 국가에서 빌릴 수밖에 없었다. 선혜청은 지역 공물을 현물로 받지 않고 쌀과 포로 받는 대동법을 시행하기 위해 만들어진 관청이었다. 정부 예산을 담당하는 호조판서가 수장인 도제조로 있었으며, 대동미 수납과 이를 활용한 물가 조절, 구휼, 군포 납부 등의 업무를 맡았다. 당시로서는 중요한 정부 재정 관리 기관 가운데 하나였다. 특히 환곡처럼 봄에 곡식을 빌려주고 가을에 이를 돌려받는 구휼 기능이 있다 보니, 필요한 예산을 선혜청에서 대출을 받을 수 있었다. 중요한 것은 이를 담당하는 관리의 판단인데, 다행스럽게도 이 당시 영남 출신 이헌유가 실무 책임자인 낭관으로 근무하고 있어[32] 쉽게 돈을 빌릴 수 있었다.

이렇게 보면 단순 계산으로도 소청의 예산 규모는 선혜청 대출까지 포함 최소 수백 냥은 훌쩍 넘겼을 것으로 보인다. 상소운동을 시작할 때 도산서원을 시작으로 각 지역에서 보내온 상소 비용들만 해도 100냥이 훌쩍 넘은 상황에서 대출 및 부조 등을 합하면

몇백 냥은 충분히 넘었다. 게다가 소청에도 여러 형태의 부조가 들어왔던 점을 감안하면, 생각보다 많은 예산이 운영되었음을 알 수 있다. 영·정조 시기 노비 한 명이 5~20냥 정도로 거래되었고, 한양의 꽤 괜찮은 기와집 한 채가 대략 100~150냥 정도였다는 점을 감안하면, 수백 냥의 현재 가치는 최소 수천만 원에서 수억 대 이상으로 추정된다. 만만치 않은 예산 규모였다.

소두의 재선출_ 이념의 강조

윤4월 26일, 원래 상소를 봉입하기로 한 날이었지만, 문제가 발생했다. 이틀 전인 윤4월 24일 소두로 전 지평 성언집을 선출했다. 과거시험에 합격해서 관직에 나아간 사람들의 경력과 명성이 상소운동에 도움이 되리라 생각해서 진신을 중심으로 선출했기 때문이었다. 과거시험을 단순한 관료 선발 시험으로만 생각하지 않았던 조선 문화에서, 관직이 주는 의미를 십분 활용해 볼 계획이었다.

그런데다 진신을 선출한 더 중요한 이유도 있었다. 소수가 진신일 때에는 '근실謹悉'[33]이라는 과정을 생략할 수 있었기 때문이다. 상소는 이념적으로 누구나 올릴 수 있었다. 그러나 사림의 중앙정계 진출 이후 유생 상소가 급격하게 늘자, 여기에 대한 관리가 필요했다. 이 때문에 관료들은 이전과 마찬가지로 바로 왕에게 상소를 올릴 수 있었지만, 관직에 진출하지 못한 유생들이 상소를 봉입하기 위해서는 성균관의 확인을 받아야 했다. 상소의 형식과 내용 등을 일차로 검토함으로써, 왕에게 올라오는 상소가 남발되지 않도록 하기 위함이었다. 이러한 절차가 1773년 만들어진 '근실'이었다.[34] 따라서 유학이 소두인 상소는 성균관에 가서 상소의 대략과 참여자들을 밝히고 근실을 받아야 승정원에 상소를 봉입할 수 있었다. 이에 비해 진신이 소두인 경우에는 근실을 거치지 않아도 되기 때문에 빠른 상소 봉입이 가능했다.

그러나 이러한 효율성에도 불구하고 소두를 교체해야 하는 이유가 발생했다. 왕명에 의해 관직을 거친 진신들의 경우 연명 상소를 금했기 때문이다. 이와 같은 사실을 파악한 성언집은 소두 변경이 필요하다는 사실을 공유했고, 소청 입장에서도 조정에서 금하는 데에도 불구하고 진신을 소두로 연명 상소를 올리는 게 부담되었다.[35] 그런데다 행여라도 상소운동을 진신들이 주도함으로써 관직에 있(었던)는 사람들이 자기 정치적 이익을 위해 상소를 올리는 것으로 오해받을 소지도 있어, 이를 피하는 게 좋겠다는 의견 역시 힘을 얻었다.[36] 이번 상소운동은 말 그대로 초야에 묻혀 수양하는 선비들의 공론이라는 점을 강조할 필요가 있었다.

관직에 진출하지 않은 유생[장보章甫]으로 소두를 다시 정해야 했다. 이틀 전 있었던 소두 선출 과정을 반복했다. 이번에는 박한사朴漢師·김희택金熙澤이 회의를 진행할 공사원으로 지목되었다. 이들의 진행으로 세 명의 소두 후보자가 다시 추천되었다.

순수 유생들로, 이우(1739~1811)와 이경유(1750~1821),[37] 그리고 김시찬(1754~1831)[38]이 천망되었다. 이틀 전과 마찬가지로 후보자 이름 아래 점을 찍어 소두를 선출했다. 그 결과 수망, 즉 가장 먼저 후보에 이름을 올린 이우가 소두로 낙점되었다. 소두를 청하는 청좌 유생으로 정필규鄭必奎(1760~1831)[39]를 선출한 후, 그로 하여금 이우가 소두 자리에 나오도록 청했다. 이우 역시 자신의 부덕함을 들어 사양하면서, 소두를 다시 선정해 달라고 여러 번 청했다. 그러나 청좌 유생을 비롯한 모든 유생이 지속적으로 강권하자 이우는 관례에 따라 자리에 나와 예를 표함으로써 소두로 확정되었다.

소두가 정해지면서, 공사원 역시 다시 정하기로 했다. 이번에는 장보 중심으로 공사원을 정하고, 필요에 따라 진신의 이름을 올렸다.[40] 사람이 그렇게 많지 않은 상황에서 다양하게 업무를 분장하기는 힘들었지만, 전체적으로 순수한 유생 상소라는 점을 강조하기 위해 새롭게 배치하는 모양새를 띠었다. 이렇게 되면서 대부분의 진신들은 '배소陪疏'에 이름을 올렸다. 원래 지역에서 배소 유생은 연명을 받는 역할을 지칭했지만, 여기에서 배소는 상소에 힘을 보태는 사람들로 이해할 수 있다. 진신들은 상소운동을 지원할 뿐 전면에 나서지 않겠다는 의미를 담은 동시에, 필요시 다양한 업무에 투입될 수 있도록 했다.

류이좌는 이틀 만에 일기유사에서 사소로 자리를 옮겼다. 당시 임금에게 올릴 상소를 만드는 게 가장 중요한 일이었고, 업무 부담도 가장 컸기 때문이다. 일기 기록을 다른 사람에게 맡기고 상소문 완성에 최선을 다하게 하려는 배려로 보인다. 만여 명이 넘는 유생들이 연명하면서, 소청 내에서 사소의 일이 가장 혹독하고 힘든 일이 되었다. 소청은 전면적 개편을 통해 명분을 한 번 더 확고히 했다.

한양에 설치된 소청은 지역과 지속적인 연락선을 유지하고 있었다. 소행단이 출발하기 전에 만들어졌던 명첩은 소행단에서 가지고 출발했지만, 이후 들어오는 명첩과 필요 경비 등은 삼계서원에서 받아 소청으로 올려보냈다. 이날도 삼계서원 하인을 통해 의성과 흥해, 진보, 영해 등에서 보내온 명첩과 지역 상황을 알리는 통문이 올라왔다. 그런데 이날 통문에서 경주 지역 유림 참여 상황이 문제가 된 듯했다. 아마 삼계서원에서 볼 때 경주에서 약간의 물자만 보내왔을 뿐, 지역 규모에 걸맞는 참여를 하지 않은 듯했다. 소청에서는 논의를 통해 경주에서 보내온 물자는 돌려보내는 것으로 결정했다. 저간의 상황은 기록이 없어 정확히 알 수 없지만, 영남 전체가 목숨을 걸고 있는 상황에서 경주 유림의 행동은 섭섭하기 이를 데 없었던 모양이다.

소청의 의사 결정 구조가 일원화되고, 이제 본격적으로 소임들의 업무가 시작되었다. 역시 물리적으로 가장 많은 시간이 필요한 일은 상소문, 그중에서도 특히 명첩의 명단을 옮겨 적는 일이었다. 기록을 통해 확인할 수 있는 것처럼, 류이좌를 비롯한 모든 소임들은 매일 거의 밤을 새우면서 명단을 옮겨 적었다. 이들은 상소문 초고와 명첩들을 큰 소리로 읽고 이를 받아 적으면서 밤을 새워서 베꼈다.[41] 상소 봉입 시기를 맞추기 위한 고군분투의 현장이었다.

05

1차 봉입

- 이산의 눈물

며칠 동안 밤을 새워 소본을 옮겨 적고, 그 아래 연명한 사람들의 신분과 이름, 그리고 수결을 옮기는 과정을 진행해 윤4월 26일 밤, 드디어 임금에게 올릴 상소문이 완성되었다. 그야말로 이틀 꼬박 밤을 새면서 만든 결과였다. 류이좌를 비롯한 소임들은 밀려드는 피로를 감당할 수 없었다. 그럼에도 봉입은 계획보다 늦어졌다. 특히 소두 재선출로 인해 하루가 또 늦어진 터라, 모두 마음이 급해졌다. 그런데 소두 재선출은 단순히 하루의 지연 문제로 끝나지 않을 가능성을 예고했다. 진신이 아닌 유생이 소두가 되면서, 성균관으로부터 '근실'을 받는 절차가 필요했기 때문이다.

근실_상소를 막는 빌미

소두 선출이 끝난 후 바로 소청 명의로 성균관에 통문을 보내 '삼가 살펴보았습니다[謹悉]'라는 의미를 담은 '근실'이라는 두 글자를 써 달라고 요청했다. 완성된 상소를 빨리 봉입하기 위해서는 근실 역시 빨리 받아 둘 필요가 있었다.

근실은 성균관 소관이기는 했지만, 성균관 정식 관원들의 업무는 아니었다. 당시 성균관을 책임지는 기관장은 대사성大司成으로 정3품의 고위 관료였지만,[1] 근실의 권한은 성균관 대사성이나 혹은 성균관의 정식 관원들이 아닌 성균관 유생 조직에 있었다.[2] 이는 성균관 유생들에 의해 만들어진 일종의 유생 자치 조직이었다. 당시 유생들의 자치 조직을 재회齋會라고 불렀는데, 의미만 가지고 보면 '기숙사에 거주하는 유생들의 모임' 정도이다. 그러나 실은 성균관에서 거주하는 유생들의 모임 이상의 의미를 가지고 있었다.

재회의 수장은 유생들의 회의를 통해 선출된 장의掌議였다. 당시 장의는 생원[3]들의 기숙사인 동재東齋 대표와 진사[4]들의 기숙사인 서재西齋 대표 한 명씩, 총 2명의 장의가 공동으로 재회 대표를 맡았다. 동재와 서재 장의 한 명씩을 각각 두어 1인의 독단적 운영을 막고 합의 중심의 재회를 운영하기 위해서였다.[5] 그리고 장의 아래에는 동재와 서재에서 각각 장의를 보좌하는 상색장上色掌 1인씩과 하색장下色掌 1인씩을 선출했다. 상색장은 동재와 서재의 재학생 가운데에서, 하색장은 그해 새롭게 입학한 신입들 가운데에서 선출했다. 따라서 재회는 동재와 서재에서 뽑은 각각의 장의 1인씩과 재학생 중에서 선출한 상색장 1인씩, 그리고 신입생 중에서 선출한 하색장 1인씩, 총 6명으로 구성되었다.[6]

그런데 이들의 신분은 성균관이라는 국가 최고 교육기관 유생 대표 정도에 국한되지 않았다. 국가 차원에서 이들은 관직에 진출하지 않은 전체 유생을 상징했기 때문이다. 재회를 통해 선출된 장의는 성균관 대사성의 승인을 받았는데, 이렇게 승인을 받으면 이들은 전체 유생을 대표해 조정 행사에 참여했고, 필요시 전국 유생들을 대표해서 목소리를 내기도 했다. 그러다 보니 전국 유생에 대한 사무 역시 이들의 몫이었다. 근실은 이 같은 유생 관련 사무 가운데 하나였다. 관직에 진출하지 않은 유생의 경우 전국 유생 대표인 성균관 장의의 근실을 받아 상소를 올리게 했던 것이다.

따라서 소청에서 보낸 영남의 근실 요청은 당연히 동재나 서재 장의에게 통보되었을 것이다. 하지만 아무리 전국 유생의 대표라 해도, 이들 역시 관직이나 권한이 없는 그야말로 유생 대표였다. 게다가 당시 상소를 올리기 위해 소청을 차린 영남 유생들은 형식적으로는 유생이라 해도 그 뒤에 영남의 진신들이 관여하고 있었으며, 나아가 영남 전체가 그 배경에 있었다. 이들 역시 이러한 사실을 모를 리 없었다. 이 때문에 장의들 입장에서는 기존 일반 유생 상소처럼 근실하는 데에는 무리가 있었다.

동일방(동재) 장의였던 이동수李東洙(1734~?)[7]는 이들이 올린 만인소에 대해 자신이 근실할 수 있는 게 아니라는 이유로 거부했다. 근실의 바통이 서재 장의 맹현대孟賢大(1739~?)[8]에게 넘어갔다. 그러나 맹현대 역시 지금 정세가 좋지 않다는 핑계를 들어 회답을 주지 않았다. 소청에서 지속적으로 근실을 채근했지만, 그들은 서로에게 미루면서 끝내 답을 주지 않았다. 답답한 노릇이었다.

　상소 봉합은 소두 재선출로 일정보다 하루가 늦어져 윤4월 27일 이루어졌다. 소본과 상소문에 연명한 이름을 옮겨 적고 합치는 작업이 모두 끝났다. 상소문에 연명한 이름을 최종적으로 확인한 소청 사람들은 모두 깜짝 놀랐다. 예측된 상황이기는 했지만, 전체 연명자 수는 최종 1만 57명으로 확인되었다. 왕에게 올리는 상소에 만 명 이상이 연명한 조선 최초의 상소가 만들어지는 순간이었다. 영남 남인들의 한과 마음을 담은 소본도 완성되었다. "경상도 유학幼學 이우 등은 발을 싸매고 조령을 넘어 피를 쏟는 심정으로 상소를 올립니다"[9]라는 문장을 담은 상소 내용[10]은 대략 다섯 가지로 압축[11]된다.

　첫째는 '영남 선비들의 의리'[12]였다. 즉 사도세자의 신원을 마음속에 간직한 채 30년을 입 밖에 내지 못하다가 류성한의 사건을 듣고 그 의리를 드러내기 위해 상소를 하게 되었다는 배경 설명이었다. 둘째는 사도세자의 평소 언행과 학식, 그리고 영조와의 원만한 관계를 언급하면서 간악한 벽파 무리에 의해 사도세자가 억울하게 죽었다는 사실을 분명히 하고, 그 역도들을 처벌해야 한다는 입장을 담았다. 셋째는 아버지와 아들, 할아버지와 손자 간에 차마 말할 수 없는 일일 수는 있어도, 그 충성과 반역의 시비는 가려 분간함으로써 더 높은 차원의 의리를 찾아야 한다는 주장이었다. 정조가 영조와의 약속을 넘어, 이제는 역도를 처벌해야 한다는 점을 강조한 내용으로 이해된다. 넷째는 정조가 영남을 특별히 생각하고 파격적인 예우를 해주니, 영남 사람들 역시 목숨을 바쳐 정조의 은혜를 갚을 각오를 하고, 죽음을 무릅쓴 채 사도세자의 억울함을 직간한다는 것이었다. 영남이 정조의 편에 서서 함께 이 문제를 해결하겠다는 의지였다. 그리고 다섯째로 류성한과 윤구종의 불충은 사도세자에 대한 불충과 다름없으니, 다른 신하들이 청원한 대로 엄벌해야 한다고 주장했다.

이러한 내용의 상소가 근실을 받겠다고 성균관에 들어왔으니, 아직 유생 신분인 동재와 서재 장의로서도 펄쩍 뛸 수밖에 없었다. 이들의 고민도 쉽지는 않았을 터였다. 근실을 해주었을 때 기호 노론들로부터 불어닥칠 후폭풍도 문제였지만, 최초로 1만 명 이상이 연명한 상소가 갖는 무게도 적지 않았다. 그러나 노론 입장에서는 이 상소를 적극적으로 막아야 했고, 그 첫 번째 방어선이 성균관의 근실이었다. 류이좌가 보기에도 당시 '이들 마음은 오로지 상소를 막는 데 있었다.'[13] 며칠 밤을 새워 만든 상소문을 봉입도 하지 못할 위기에 처했다. 결국 소청에서는 근실을 받지 못하더라도, 다음 날 상소를 봉입하기로 결정했다. 1만여 명 이상이 연명한 상소라는 자신감도 이 결정에 한몫했다. 그렇게 상소 운동의 명운이 달린 아침이 밝아 오고 있었다.

실랑이_그리고 묘수

윤4월 27일 여명이 밝았다. 새벽부터 시작된 상소문 봉합 작업은 결국 근실 없이 이루어졌다. 소본의 길이야 일상적 범위를 크게 넘지 않았지만, 1만 57명의 이름과 수결만으로 상소문은 기존의 그 어떤 문서에서도 찾아볼 수 없을 정도의 크기였다. 현존하는 1855년 만인소를 통해 보면, 이 상소문 역시 길이는 대략 100미터 전후였을 것으로 추정되며, 무게 역시 10킬로그램 이상 되는[14] 두루마리 형태 문건이었을 것이다. 상소 원문과 연명한 사람들의 명단, 그리고 그들의 수결로 이루어진 상소문은 이렇게 완성되었다. 소청의 모든 구성원들 역시 자신들이 진행한 일의 결과를 처음으로 확인하고 벌어진 입을 다물지 못했을 것이다. 붉은 궤에 넣는 봉함 작업이 이루어졌다. 어떤 이들의 얼굴에는 긴장감이, 또 어떤 이들의 얼굴에는 기대감이 교차하고 있었다. 출발 시간이 다가오고 있었다.

　37명의 공사원[15]들은 질서정연하게 줄을 지어 창덕궁 정문인 돈화문[16]을 향해 출발했다. 관례에 따라 행렬을 이끄는 두 사람이 앞에 서고, 상소를 받드는 사람이 그 뒤를 따랐을 것이다. 상소를 받든 사람 뒤로 상소문을 넣은 상자를 든 좌우 두 사람이 행렬의 선두를 구성했고, 그 뒤로 소두 이하 상소에 참여한 유생들이 줄을 지어 행렬을 만들었을 것으로 추정된다.[17] 이들은 행렬을 유지한 채 조심스럽게 돈화문을 향해 발길을 옮겼다. 소청이 있었던 반인도청소는 지금의 혜화 로터리 부근 아남아파트 북쪽 마을 근처였으므로, 여기에서 창경궁 담을 따라 내려간 후 오른쪽으로 난 창덕궁의 돈화문에 이르는 길은 길어도 30분 내외 거리였을 것이다.

반인도청소에서 출발하면 가장 먼저 창경궁의 쪽문인 월근문月覲門을 만나게 된다. 소임들은 이 문에서 이어지는 창경궁의 담을 따라 돈화문을 향해 열 지어 내려갔을 것이다. 월근문은 정조가 아버지 사도세자에 대한 그리움을 담아 매월 초하루 사도세자의 사당인 경모궁에 참배하기 위해 만든 문으로, 경모궁은 월근문 바로 맞은편 동산에 있었다.[18] 창경궁 초입에서 월근문과 경모궁을 보며 상소문을 담은 상자 무게보다 훨씬 더 무거운 중압감이 류이좌를 비롯한 모든 소임들의 어깨를 눌렀을 것이다.

창경궁의 끝에서 오른쪽으로 돌아 창덕궁 앞에 도착하니, 진시辰時(오전 7~9시) 초였다. 1792년 윤4월 27일이 양력으로는 6월 16일이니, 이때쯤이면 이미 날은 훤하게 밝았을 시간이었다. 상소를 받드는 이들이 돈화문 바로 앞에 상소문을 넣은 상자를 안치하고, 그 바로 뒤에 소두가 자리를 잡았다. 그리고 소두 뒤로 26명의 유생들만 대궐 앞에 엎드렸다. 진신 11명은 가까운 공조의 직방直房에 들어가서 따가운 햇살을 피하기로 했다. 진신들을 위한 배려이기도 했지만, 동시에 이 상소가 순수한 유생들의 뜻을 담아 올리는 상소임을 강조하려는 의도도 있었다.

유생 상소는 일반적으로 대궐 앞에 자리를 잡은 뒤 상소문이 든 상자의 보자기를 풀고, 소두를 필두로 장의와 상소문을 지은 제소 등이 승정원으로 들어가면서 시작된다.[19] 승정원 서리에게 상소의 대략적인 내용을 들려준 후 기다리다가 서리가 큰 소리로 "소입疏入"하고 외치면, 소두가 들어가 입직하고 있는 승지에게 소본을 전달했고, 승지는 왕에게 상소를 봉입했다. 왕이 직무를 정지하고 있을 때에는 보관했다가 나중에 전달하는 한이 있더라도 상소 봉입을 거부하는 경우는 거의 없었다. 거부했을 경우에는 언로를 차단했다는 이유로 탄핵당할 수 있었기 때문이다.

그런데 당시 돈화문 앞에 놓인 영남의 상소는 수문장[20]에서부터 막혔다. 소두 이우를 비롯한 장보들은 수문장에게 상소의 대강을 말한 후, 그가 상소를 들고 들어가서 임금에게 바칠 수 있게 해달라고 청했다. 그런데 수문장은 원론적인 답변과 함께 근실 여부를 물었다. 수문장은 사학邪學이나 강화도에 관한 일은 상소 자체의 봉납을 막으라는 명이 내려와 있다고 했다.[21] 그러자 소두 이우는 "이 상소는 그에 관한 내용이 아닙니다. 요즘 의리가 꽉 막혀 깜깜하고 흉역凶逆이 이어지고 있습니다. 우리들이 이를 징계하고 성토하기 위해 천 리를 멀다 하지 않고 올라온 것입니다. 이 상소는 일각도 지체할 수 없이 빨리 올려야 합니다"[22]라고 말하면서, 상소 봉입을 청했다.

그런데 역시 문제는 근실이었다. 유생이 소두였던지라, 수문장은 규정에 따라 근실 여부를 물었다. 그러나 잘 알고 있는 것처럼 성균관에서 근실을 해주지 않아, 근실 없이 상소문을 봉합해서 돈화문 앞에 엎드린 상황이었다. 이우는 비록 소두가 유생이지만, 이 상소는 근실이 없어도 봉입될 수 있다고 생각했다.

오늘의 이 거사는 비록 유생들 상소이기는 하지만, 실제로는 (진신들과) 합동으로 올리는 상소이기 때문에 '근실'의 유무는 상관이 없습니다. 게다가 벌써 여러 차례 태학(성균관)에 통문을 넣었지만 태학에서는 끝끝내 근실을 해주지 않고 있습니다. 1만여 명이 상소에 연명했는데, 어떻게 근실을 받지 않았다는 사실에 구애되어 상소를 올릴 수 없다는 말입니까?[23]

이우는 1만 명 이상이 연명한 상소가 가진 의미를 분명하게 밝혔다. 1만 명이 넘는 연명자 속에는 진신들도 있었으니, 근실을 받지 않고 상소를 올릴 수 있는 사람도 한둘이 아니었다. 게다가 원론적으로 근실은 유생들의 상소 남발을 막기 위한 제도이지, 상소를 올리지 못하게 하려는 의도는 아니었다. 그런데 유생들의 공의를 모아 1만 명이 넘는 사람들이 연명한 상소까지 근실에 구애를 받는다면, 이는 효율적인 언로 보장을 위해 근실을 만든 본래 목적을 잃을 수 있다고 강변했다. 그러면서도 이우는 근실을 받기 위해 노력했지만, 성균관에서 이를 거부했다는 사실도 분명히 했다. 책임 소재 때문이었다.

그러나 수문장도 원칙에서 벗어날 수는 없었다. 1만여 명의 연명 여부를 떠나 지금 상소는 유생이 소두이고, 따라서 이 상소는 근실이 있어야 봉입이 가능했다. 근실을 받지 않은 상소를 자신만의 판단으로 받아들일 수는 없었다. 게다가 돈화문을 지키는 수문장이었다면, 그 역시 이 상황을 정확하게 파악하고 있었을 터였다. 현 정권 실세들에 대한 비판을 담고 있는 상소를 근실도 받지 않은 채 들였을 때, 그 파장은 그 스스로 감당할 수 있는 일이 아니었다. 수문장으로서는 받아들일 수 없는 이유가 분명했다. 이우를 비롯해서 돈화문 앞에 엎드린 유생 대표들이 함께 나섰다. 그들은 일제히 상소 봉입을 강권하기 시작했다. 류이좌 역시 화가 머리끝까지 났다. 젊은 유생들의 목소리가 점점 높아졌다.

공조 직방에서 이를 지켜보던 진신들이 나서야 했다. 우선 젊은 유생들을 말리고, 승정원에 연통을 넣었다. 상소를 받는 주무 부서이니, 근실을 받지 않았다고 해도 사안의 중대성을 가지고 판단하리라는 기대가 있었다. 진신들 입장에서는 자신들도 연명한 상소이므로, 근실이 중요한 요건일 수 없다는 상황도 알렸을 터였다. 그러나 승정원인들 성균관이나 궁궐 수문장과 입장이 다를 리 없었다. 승정원에서도 방법만 있으면 상소를 받지 않으려는 판에, 근실을 받지 않았다는 것보다 좋은 핑계는 없었다. 대책이 필요했다. 성균관도 막혔고, 승정원도 막혔으니, 상소문이 돈화문을 넘는 것은 불가능해 보였다. 핑계가 근실이니, 근실을 받든지 그렇지 않으면 근실이 없어도 왕이 상소를 받도록 해야 했다.

수찬 김한동·전 지평 성언집·남필석·강세응·강세륜 등은 근실을 받지 않아도 상소를 올릴 수 있는 진신들이었다. 급하게 진신들이 연명한 상소문을 작성해 왕에게 1만여 명 이상이 연명한 상소가 올라왔음을 알리기로 했다. 현재 영남의 1만 명 이상이 연명한 상소가 봉입을 하지 못하고 있는 상황과 성균관에 근실을 요청했지만 허락하지 않은 점, 그리고 근실을 핑계로 수문장과 승정원에서 조직적으로 상소를 거부하고 있는 상황을 상소문으로 만들었다. 진신들 연명으로 왕에게 상소를 올려 달라고 승정원에 요청했다. 그런데 승정원에서는 이 상소도 받지 않았다. 앞에서 본 것처럼, 조정에서는 진신들의 연명 상소를 금하고 있었기 때문이다. 결국 진신들이 연명해서 올리는 상소도 불가능했다. 김한동이 나섰다. 그는 개인의 이름으로 동일한 상소 내용을 작성해서 승정원으로 들였다. 승정원에서도 이 상소마저 거부할 핑계는 없었다.

급하게 써 내려갔지만, 김한동의 상소에는 영남의 답답한 심경이 담겼다.[24] 특히 그는 성균관 장의들이 근실을 해주지 않고 있는 상황과 이를 핑계로 승정원에서 상소를 받지 않는 상황을 세밀하게 적었다. 소두가 유생인 이유는 이 상소가 선비들의 공론에 근거하고 있음을 보여 주려 했던 것이니만큼, 이게 근실 거부의 이유가 될 수 없다는 사실도 밝혔다. 또한 그는 상소 거부가 조직적으로 이루어지고 있다고 말해 이 문제를 영남과 노론의 문제로 끌고 갔다. 급하게 작성한 상소였음에도 불구하고, 김한동의 상소는 정확하게 당시 상황을 묘사했다.

마치 기다렸다는 듯, 왕의 비답이 즉각 내려왔다. "상소를 살펴보고 모든 상황을 잘 알았다"[25]라는 짧은 내용이었다. 그러나 비답은 후속 조치를 예상할 수 있을 정도로 명시적이었다. 이제 왕까지 대치 상황을 알고 있으니, 남은 것은 왕의 조치를 기다리는 일이었다. 할 수 있는 일은 다 했다. 왕까지 근실 등을 이유로 들어 이 상소를 받지 않겠다고 하면, 더 이상 할 수 있는 일은 없었다.

봉입_왕의 눈물

더위 속에서 지루한 기다림이 이어졌다. 류이좌는 얼마나 많은 시간을 엎드려 있었는지 기억마저 가물가물해졌다. 늦은 오후, 굳게 닫혀 있던 돈화문이 열렸다. 상소 출납을 담당하던 원리(상소 출납을 담당하던 하급 관원)가 "소두는 누구입니까?"라고 물어왔다. 정조의 명이 승정원에 내려졌다는 의미였다. 진신들의 묘수가 통했다. 얼굴에는 일순 긴장감도 돌았지만, 상소가 봉입된다는 기쁨을 감추기 힘들었다. 소두가 급히 상소 내용을 간략하게 적은 문서를 원리에게 전달했다.[26] 원리가 이를 받아 승정원 담당자에게 올리면, 승정원에서 이 내용을 왕에게 올린 후 다음 명을 기다릴 것이다. 그야말로 피 말리는 시간이었다. 이 짧은 시간에 지금까지 진행해 온 상소운동의 명운이 걸렸다. 입이 바짝 마르고 식은땀이 흐르는 이유가 단지 초여름의 날씨 탓만은 아니었다.

상소 원문을 받아 갔던 원리가 한참 뒤 다시 돈화문 앞에 모습을 드러냈다. 상소의 봉입 여부가 결정되는 상황인 만큼 모든 귀와 신경이 원리의 입에 맞추어졌다. 그 순간 원리의 입에서 전혀 생각지도 못했던 말이 나왔다. "소두는 승정원으로 들어와 소장을 (직접) 읽으십시오." 진신과 장보들 모두 귀를 의심했다. 의외였다. 주상이 직접 소두로부터 상소 내용을 듣겠다는 게 아닌가! 상소운동에 참여한 소임들 얼굴에서 당황한 기색이 역력했다. 일반적이라면 상소를 승정원에 봉입하라 했을 것이고, 승정원에서 왕에게 올리는 절차를 밟았을 것이다. 그리고 상소를 검토한 왕의 비답은 주로 문서로 내려졌다. 그런데 직접 듣겠다니, 파격이었다.

소두 이우는 한참 동안 부복하고 있던 몸을 일으켜 떨리는 걸음걸이로 돈화문 안으로 발걸음을 옮겼다. 비틀거리는 몸을 가누기 어려운 이유가 노구를 이끌고 하루 종일 뙤약볕에서 엎드려 있던 탓만은 아니었을 것이다. 소두가 들어가고 얼마 되지 않아 원리가 다시 돈화문 밖으로 모습을 드러냈다. 그리고는 "모든 유생과 진신들도 함께 입시하라는 명이 내려졌습니다"라고 말했다. 또 한 번의 파격이었다. 원리의 말에 부복해 있던 모든 유생들이 몸을 일으키면서도 상황이 이해되지 않아 진신들 쪽을 돌아보았다. 그러나 진신들 역시 이 상황이 낯설기는 마찬가지였다. 소두가 직접 승정원에 들어갈 경우 이를 보좌해서 장의나 제소가 따라 들어가는 경우는 있어도, 상소운동을 추진하는 모든 사람이 함께 입시하는 경우는 그들도 들어본 적이 없었다.

류이좌 역시 머리로는 이해되지 않았지만, 지체할 여유가 없었다. 옆에 있는 유생들도 이해할 수 없다는 표정이었다. 돈화문을 넘으면서 류이좌는 벌어진 입을 다물 수가 없었다. 관직에 나아간 적이 없었던 유생들 입장에서는 대부분 처음 들어와 보는 궁궐이었다. 하늘을 향해 치달아 오를 듯한 기와 건물들 사이에서 저절로 손이 공손하게 모아졌다. 원리가 이끄는 대로 돈화문 동쪽 협문을 따라 들어가, 숙장문肅章門을 거친 후 협양문協陽門[27]에 이르니, 왕명 출납을 담당하는 승선承宣[28]과 이를 기록하는 기주記[29]가 모두 북쪽을 향해 무릎을 꿇은 채 앉아 있었다.[30] 승선이 "소장을 지은 사람이 누구입니까?"라고 물었다. 소두가 상소문을 쓰고 상소운동에 참여한 유생들 이름을 말했다.

유생들이 모두 들어왔음에도 불구하고 진신들이 보이지 않자 승선이 "진신들은 왜 들어오지 않았습니까?"라고 물었다. 유생들은 진신들이 뒤따라 들어올 줄 알았지만, 진신들은 직방에서 대기하다가 함께 들라는 명을 제대로 전달받지 못한 듯했다. 게다가 유생 상소의 명분을 지켜 주기 위해 그들 스스로 발걸음을 자제하고 있었던 탓도 있었다. 결국 승선이 "원리가 나가 한 번 더 재촉하는 게 좋을 것 같습니다"라고 해서 원리가 나갔다. 얼마 뒤 진신들 역시 차례차례 따라 들어왔는데, 그들 역시 어리둥절하기는 마찬가지였다.

진신들이 모두 들어오자 승선은 봉함된 상소장을 받아 들고 희정당熙政堂을 향해 먼저 들어가고, 그 뒤를 진신과 상소운동에 참여한 모든 유생이 차례차례 따라 들어갔다. 희정당에는 보좌가 서쪽을 향해 놓여 있었고, 진신들과 유생들은 그 보좌를 향해 부복했다. 왕과 만날 시간이었다. 얼마 뒤 드디어 임금이 희정당으로 거둥했다. 영광의 순간이었다. 정조는 서쪽으로 놓인 보좌에 단정하게 앉았다. 상소운동에 참여한 진신들 및 장보들로부터 10보도 채 떨어지지 않은 거리였다. 왕의 작은 움직임마저 들릴 정도로 희정당은 숨 막힐 듯 고요했고, 처음 왕을 대하는 유생들뿐만 아니라 진신들 역시 떨리는 몸을 가누기 힘들었다. 승선과 기주관, 내관도 각자의 자리에서 왕의 입이 열리기를 기다리고 있었다. 팽팽한 긴장감이 희정당 전체를 옥죄었다.

정조가 승선을 불러 낮은 목소리로 뜻을 전했다. 그러자 승선이 다시 왕의 말을 모두에게 전달했다. "지난번 이지영李祉永 상소[31]에는 내가 비답을 내리지 않았다. 그런데 그대들은 산을 넘고 물을 건너 천 리 길을 달려와, 안에 있는 진실한 마음을 모두 쏟아 내니, 그대들의 뜻을 얼굴을 보고 직접 들어야 할 것 같아 불렀다. 소두는 전에 올라와 상소문을 읽는 게 좋겠다"[32]라는 임금의 뜻이 승선의 입을 통해 나왔다. 의외의 말이었다. 당시 상소 참여자들은 대부분 몰랐겠지만, 정조는 사도세자 죽음의 책임을 물어야 한다고 주장했던 이지영의 상소(윤4월 19일)를 영남의 상소와 연결시키고 있었다. 당시 정조는 감정을 주체할 수 없어 3일 뒤인 22일 이지영을 별도로 불러 이야기를 나눌 정도였다. 그러면서도 비답을 내리지 못한 게 마음에 걸렸는데, 영남에서 1만여 명이 연명한 상소가 올라왔다고 하니 직접 듣고 싶어 거둥했다는 것이다.

소두 이우는 조심스럽게 일어나 서쪽 계단을 올라, 주상이 앉은 쪽을 향해 꿇어앉았다가 다시 엎드렸다. 그리고 그는 "발을 싸매고 조령을 넘어 피를 쏟는 마음으로 상소를 올립니다"라는 내용을 담은 상소문을 읽기 시작했다. 이우가 주상을 향해 부복하고 엎드렸을 무렵 이미 해는 지고 있었다. 상소를 채 반도 읽지 못했는데, 해가 저물어 글씨가 보이지 않을 정도였다. 양력으로 환산한 6월 16일의 하루 해는 꽤 길었다. 그러나 하루 종일 상소 봉입을 위한 실랑이를 하다 보니 늦은 시간이 되어서야 봉입이 이루어졌다. 대략 오후 7시~8시 사이였을 것으로 추정되며, 따라서 이들이 희정당으로 들어선 시간 역시 7시 언저리였을 것으로 추정된다. 12시간에 가까운 시간을 상소 봉입을 위해 보냈던 터였다. 글씨가 보이지 않아 읽을 수 없게 되자, 사알司謁[33]이 여덟 자루의 촛불에 불을 붙였다. 이우는 환한 촛불 아래에서 또박또박 마지막 글자까지 모두 읽어 내렸다.

이우의 목소리가 끝이 나자, 다시 적막이 찾아왔다. 그믐이 얼마 남지 않아 달빛도 없는 칠흑 같은 어둠이 희정당 주위를 눌렀지만, 이마저도 진신과 장보들의 긴장감을 가리지는 못했다. 이우가 마지막 단락을 모두 읽으면서, 영남 유생들의 시간은 지나갔다. 이제 정조의 시간이었다. 정적이 한참 동안 속절없이 흐르고 있었다. 촛불 타는 소리마저 들릴 정도의 고요함이 희정당을 감싸고 돌았다. 기주관의 바쁜 붓놀림이 없었다면, 희정당은 마치 시간이 멈춘 듯 보였을 터였다. 정조는 상소를 듣던 그 자세 그대로 미동도 없었다. 고개를 들어 용안을 볼 수 있는 상황은 아니었지만, 무언가 분위기가 이상했다. 보좌에 앉은 왕의 입이 열릴 줄 몰랐기 때문이다. 류이좌는 고개를 들지 못한 채 곁눈질로 그 답답한 상황의 이유를 알아보려 했다. 그 순간 그는 깜짝 놀랐다. '눈물'이었다. 용안 위로 촛농을 닮은 눈물이 하염없이 흘러내리고 있는 게 아닌가!

비답_아픔과 공감

사도세자라는 이름은 정조에게 가장 큰 아픔이자 트라우마였다. 어린 나이에 아버지의 비참한 죽음을 직접 지켜봐야 했던 정조는 영남 유생들의 상소로 인해 흐르는 눈물을 주체할 수 없었다. 왕이 아닌 사도세자의 아들 이산으로서 흘리는 눈물이었다. 상소를 읽는 이우의 목소리 사이로 모든 아픈 기억이 한꺼번에 몰려왔던 듯했다. 어떻게 해도 아버지를 살릴 수 없었던 그 상황에 대한 원망까지 눈물이 되었다.

정조는 고개를 들 수조차 없었다. 1776년 즉위하던 해 사도세

정조에게 가는 길

돈화문.

정조 당시 조선의 정궁이었던 창덕궁의 정문이다.
임진왜란 때 불탄 것을 1608년 다시 지었고, 1721년 동쪽 아래
위층을 수리하여 지금에 이르고 있다. 보물 제388호이다.

월근문.　　　　　　**직방.**

정조가 매월 초하루
아버지 사도세자를 모신 경모궁을
참배하기 위해 만든 문이다.
이 문 바로 맞은편에 경모궁이
있었는데, 현재 서울대학교
의과대학이 자리하고 있다.

돈화문 바로 맞은편에는
옛 비변사 자리인데, 이곳에 조정
신하들이 조회 시간을 기다리면서
쉬던 직방이 있었던 것으로 보인다.

창덕궁 정문인 돈화문을 지나 금천교를 건너면 보인다.
은 1475년 예문관 대제학이었던 서거정이 지었는데, '엄숙하게 빛난다'라는 의미를 가지고 있다.
이 문은 궁궐의 외부 영역에서 내부로 들어가는 문으로, 내전 영역을 가리는 역할을 했다.

희정熙政을 번역하면 '정치를 빛낸다'는 뜻으로, 채유휴가 쓴 희정당 상량문에 따르면
"정사를 밝혀 백성을 접하니 백성이 충정을 다하고, 정치를 넓혀 백성을 구제하니
혜택을 입지 않는 백성이 없다는 의미를 밝혀 '희정'이라고 했다"라고 기록되어 있다.
원래 희정당은 창덕궁의 편전 역할을 했는데, 정조 때에는 선정전이 그 역할을 하면서
희정당은 임금과 신하가 만나는 연침燕寢 기능을 했던 것으로 보인다. 현재 창덕궁 내 희정당은
1917년 11월 화재로 소실되어 경복궁의 강녕전을 뜯어 옮겨 오면서,
서양식을 추가해서 지은 것이므로, 1792년 이들이 보았던 희정당은 아니다.

자의 죽음에 직접 관여된 몇몇 인물을 처단하기는 했지만, 그게 전부였다. 사도세자 문제에 대한 할아버지 영조와의 약속도 약속이었지만, 여전히 노론이 권력을 잡고 있는 세상에서 그가 할 수 있는 일은 그리 많지 않았다. 한 나라의 국왕이 되어 감정을 제대로 추스르지 못했다는 비판이 일면 어떨까? 1만 명이 넘는 영남 유생들이 사도세자의 억울한 죽음을 말하고 있다는 사실만으로 그동안의 설움이 한꺼번에 폭발했다.

감정을 추스를 시간이 필요했다. 겨우 눈물을 진정시킨 정조는 승선에게 명을 내려 진신과 장보들 가운데 대표자 몇 명을 앞으로 오라고 했다.[34] 불과 10여 보의 거리마저 멀어 보였던 모양이었다. 승선이 사안을 정리했다. 그는 크게 "이 일을 잘 아는 진신과 장보 각 두 명씩 전에 올라오면 되오"라고 전달했다. 이에 김한동을 비롯해서 강세륜과 김희택, 이경유가 서쪽 계단을 올라 이우의 옆에 엎드렸다. 그러나 임금은 여전히 아쉬운 듯, "몇 명 더 올라오라"고 했다. 그러자 김한동이 빠르게 승선을 돌아보면서 "진신 중 성언집과 이헌유, 그리고 장보 중에는 김시찬을 올라오게 하는 것이 좋을 듯합니다"라고 하자 승선이 "성언집·이헌유·김시찬도 전에 오르시오"라고 했다. 전에 오른 이들은 이전에 벼슬을 했거나 주상이 이름을 알 만한 사람들과의 관계를 중심으로 자신을 소개했다.[35] 주상은 이 말을 듣기만 할 뿐이었다.

류이좌의 눈에 보인 임금의 안색은 슬픔으로 가득 차 있었다. 여전히 흐르는 눈물 탓인지, 연신 소매를 들어 눈물을 닦았다.[36]

목이 메어 한참 말을 하지 못하던 정조가 겨우 입을 열었다. "마음이 이미 억눌리고 막혀 말에 두서가 없으니, 말을 하는 게 오히려 먼 곳에서 온 유생들이 보는 데 좋지 않을 듯하다"면서, 그 스스로 한참동안 감정을 억누른 후 만여 명이 연명한 상소에 대해 다음과 같이 평가했다.

> 너희들이 천 리 길을 발을 싸매고 올라왔고 1만여 명이 연명해 막중한 일을 했으니, 내가 어찌 한 번 보는 것을 어렵게 여겨 말 한마디 하지 않을 수 있겠는가!……내가 애통함을 머금고 참아온 지 이미 30년이 지났고 왕위에 올라 예禮를 거행한 지도 20년에 가깝다. 허다한 세월에 어느 날인들 근심을 품지 않은 날이 있었겠는가마는, 이미 감히 의리로 명백히 말하지도 못했고 또한 능히 형벌을 통쾌히 실시하지도 못했다. 평일에 독서한 것이 공부의 힘을 키우는 데 바탕이 되지는 못했지만, 이 일에 대해서만큼은 스스로 몸소 실천하고 마음으로 체득한 이치가 조금은 있다고 생각된다.[37]

정조 자신이 그가 어떠한 마음으로 살았는지를 담담하게 털어놓았다. 의리를 분명히 밝히고 형벌을 통해 아버지 사도세자의 죽음에 대한 책임을 묻고 싶었지만 그러지 못했다는 의미로 읽힌다. 어쩔 수 없이 스스로를 수양하고 힘을 키우며 참을 뿐이었다. 지금까지 이 문제에 대해 말하지 못했고, 자기 스스로만 단속했다는 고백이었다. 정조는 "영남은 본래 시詩와 예의 고장으로 불려 왔고 열조列朝에서 돌보고 대우한 것이 다른 도道와 달라, 건국 이래 큰 의리에 관계된 일이 있을 때마다 참여시키지 않은 적이 없었다"면서 "너희들의 상소는 의리에서 나왔으므로 비록 차마 세밀하게 분석하지는 못하겠으나, 이미 대궐 앞의 작은 자리를 빌려 나왔는데 어찌 한마디 말이 없을 수 있겠는가"[38]라고 말했다. 이러한 입장에서 정조는 자신의 모든 처결이 규범적인 경법經法에 따르기보다 상황에 따라 좀 더 나은 것을 선택하는 권도權道에 따라 이루어졌다고 말했다.[39] 왕으로서 그 당시에 대한 상황 관리가 어떻게 이루어지고 있는지를 최대한 자세하게 설명했다.

동시에 정조는 상소의 구체적인 내용에 대해서도 하나하나 답했다. 김상로金尙魯와 홍인한洪麟漢, 홍계희洪啓禧 등을 처벌한 이유와 병신년(1776, 정조 즉위년) 옥사에 대한 사람들의 의구심에 대해서도 자신의 입장을 밝혔다. 이 연장선에서 정조 역시 류성한의 처벌에 대해 고민하고 있다는 점을 분명히 했다. 다만 왕은 개인적인 원수가 있을 수는 없고 오직 국가의 역적을 원수로 삼을 수 있다고 하면서[40] 류성한의 죄가 홍인한이나 구선복具善復처럼 국가의 역적이 될 정도인지에 대해서는 아직 확정하지 못했다고 말했다. 처벌을 미루고 있는 이유에 대한 해명이었다. 그러면서 "영남은 국가의 근본이 되는 지역으로, 위급할 때에 내가 믿는 곳이니, 내가 영남에 바라는 것은 다른 도에 비할 바가 아니다"라면서 신뢰를 표했다. 동시에 정조 자신이 왜 일을 이렇게 처리하고 있는지 영남 전체와 공유해 주었으면 좋겠다고 당부했다.

한 번 시작된 이야기는 걷잡을 수 없었다. 상소를 다 읽은 시간이야 길게 잡아도 저녁 8~9시 사이였을 터였으니, 이후 새벽까지 6~7시간 이상 이야기가 오갔다. 모든 대화를 기록할 수는 없었지만, 그 대화의 분위기는 "그 다정한 모습이 한 집안의 부자 사이라고 해도 이보다 더할 수 없을 정도였다."[41] 이산이 왕이 되고, 아니 그가 아버지 사도세자의 죽음을 목격한 이후, 이렇게 오랫동안 마음을 열고 아버지 이야기를 한 경우가 있었을까? 특히 이러한 대화가 몇몇 인사들의 사견이 아니라, 1만 명이 넘는 공론의 이름으로 정조 앞에 올라왔으니, 정조 입장에서도 만감이 교차하는 일이었을 터였다. 사도세자의 죽음이 '공론'의 이름으로 '억울한 일'이었다고 말하고 있으니, 정조로서도 국면 전환을 시도할 명분을 얻었다.[42] 영남은 영남대로, 정조는 정조대로 새로운 희망을 맞이하는 상황이었다. 이들의 대화가 이렇게나 깊을 수 있었던 이유는 여기에 있지 않았을까?

그믐을 향해 가는 윤4월 27일의 밤은 이렇게 깊어 갔다. 이미 궁궐 문은 닫혔고, 순라를 도는 이를 제외하면 통행도 금지되었다. 여전히 10보 뒤에 떨어져서 대화를 지켜보던 류이좌를 비롯한 유생들의 몸이 망부석이 되어 갈 때쯤, 소두가 일어났다가 엎드리면서 왕과의 오랜 대면이 끝났음을 알렸다. 그제서야 정조도 뜰에 남아 있던 진신들과 유생들을 의식했다. 함께 전에 올라 직접 내리는 비답을 모두 듣게 했다. 비답은 말로 하고, 이후 승선임제원에게 명해 비답을 기록으로 남기라 했다.

너희들이 천 리 길 고개를 넘고 물을 건너 대궐에 호소했는데, 그 일은 지극히 공경스럽게 중대해 이보다 엄중한 일도 없으니, 그 말은 차마 들을 수도 볼 수도 없을 정도이고 감히 (이의를) 제기할 수도 말할 수도 없을 정도이다. 내가 어찌 입을 열어 조칙[絲綸]을 말하면서 평상시 비답을 내리는 것처럼 하겠는가? 너희들을 이 자리에 직접 불러 얼굴을 맞대고 본래 의도를 말한 이유이다. 목이 메이고 말이 막혀 말로는 비록 뜻을 다하지는 못했지만, 대강은 여기에서 벗어나지 않을 것이다. 너희들은 의리가 밝혀지지 않고 형정刑政이 제대로 거행되지 않음을 걱정하지 말고, 오직 나의 본뜻이 더 어두워지는 것을 두려워해 서로 경계하면서 밝음을 드러내리라 생각하고 또 생각한다면, 이는 너희 영남의 진신과 유생들의 공로이다.[43]

소두가 비답을 받들고 난 후 모두 차례로 물러나니, 어느새 시간은 사경四更 사점四點(대략 새벽 3시 50분 내외)[44]이었다. 정조는 주위에 궁궐 문 여닫는 시간을 영남 유생들을 위해 늦추라고 명했고, 이들이 숙소에 돌아갈 수 있도록 통금도 해제했다. 상소에 참여했던 모든 진신과 장보들은 감읍함을 감추지 못했다. 이들이 목적으로 했던 바가 온전하게 실현될지 알 수는 없지만, 적어도 영남을 향한 임금의 생각과 대우만으로도 이날만큼은 몸 둘 바를 모를 지경이었다. 진신과 장보들이 서로 손을 잡고 감읍하면서 소청으로 돌아왔다. 새벽부터 시작했던 상소 봉입은 이렇게 새로운 해가 뜨기 직전에야 마무리되었다.

06

회유

- 그리고 2차 상소

윤4월 28일 새벽 댓바람부터 승정원에서 보낸 관리가 소청을 찾았다. 어제 임금의 말을 급하게 받아 적은 비답을 가져가서, 문제될 만한 곳을 지우고 적절하게 고친 후 다시 내주기 위해서였다. 전날 받은 내용은 김시독侍讀[1]이 한 부 베껴 적었고, 소두 역시 급하게 한 부를 베껴 적었다. 상소를 올린 후 함께 이야기를 나눈 자리에서 말한 내용을 받아 적은 것이므로, 이게 문건으로는 처음 만들어진 비답이었다. 왕의 명에 따라 좌승지 임제원이 이 비답 한 본을 등사해서 바쳤는데, 정조는 두세 곳 정도 손본 후 문서로 만들게 했다. 왕이 직접 수정한 비답이 다시 소청으로 내려졌다. 이렇게 해서 비답 두 본이 만들어졌는데, 하나는 비교적 상세하고 또 다른 하나는 비교적 간략했다. 물론 내용에 큰 차이는 없었다.

오후에 대부분의 공사원들이 소청에 모였다. 상소에 참여했던 진신과 장보들은 전날의 감동을 잊을 수 없었고, 왕의 비답 역시 성대하고 장중하다는 평가가 연이어 나왔다. 특히 함께 이야기를 나누었던 자리—왕과 신하들이 학문적 대담을 주고받는 자리인 '경연'이라고 표현—에서 내린 하교는 간절하고 측은하다는 말들도 나왔다. 유생들이 올린 상소에 이처럼 큰 은혜가 내려진 적은 없었다면서 감동해 마지않았다.

그러나 앞으로의 행동 방향을 논의하자 이들 역시 냉정한 판단이 필요했다. 물론 '은혜는 꿈에도 기대하지 못했을 정도'였지만, 상소의 요구가 해결된 것은 없으니 억울함은 여전히 남아 있다는 게 중론이었다. 이대로 끝낼 수는 없었다. 한 번 더 왕의 실행을 요구해야 한다는 주장이 나왔다. 임금의 귀를 감격시켜서 상소 내용이 실행될 수 있도록 해야 했다. 5월 4일을 두 번째 상소를 올리는 날로 정했다. 소청은 다시 상소 준비에 들어갔다.

성균관_근실 불허의 책임

소청에서 두 번째 상소를 의결하고 있을 즈음, 성균관 유생들 사이에서는 전날 영남 유생들의 상소를 근실해 주지 않은 것에 대한 내부 비판이 나오기 시작했다. 많은 유생들이 근실을 책임지고 있는 동·서재 장의에 대해 북을 쳐서 그 죄를 알리는 명고鳴鼓[2]의 벌을 주어야 한다고 주장했다. 그중 몇몇 유생은 아예 이 문제를 가지고 식당食堂[3]에서 논의하자고 주장했다. 정식 유생 회의를 통해 그들에 대한 처벌 방안을 논의하자는 의미이다. 특히 진사 최명진崔鳴晉은 성균관 선비들의 의론[士論]이 붕괴된 것에 대해 강하게 질책하면서, 이전에 올라갔던 류성한과 윤구종 문제에 대한 성균관 유생들의 상소부터 문제 삼았다.[4]

이번 두 역적 류성한과 윤구종의 일은 역사 이래 없었던 변고입니다.……그런데 근래 태학(성균관)에서 올린 상소는 저 같은 사람들이 감히 관여하지 못하게 막아, 상소 초고는 아예 보지 못했을 뿐만 아니라, 상소에 대한 논의조차 알지 못했습니다. 그러다가 비답을 받은 뒤에야 상소 내용을 볼 수 있었습니다. 그런데 (이를 보니) 내용이 준엄하지도 않고 응징하려는 의도 역시 분명하지 않았습니다. 이러한데 어떻게 임금의 귀를 감격하게 할 수 있겠습니까?[5]

성균관의 상소가 오히려 류성한과 윤구종을 비호하려는 의도를 가진 것으로 생각될 정도라는 비판이다. 많이 본 비판 내용이다. 그러면서 최명진은 영남 유생들의 상소야말로 1만 명이 넘는 사람들의 충의로 발의된 것이라면서 그 의미를 높이 평가했다. 그래서 그는 "우리들이 비록 목소리를 같이해 함께 성토하지는 않았다고 해도, 상소에 근실을 해주는 일을 어찌 일각이라도 지체할 수 있었단 말입니까? 동일방 장의 역시 근실한 옛 예가 있음에도 불구하고 반나절 동안 왕복만 하게 하다가 끝내 근실을 해주지 않았고, 이후 실제 근실을 할 사람을 정해 두고도 이를 행하지 않았습니다. 이 상소에서 말하고자 하는 내용이 얼마나 막중한데, 드러내 놓고 저지하고 막으려고만 했으니, 그 의도가 어디에 있는 것입니까? 자기 당을 보호하기에 급급해서 스스로 역적을 보호하는 죄를 짓고 있다는 것을 모르고 있습니다"[6]라고 목소리를 높였다. 자기 당을 보호하기 위해 성균관이 근실을 무기로 영남 유생들의 상소를 막았다는 통렬한 비판이었다. 두 장의의 입장이 곤혹스러워졌다.

파장은 여기에서 끝나지 않았다. 조정 내에서는 상소를 조직적으로 거부했던 승정원과 수문장에 대한 탄핵 논의가 일었다. 사간원 정언 한치응韓致應(1760~1824)[7]은 승정원과 수문장에 대해 영남 상소를 저지한 죄를 물어 탄핵해야 한다는 상소를 올렸다. 《정조실록》이나 《승정원일기》에는 한치응의 상소 관련 기록이 없지만, 정조가 우부승지 이익진李翼晉에게 전날 승정원에서 상소를 봉입하지 않았던 이유를 물었던 기록은 남아 있다.

정조의 물음에 대해 이익진은 "애초부터 본래의 일을 알지 못해서 그러했던 것 같습니다"라고 대답했다. 그러자 정조는 "만여 명의 사람들이 호소하면서 부르짖는 일이 얼마나 막중한 일인데, 상소를 봉입하지 않았단 말인가?"[8]라고 힐책했다. 이로 인해 대간들은 승정원을 비판했고,[9] 봉입 다음 날인 윤4월 28일 이들은 파직되었다. 5월 1일 "수문장을 심문해서 엄히 죄를 물고, 당일 좌직坐直했던 승지를 파직하라"[10]는 명도 내려졌다. 이러한 조정의 조치는 다시 성균관에 영향을 주었다.

4월 29일에는 방외 유생方外儒生[11] 이존덕李存德이 성균관에 통문을 돌렸다. "여러 군자께서 태학에 거처하면서도, 변괴가 연이어 일어나고 있는데 어떻게 태연하게 예삿일로 여겨서 묵묵히 한마디 말도 없어서야 되겠습니까? 만약 우리들의 말을 옳다고 여기신다면 화답해 주시고, 그르다고 여기신다면 이를 잘 헤아려 주시기 바랍니다"[12]라는 내용이었다. 방외 유생들까지 비판 대열에 가세하자 서재 유생들은 결국 권당捲堂[13]을 행사했다. 권당은 자신들의 의견을 관철시키기 위해 동맹으로 수업을 거부하고 성균관에 출석하지 않는 것으로, 성균관 유생들의 권당은 반드시 왕에게 보고해야 할 중요 사안이었다. 조선의 미래를 책임질 성균관 유생들이 명분에 따라 행동할 경우, 이 역시 '공론' 차원으로 보았기 때문이다.

권당의 예에 따라 성균관 대사성 김방행金方行(1738~1793)이 그 연유를 유생들에게 묻고, 그 답을 정조에게 보고했다. 그런데 그 내용이 자못 흥미롭다. 서재 유생들은 "전 교리 김한동의 상소에 따르면 태학에서 '근실'을 해주지 않는 것으로 보아 여러 방면으로 성균관의 의리가 꽉 막힌 깜깜한 상태가 되었다고 했고, 최홍진이 성균관에 보낸 단자와 이존덕의 통문에는 (성균관 유생들에 대해) 반역자를 옹호하고 응징을 느슨하게 하는 무리라고 몰아붙이니, 염치와 의리에 따라 얼굴을 들고 식당에 들어갈 수가 없습니다"[14]라고 권당의 이유를 밝혔다. 성균관 유생들이 반역자를 옹호하고 응징을 느슨하게 하는 무리로 보이는 게 부끄럽다는 의미였다. 염치와 예의는 유학자에게 가장 중요한 덕목이었다. 그런데 스스로 부끄러워 성균관 유생으로 자처하기 힘든 상황이 되었으니, 의리에 따라 최소한 성균관 내에서라도 강력한 처결이 있어야 한다는 요구였다.

권당이 행해지면, 왕은 보고를 받고 조정의 원기元氣가 될 유생들을 달래는 게 관례였다. 정조는 그 전날 왜 근실을 하지 않았는지 그 이유는 확인하되, 이를 큰 문제로 부각시키지 않으려 했다. 장의가 선출되지 못해서 그랬던 것은 아닌지, 아니면 지방의 유생들이 관례를 알지 못해 성균관에서 근실해 주지 않은 것은 아닌지를 물었던 이유였다. 근실을 해주지 않은 데에는 이유가 있었기 때문이며 고의로 그러지는 않았을 것이라고 전제한 상태에서 나온 질문이었다. 처리 방향을 미리 제시한 것으로, 정조는 이 선에서 정리한 후 대사성으로 하여금 권당을 한 유생들을 설득해서 식당에 들도록 하라는 명을 내렸다. 1만여 명이 연명한 상소를 봉입하지 않았다는 이유로 승선과 수문장이 책임을 진 상황인데, 그 불똥이 성균관까지 태우는 것은 문제가 될 수 있다는 생각에서였다.

왕의 명이 내려지자 서재 유생들은 못 이겨 식당에 들기로 했지만, 반수 이동수에 대해서만큼은 고의로 근실을 해주지 않은 죄를 물어야 한다고 주장했다. 서재 반수 맹현대에게도 고의는 없었다고 해도, 근실을 해주지 않은 죄는 물어야 한다는 입장도 유지되었다. 정조의 의도와 달리 영남 유생들의 상소는 서서히 성균관을 태우기 시작했다. 5월 4일 최종 처분 결과가 나왔다. 장의 이동수는 유생 명부에서 영구 삭제[영삭]되었고, 맹현대는 영원히 자신의 고장으로 추방[영손]되었다. 영삭과 영손은 성균관 유생들에게 내려지는 최악의 처벌이었다. 성균관 유생으로서의 영예는 한순간 물거품이 되었고, 다시는 성균관에 발을 붙일 수 없었다. 이 일로 더 이상 관료로 나아갈 가능성도 잃어버린 데다, 유학자로서 평생 불명예에 시달려야 했다. 이날 두 장의는 성균관에서 짐을 싸서 낙향했고, 목숨보다 더한 명예를 잃었다.

회유_내려진 관직

조정과 성균관에서는 근실 불허 및 봉입 거부에 대한 처리로 시끄러웠지만, 소청은 아랑곳하지 않고 두 번째 상소 준비에 돌입했다. 상소 봉입이 이루어진 다음 날(윤4월 28일) 하루를 쉬고, 음력 윤4월 29일 삼계서원으로 돌아가는 인편에 경상좌도와 우도로 통문을 발송했다. 27일 봉입된 1차 상소의 결과를 알리고, 2차 상소를 준비할 예산을 마련하기 위해서였다. 특히 한 차례 더 상소 운동을 진행하기로 하면서, 예산도 많이 필요했다. 경상좌도와 우도에서 업무 담당자인 유사를 선출해, 각 읍에서 상소에 필요한 비용을 거두는 거점으로 삼아야 한다는 구체적인 제안들이 나왔다. 앞으로 상소운동이 어떻게 진행될지 알 수 없기 때문에 좀 더 체계적인 지원이 필요했다.

칠곡에서 유생 이동섭이 소청으로 단자單子를 올려 보냈다. 소청 운영에 필요한 비용 10냥과 인동仁同(현 경상북도 구미시 인동면 지역), 칠곡, 대구에서 연명한 명부가 첨부되어 있었다. 늦게 도착하는 바람에 1차 상소에는 이름이 누락되었지만, 2차 상소에는 사용할 수 있게 되었다. 이 와중에 조정에서는 1만여 명이 연명한 상소 소식을 듣고, 영남 유생들에게 힘을 보태는 상소들이 올라오기 시작했다. 5월 1일에 사직司直 서유린徐有隣이 상소를 올렸고, 병조판서 이병모李秉模와 사직 변득양邊得讓, 대사헌 조종현趙宗鉉, 우의정 박종악朴宗岳 등도 지원 상소를 올렸다. 특히 병조판서 이병모는 영남의 상소가 매우 큰일이었다면서 상소 내용대로 실행해야 한다는 요청을 했다. 영남이 올린 상소에 대한 정조의 태도로 인해 이를 바라보는 조정의 분위기도 바뀌고 있었다.

상소운동에 대한 우호적 분위기가 형성되면서, 소청 업무 역시 탄력을 받았다. 청원 내용에 연명한 사람들의 이름을 필사하고 수결을 옮겨 전체를 하나로 만드는 지루한 일은 바뀌지 않았지만, 분위기만큼은 고조되고 있었다. 두 번째 상소는 처음에 올린 상소를 전제로 했기 때문에, 상소를 다시 올리는 이유와 첫 상소의 요구를 실행해 달라는 내용이 골자를 이루었다. 문제는 이렇게 청원 내용이 바뀌면, 전체 문건도 새롭게 작성해야 했다. 청원 내용이야 그렇게 많지 않지만, 1만 명이 넘는 연명자 명단을 다시 필사하고 수결을 복사해서 옮기는 일은 정말 녹록지 않은 일이었다.

이렇게 되자 두 번째 상소를 올리는 과정에서 음력 5월 2일 성균관 사성司成 강침은 아예 글씨 잘 쓰는 성균관 서리 두 명을 소청으로 보냈다. 사소를 맡은 류이좌 입장에서 이런 다행도 없었다. 필사 작업에 속도가 붙었다.

5월 4일 2차 상소를 봉입한다는 목표 아래 소청은 정신없이 가동되기 시작했다. 지역에서는 다시 예산을 모아 올렸고, 상소 문안에 대한 재작업도 진행되었다. 그리고 기존 참여자 명단에 새로 올라온 참여자의 명단을 추가했다. 이렇게 눈코 뜰 새 없이 바쁜 와중에 이해할 수 없는 조정의 인사 발표가 있었다. 5월 3일이었다.[15]

정기 인사 회의인 도목정사[16]가 있을 시기도 아니었고, 새롭게 임명된 의릉懿陵[17] 참봉이나 강진 현감 자리가 도목정사까지 기다리지 못할 정도로 시급한 자리도 아니었다. 그런데 이번 상소운동을 주도하고 있었던 소두 이우가 의릉 참봉으로, 지평 성언집이 강진 현감으로 낙점[18]되었다.[19] 소청에 들리는 소문으로는 모두 수망(1순위)으로 올라 바로 낙점되었다고 했다. 그런데 당일 《승정원일기》 기록에 따르면, 문관들의 인사를 담당하던 이조에서 이우를 의릉 참봉으로 삼겠다면서 구두로 알려 와 이루어진 인사였다. 종9품의 말단직이기 때문에 왕의 의사도 묻지 않은 채 이조 독단으로 밀어붙인 듯했다. 평상시라면 유학幼學 신분인 이우에게 중요한 일일 수 있었다. 문제는 시기였다.

고민과 출사_늦어지는 상소운동

소청이 술렁이기 시작했다. 첫 상소에 비록 왕의 따뜻한 비답이 내려지기는 했지만, 가시적인 성과는 없는 상태에서 갑자기 관직이 내려졌기 때문이다. 1만여 명이나 연명한 상소의 요구는 실행된 게 없는데, 상소운동을 주도한 한두 명이 관직을 얻는다면, 이는 상소운동을 이끌고 있는 소청 입장에서도 난감한 문제였다.

소청에서 기다린 소식은 상소를 주도한 사람들에 대한 상찬이 아니라, 상소의 요구를 이행하는 것이었다. 그런데 하필 이러한 시기에 소두 이우와 상소운동을 주도했던 성언집에게 관직이 내려왔으니, 소청 입장에서는 그 의도를 의심할 수밖에 없었다.

이러한 상황에서 이번 인사를 주도했던 인물이 이조참판 김희 金憙(1729~1800)[20]라는 소식이 알려졌다. 《정조실록》에도 "이우를 의릉 참봉으로 삼았다. 이우는 영남 유생의 소두로 벼슬이 없었는데, 이조참판 김희가 파격적으로 천거했다. 이 때문에 이를 아는 사람들은 비난했다"[21]라는 기록으로 보아, 그가 비판을 받으면서도 이 인사를 주도했던 것은 분명했다. 그 이유도 여러 가지로 추정된다. 다만 소청 사람들의 생각에 따르면, 김희는 영남의 두 번째 상소를 두려워해, 포상과 상찬을 함으로써 영남 스스로 만족하여 물러나게 할 목적을 가지고 인사를 했다.[22] 이조참판이라는 자리를 이용해 정치적 술수를 부렸다는 의미이다. 이 때문인지 정조 역시 이틀 뒤인 5월 4일 이조참판 김희를 체직하고 이재학李在學으로 대신하게 함으로써,[23] 그 의도를 꾸짖었다. 노론 역시 영남의 상소로 인해 적잖게 당황했음을 보여 주는 대목이다.

소청 입장에서 가장 큰 문제는 이미 관직에 임용한다는 교지가 내려왔다는 사실이다. 아무리 정조의 생각과 다르다 해도, 이는 왕명으로 내려온 관직이었다. 이 때문에 이를 거부하는 것 역시 쉽지 않은 과정이 필요했다. 당연히 소청 여론은 부정적이었다. 사직하는 과정이 아무리 녹록지 않고, '사양을 청하는 죄'[24]로 인해 벌을 받는 한이 있더라도, 관직에 나아가서는 안 된다는 입장이 지배적이었다.

관직을 제수받은 이우와 성언집 역시 당황스럽기는 마찬가지였다. 특히 소두인 이우는 곤혹스럽기 이를 데 없었다. 자신이 제수받은 능참봉의 핵심 임무 가운데 하나는 제향인데, 이틀 뒤인 5월 5일에는 당장 단오 제향이 있었다. 게다가 영남 유림의 종장이었던 이상정(1711~1781)의 조카로서 당시 문중에 여러 번 왕의 배려가 있었지만 사양하고 응답하지 못한 적이 있는데, 이 상황이야 어쨌든 겉으로는 왕의 배려가 또 내려진 셈이었다. 이 때문에 비록 상소운동 중이라 해도 바로 거부하는 게 쉽지 않았다. 이렇다 보니 관직에 있었던 선혜청 낭관 이헌유와 감찰 권방은 관직에 나가라고 권했고, 김한동 역시 이를 말리지 못했다.

문제는 유생들이 상소했다고 소두를 관직에 임명하는 전례가 만들어지는 것이었다. 지금까지 소두를 대상으로 관직이 내려진 적은 없었다. 결국 소두가 이를 어떻게 받아들이는가에 따라 이후 연명 상소의 또 다른 전례를 만들 수도 있었다. 신중하게 판단해야 했지만, 문제는 복잡하게 얽히기 시작했다. 관직을 통해 회유하려 했던 이들은 아마 이러한 상황까지도 염두에 두었을 가능성이 컸다.

이날 밤 류회문은 이우의 숙소를 찾아 소청에 속한 사람들의 뜻을 전했다.[25] 출숙出肅*해서는 안 된다는 유생들의 뜻을 전했고, 이우 역시 여기에 동의했다. 그러나 문제는 시기였다. 단오가 눈앞에 다가와 있는데, 의릉에서 이 업무를 담당할 사람이 없어 제향을 올리지 못한다면 이 역시 작은 문제가 아니었다. 특히 의릉은 경종과 선의왕후 어씨의 능이다. 이러한 상징성으로 인해 이우 입장에서도 능참봉이 없어 5월 5일 단오절 제향을 올리지 못하는 사태를 만들 수는 없었다.[26] 참으로 곤혹스러운 상황이었다.

5월 4일 새벽, 결국 이우는 벼슬에 나아가기 위해 사은숙배를 했다. 내려진 관직을 사직할 때에도 시간이 필요했기 때문이다. 원래 낭관의 직책에 있는 사람이 자기 의사에 따라 사직원을 제출할 때에는 정순呈旬을 해야 했다. 정순이란 열흘에 한 번씩 세 차례 연달아 사직원을 내야 이조에서 사직을 받아들이는 제도—이 때문에 이를 삼순三旬이라고도 불렀다—였다. 이 제도에 따르면

---

* 관직에 부임하기 전에 관직을 내려준 왕에게 감사의 인사 올리는 예를 사은숙배 謝恩肅拜라고 했다. 출숙은 바로 사은숙배에 나가는 행위로, 출숙한다는 것은 관직에 나간다는 의미였다.

사직하는 데에도 최소 한 달이 걸렸다. 내려진 관직을 무겁게 생각하고 사직할 때도 깊게 숙고하라는 의미를 담은 제도였다. 이우의 기록에 따르면 그는 5월 3일 의릉 참봉에 제수되었다는 소식을 접하고 오후에 바로 정순을 올렸는데, 이조에서 이를 받지 않았다. 그래서 다시 한번 더 정순을 올렸지만, 그날 밤 늦게 이조에서 이를 다시 반려했다.[27] 이때까지는 김희가 이조참판이었기 때문에 이조 관원들 역시 이를 받기가 쉽지 않았을 터였다.

5월 5일 단오 제향을 위해서는 5월 4일 향을 받아 들고 출발해야 했다. 고민할 시간이 없었다. 결국 이우는 새벽에 궁궐에 들어가 사은숙배를 한 후 향과 제문을 받아 들고 의릉 재사로 출발했다. 원래 5월 4일은 두 번째 상소를 올리기로 한 날이었는데, 소두가 의릉으로 떠났으니 난감하기 이를 데 없었다. 일단 상소 일정은 미루어졌다.

5월 5일은 단오였다. 소두 이우의 생각은 분명했다. 그는 일단 의릉에서 단오 제향을 거행했다. 다행히 의릉은 멀지 않은 곳이어서[28] 단오 제향을 마치고 돌아온 이우는 바로 정순 과정에 돌입했다. 더 이상 숙고가 필요 없다는 의미를 담아 10일 단위로 내는 사직서 세 개를 한꺼번에 올렸다. 관직을 받아 일단 급한 임무는 수행했지만, 이제는 상소운동을 위해 바로 사직하겠다는 의지를 꾹꾹 눌러 담았다. 관직 문제는 일단 이렇게 처리는 되었지만, 이 과정에서 일정은 다시 늦어졌다. 두 번째 상소를 서둘러야 했다.

재소 준비_명분과 소두의 재선출

원래 두 번째 상소 봉입 일정은 단오 하루 전인 음력 5월 4일이었다. 그러나 하루 전 소두가 관직에 임명되었기 때문에, 소청에서는 소두를 다시 선출해서라도 상소운동을 지속해야 할 필요가 있었다. 하루가 급한 상황이었기 때문에 이우의 고민은 고민대로 두고, 두 번째 상소운동은 새로운 소두를 선출해서 빠르게 진행하자는 쪽으로 의견이 모아졌다.

5월 3일 오후, 소청에서 회의가 열렸다. 조거신趙居信이 소두 선출을 위한 책임자가 되어, 전례에 따라 소두 후보 세 명을 추천받아 망기를 작성했다. 이경유·최봉우·김시찬이 차례로 추천을 받았다. 소청 회의에 참여한 영남 유생들이 망 단자에 점을 찍었는데, 이번에는 말망으로 추천된 김시찬에게 권점이 몰렸다. 첫 번째 상소운동과 달리 시급성을 고려해서 소두를 선출한 결과였다. 기존 예에 따라 소청에서는 청좌 유생을 선출해 김시찬에게 소두 자리에 앉을 것을 권했다.

그러나 김시찬은 이를 쉽게 받아들일 수 없었다. 이번에는 의례적인 사양이 아니었다. 아직 소두 이우의 의사도 정확하게 결정되지 않은 상황이어서, 까딱 잘못하면 소두 문제를 둘러싸고 소청 내 자중지란이 될 수도 있었다. 게다가 첫 번째 상소 소두가 관직을 받은 상황이기 때문에, 벼슬을 탐해 소두가 되려 한다는 비판으로부터도 자유로울 수 없었다.[29] 의례적인 사양이 아니라, 정말로 좀 더 기다려 보자면서 회의에 참석한 유생들을 설득했다. 그는 "지난번 소두가 (관직을 받는) 은전을 입은 뒤라, 실로 (관직에 대한 욕심으로 소두를 받아들였다는) 큰 의심을 받을 개연성이 있다"[30]면서 정색을 하고 거부했다.

그러나 청좌 유생의 입장에서는 어떻게든 선출된 소두를 자리에 앉히기 위해 기존 예에 따라 지속적으로 권유할 수밖에 없었다. 권점이 진행되지 않았다면 몰라도, 정상적인 회의 과정을 거쳐 이루어진 결정을 뒤집을 수도 없는 노릇이었다. 결국 마지못해 소두의 자리에 앉은 김시찬은 소두의 자격으로 소두 선출 문제 자체를 회의 의제로 올렸다. 이렇게 되자 회의 참석자들 내에서도 의견이 갈리기 시작했다.[31]

김시찬의 말이 어느 정도 합리적이라는 데 동의하는 사람들이 생겼다. 이렇게 되자 김시찬은 그 사이를 비집고 들어 자신을 소두로 뽑은 회의를 뒤집고, 이우와의 논의를 통해 다시 결정하기로 했다. 류회문은 이러한 회의 결과를 가지고 그날 저녁 소두였던 이우가 머무는 숙소를 찾은 터였다.

5월 4일 소두 이우가 의릉에서의 단오 제향을 위해 자리를 비우자 소청의 여론은 더욱 무거워졌다. 이날이 원래 두 번째 상소를 올리기로 한 날이었으나, 소두가 관직을 임명받은 뒤라 소두를 선임하는 것 자체가 주저되었다. 게다가 진신들 입장에서도 의리와 염치를 버렸다는 비판을 받을까 싶어 소두를 맡기 힘들었다. 모두가 망설였고, 이로 인해 소두가 없어 상소를 올리지 못하는 상태였다. 다행스럽게도 5월 5일 이우가 단오 제향을 마치고 돌아와 관직에서 사직하려는 의지를 담아 소청 사람들이 함께 가서 합동으로 삼순三旬을 올리자, 소청은 다시 활기를 띠기 시작했다. 그러나 연유야 어떠하든 소두는 관직을 받은 상태였고, 이틀 전 소두를 다시 선출한 일도 있어서, 이 모든 것을 한꺼번에 정리할 필요가 있었다. 결국 소두를 다시 선출하기로 했다.

네 번째 소두 선출 회의가 열렸다. 김한동과 이경유가 진행을 맡아 봉사 류규, 선혜청 낭관 이헌유, 그리고 참봉 이우를 후보로 추천받았다. 이우는 며칠 사이에 유학에서 참봉으로 신분이 바뀌었고, 이로 인해 진신이냐 장보냐를 따지지 않고 자유롭게 추천을 받았다. 그러다 보니 주로 진신 중심으로 추천이 되었는데, 이로 인해 전 소두 이우는 가장 늦게 관직에 진출해서 말망으로 천거가 되었다. 말망이라고 해도 이우가 권점을 가장 많이 받았고, 두 번째 상소 역시 이우가 소두로 결정되었다. 청좌 유생 김희주가 소두의 자리에 앉을 것을 청하자, 이우는 자신에게는 전에 사리를 따지지 못할 정도로 부족한 면이 있다면서 사양했지만, 결국 다시 소두의 자리에 앉았다. 두 번째 상소를 위한 어려운 과정을 하나하나 넘어, 이제 다시 상소를 올릴 일만 남았다.

부조_도움도 명분에 맞게

소두의 선출은 상소의 명분에 맞는 절차적 정당성을 갖추는 일이기 때문에 어려움이 많았던 것도 사실이다. 그러나 그보다 더 현실적인 난관도 있었다. 앞에서도 거론했던 것처럼 예산 문제였다. 한 번 더 상소를 올리기로 결정하면서, 첫 번째 상소운동에 준하는 예산이 다시 필요했다. 게다가 첫 번째 상소에 대한 정조의 태도로 인해 많은 사람이 소청을 찾았고, 이들을 접대하는 비용도 만만치 않았다.[32] 윤4월 29일 소청에서 경상좌도와 우도에 통문을 보내 경비 마련을 촉구했던 이유였다.

본격적인 두 번째 상소운동이 진행되면서, 체계적인 예산 확보 계획을 세울 필요가 생겼다. 5월 2일 회의를 통해 우선 영남에서 배출한 관리들에게 도움을 청하기로 했다. 영남 출신의 인사들 가운데 영양英陽의 이귀운李龜雲과 자여自如의 권문도權文度, 유곡幽谷의 조석매趙錫梅, 칠원柒原의 성언림成彦霖 등이 35냥을 책임지기로 했다. 또한 첫 번째 상소운동을 본 한양 사람들이 기호 지역[33]에 있는 사람들 가운데에도 영남 유생들과 뜻을 같이하는 사람들이 있다면서, 이들에게도 도움을 요청해 보겠다고 했다.

완주完州, 안악安岳, 순흥順興, 강계江界, 청풍淸風, 석성石城, 홍원弘源, 부안扶安, 해남海南, 포천抱川 등 27개 읍에서 많게는 10냥, 적게는 5냥씩을 분담하기로 했다. 좋은 소식도 들려왔다. 정언正言 이승운李升運이 소청에 편지를 보내 "광주光州와 안악은 다른 읍의 예를 따르지 않고, 각각 30냥씩을 보내 돕겠다"고 했다. 거금이었다. 당시 광주와 안악의 수령이 정언 이승운의 형 이정운과 이익운이었기 때문에 다른 곳보다 많이 부담하기로 했던 터였다. 이러한 와중에 다행스럽게도 영남 상소의 명분에 동의하는 사람들로부터 도움의 손길도 이어지기 시작했다.

그런데 이러한 도움도 문제였다. 파당이 다른 사람이나 또는 이들이 지향하는 명분과 다른 사람들로부터 들어오는 도움 때문이었다.[34] 예컨대 한광조韓光肇(1715~1768)의 조카인 사복판관司僕判官 한대유韓大裕는 소청에 영남의 상소에 대한 찬사를 담은 편지를 보내면서 부조로 20민전(20냥)[35]을 함께 보내왔다. 사도세자의 죽음에 반대했던 한광조의 조카라는 점에서 충분히 그 뜻을 이해할 수 있었지만, 당색과 지향점은 영남과 달랐다. 이 와중에 예조판서 정창순鄭昌順(1727~?) 역시 간단한 이유를 적은 단자와 돈 20냥을 보내왔고, 판서 정호인(1728~?) 역시 10냥을 보내왔다. 모두 적지 않은 돈이었다. 예산 부족에 시달리는 소청 입장에서는 그 무엇보다 강한 유혹이었다.

하지만 그렇다고 조금만 범위를 넓히면, 이들 역시 정치적으로 영남과 대척점에 서 있는 사람들이었다. 게다가 부조를 보내오는 이들을 척결하는 게 이번 상소운동의 최종 목표일 수도 있었다. 아무리 유혹이 강하다고 해도 이들로부터 아무렇지 않게 도움을 받을 수는 없었다. 소청에서는 기준을 정할 필요가 있었다. 그런데 이를 두고도 소청 내에서 작은 충돌이 발생했다. 소두를 비롯한 원로 가운데 한두 명은 한대유의 돈은 받아도 문제 될 것이 없다고 생각했다. 한대유가 보낸 편지대로라면 그는 영남의 입장을 충분히 지지하고 있다는 게 이유였다. 그래서 한대유의 부조에 대해서는 감사 인사를 보내고 이를 받아들였는데, 이후 정창순과 정호인과 같은 중신들이 보내온 부조는 문제가 되었다. 몇몇 장로들은 조정의 중신들이 보낸 것이니만큼, "그들의 부조를 예로써 물리는 것은 공손하지 못하다"라는 입장을 내어놓았다.

그런데 젊은 유생들 입장에서는 사도세자의 죽음을 막기 위해 고군분투했던 한광조의 조카와 노론의 핵심에 있는 중신들이 같을 수는 없었다. 소청 내 유생들의 의론이 갈리기 시작했다. 명분과 이념을 중심으로 판단했던 젊은 유생들은 왜 우리가 여기에 있는지를 살펴야 한다는 입장을 강하게 제기했다. 소청 운영을 위해 현실적인 문제를 고민해야 하는 장로들의 입장과 소청을 차린 목적과 명분을 중심으로 생각하는 젊은 유생들의 입장이 충돌했다. 이인행, 이종화, 이태순과 같은 젊은 유생들은 장로들을 향해 다음과 같이 비판하고 나섰다.

지금 우리의 행보는 큰 의리를 펼치기 위한 것입니다. 이 와중에 앉아서 얼굴도 모르는 재상들이 주는 많은 부조를 받는 것은 의리가 없는 행동이며, 더구나 한 번의 상소로 이룬 것이 무엇이건대 태연하게 앉아서 명분 없는 물건을 받을 수 있다는 말입니까?[36]

기록의 특성상 표현이 비교적 순화되었을 것이라는 점을 감안해도, 젊은 유생들의 공격 강도는 매우 강했다. 류이좌 역시 이 말을 그대로 기록하면서, 이번 상소운동이 지향하는 바가 무엇인지 묻고 있었다. 모든 운동이 그렇듯, 명분을 위해 일어난 운동에서 의론이 갈리면 현실론자보다는 명분론자가 우위를 점하게 마련이다. 현실적인 문제들과 타협하면 명분을 제대로 세우기 힘들다는 젊은 유생들의 입장을 장로들이 이길 수 없었다. 결국 두 명의 중신들이 보내온 부조는 돌려보내는 것으로 결정되었다. 이렇게 되자 소청 내에서 일정 정도 동의가 되었던 한대유의 부조마저 받기 힘들게 되었다. 명분이 중심이 되면 티끌 같은 문제도 걸림돌이 되기 때문이다.

조정 대신들과의 관계도 고려해야 하고, 소청의 어려운 살림도 고민했던 장로들의 입장이 명분을 중심에 둔 젊은 유생들의 주장에 막혔다. 이후 다시 선혜당상 조성진과 공조판서 김상집이 각각 20냥과 30냥을 보내왔는데, 이 역시 고스란히 돌려보냈다. 다만 직장 정덕제가 보낸 돈 2냥은 정여창鄭汝昌(1450~1504)[37]의 적손이라는 명분으로 받아들였다. 없는 재정 때문에 답답하기 이를 데 없는 장로들과 굶는 한이 있어도 명분이 중심이 되어야 한다는 젊은 유생들 입장이 내부적인 갈등의 골로 등장했다.

2차 봉입 _ 형식적 비답

1792년 음력 5월 7일 드디어 상소문 봉합에 들어갔다. 전날까지 소청에 모여 소록을 등사하는 과정을 거친 결과였다. 소두도 선출되었고, 상소문 봉합도 이루어졌으니 이제 봉입만 남았다. 소록에 연명한 사람 수는 1만 386명으로 1차 1만 57명에 비해 329명이 늘었다. 1차 상소 때 늦게 도착한 이름도 있었고, 1차 상소 이후 참여 의사를 밝힌 사람도 있었다. 다시금 명실상부한 '만인소'가 만들어졌고, 소청 사람들 역시 1차 상소의 감격을 이어 갈 수 있을 것으로 생각했다.

상소의 내용은 1차 상소와 크게 다르지 않다. 다만 1차 상소를 통해 영남 남인들의 요구 조건과 의견은 충분히 전달되었기 때문에 2차 상소는 이를 실행해 달라는 내용이 핵심이었다. "충정에 복받쳐 누를 길 없는 슬프고 답답한 심정"을 가지고 영남에서 1차 상소를 통해 올렸던 요구를 "드러내어 널리 밝힐[闡明] 수 있도록 명을 내려 달라"는 것이었다. 특히 2차 상소를 통해 이들은 사도세자의 자질과 왕다운 풍모에 대한 찬사를 올리는 동시에 당시 사도세자의 죽음을 직접 기록했던 권정침權正忱(1710~1767)의 일기[38]를 인용하면서 기호 노론의 흉계와 계책에 의해 사도세자가 희생되었다고 주장했다. 1차 상소와 맥락은 같지만, 기존에 금기시되었던 사도세자에 대해 좀 더 강하게 언급했다. 특히 이 사건에는 역모에 가까운 흉계가 있었다는 사실을 강조함으로써, 그들의 죄

를 분명히 하고 정조의 행동을 끌어내려 했다.[39]

상소를 봉입하는 과정에서 소청 내에서 사소한 언쟁도 있었다. 소두 이우가 며칠이 되었건 이미 참봉직에 올랐기 때문이다. 상소문에도 순수한 유생을 의미하는 '유학'에서 '참봉'으로 신분을 바꿔 기재했기 때문에 상소를 올릴 때 복식 역시 관복을 입어야 한다는 주장이 나왔다. 조선을 지배했던 예의 원칙에 따르면 정확한 지적이기는 했다. 상소문에 이미 참봉으로 표기한 상태에서 옷만 유생들의 복식을 하는 건 예에 맞지 않았다. 그러나 소청 내 유생들의 입장은 확고했다. 이 상소는 유생들이 의리에 따라 올리는 상소이므로, 관직과 상관없는 유복儒服을 입고 유건儒巾을 써야 한다는 입장이었다. 전례와 다르더라도 명분과 의리를 살리는 쪽을 선택하자는 입장이 힘을 얻었고, 젊은 유생들의 의견에 따라 소두 역시 유복을 입고 유건을 쓰는 것으로 정리가 되었다.

새벽부터 시작된 상소 봉합 작업이 마무리되었다. 유복을 차려입은 소두의 얼굴에 만감이 교차했다. 여러 유생을 데리고 다시 돈화문 앞에 엎드렸다. 첫 번째 상소하던 의식에 따라 상소를 봉입하기 위해서였다. 그러나 두 번째 상소는 첫 번째 상소와 달리, 그 어떤 방해도 없었다. 상소 봉입을 방해했다는 죄목으로 수문장은 벌을 받았고, 승정원의 승선이 교체되었을 정도였으니 당연했다. 수문장은 근실 여부도 묻지 않은 채[40] 상소의 대강을 승정원에 전달했다. 그러자 승정원 역시 바로 임금에게 두 번째 상소가 올라왔다는 사실을 아뢰었고, 이후 소두를 데리고 승정원에 들어갔다. 소두가 상소 내용을 낭독하고 나와 제자리로 돌아가니, 얼마 뒤 원리가 소두를 다시 승정원으로 데리고 들어갔고, 바로 왕의 비답을 받았다. 1차 상소에 비하면 허무할 정도로 빠른 속도였다. 비답은 상소운동을 진행한 모든 소임 앞에서 바로 발표되었다.

상소를 올리는 과정과 비답이 나오는 과정이 첫 번째 상소에 비해 빠르게 진행되었지만, 비답의 내용은 구구절절했다. 영남 유생들에 대한 정조의 마음은 아직 첫 번째 상소를 받고 눈물 흘렸던 그 지점에 머무는 듯했다.

그대들의 오늘 상소에 (내가) 어찌 차마 마음을 억제하며 답을 내리겠는가. 1만여 명 장보들의 논의는 이미 온나라 사람들의 공론公論이다. 공론이 같아서 하늘의 이치가 큰 공의인 것을 볼 수 있으니, 내가 어찌 나의 사사로운 정으로 인해 그대들에게 한마디 하지 않을 수 있겠는가! 그대들이 드러내 보이고 말하는 청을 내가 따를 수 없는 이유는 감히 하지 못한 것일 뿐만 아니라 차마 하지 못하는 것이기도 하다. 전 수찬 이지영의 상소 가운데 여러 역적을 명부에 올리고 관직을 추탈하라는 일을 지금까지 윤허하지 않는 것이 일반 상식으로 볼 때 어찌 까닭 없이 그렇게 하는 것이겠는가? 정휘량과 신만의 일에 대해서도 밖에서 들리는 이야기와 내가 아는 것이 다르며, 이 밖의 것 역시 사실이 감히 그렇게 할 수 없는 것과 부득이 그렇게 하지 않으면 안 되는 것이 있다.……끝에서 말한 근래의 일은 이미 이전 다른 신하들의 상소 비답에 자세하게 언급했거나 혹은 선왕이 만드신 규범으로 인해 시행하지 못했으니, 그대들은 모름지기 내가 반드시 지키려고 하는 원래의 본심이 모두 '앞선 사람들의 뜻을 밝히고 그들의 아름다움을 드러내려 한 데서 나온 것'임을 알라. 아! 가슴의 피가 끓어올라 가슴과 폐를 꿰뚫는 듯하고, 넓디넓은 하늘이 위에서 비추고 넓은 땅의 신이 아래에서 (모든 생명을) 싣고 있으며, 오르내리는 신명神明이 그대들에게 강림해서 질정하고 있는데, 내가 어찌 나 한 사람의 순간적인 말로 너희 1만여 장보들에게 말할 수 있겠는가?[41]

문장의 내용은 1차 상소 때와 같은 감동으로 넘쳤지만, 또한 1차 상소 때와 마찬가지로 실행에 대한 논의는 없었다. 왜 하지 못하고 있는지 그 이유를 명확히 하지도 않은 채 "감히 하지 못하는 것도 있고, 차마 할 수 없는 것도 있다"는 답변으로 대신했다. 1차 상소 때와 달리, 눈물 없이 내용만 간절한 비답이 영남에 내려졌다. 생각보다 이른 시간에 이들은 반촌의 소청으로 돌아왔다. 비답의 내용을 분석하고 상황을 논의한 후, 다시 방향을 정해야 했다.

이날 오후 3시부터 비가 내리기 시작해서 밤새도록 퍼부었다. 심한 가뭄 끝에 오는 비인지라 어쩌면 행동으로 옮기지 못했던 왕

의 눈물보다 하늘의 이 울음이 모두에게 더 유익했는지도 모를 일
이었다.

07

삼소
- 시도와 좌절

두 번째 상소의 결과는 차라리 싱겁기까지 했다. 비답의 내용만
곡진했을 뿐, 상소를 통해 이루려 했던 가시적인 목표는 또다시
거부되었다. 물론 장기적인 정책으로 실행되어야 하는 것도 있었
지만, 그럼에도 불구하고 여전히 류성한은 한양 도성 아래에서
자유롭게 숨 쉬고 있었고, 사도세자를 죽음으로 이끌었던 기호
노론에 대한 새로운 정책 전환 가능성도 당시에는 보이지 않았
다. 만 명 이상이 연명한 상소가 두 번이나 올라갔음에도 불구하
고, 눈에 보이는 결과도 없이 빈손으로 고향에 내려갈 수는 없었
다. 정조에게도 시간이 필요했지만, 영남 입장에서도 정조의 행
동을 한 번 더 촉구해야 할 필요가 있었다. 세 번째 상소에 대한
논의는 너무나 자연스럽게 흘러나왔다. 두 번째 상소를 봉입한
다음 날(5월 8일), 세 번째 상소에 대한 논의가 시작되었다.

왕의 회유_ 이제는 돌아갈 때

류성한에 대한 정조의 정확한 입장은 여전히 불분명한데, 류성한의 처결에 대해 동의하는 서인 계열의 관료들 가운데 영남 유생들의 상소에 찬성하는 사람들이 나오기 시작했다. 돈과 물품을 부조로 보내는 이들이 많아졌고, 이로 인해 소청에서는 이를 돌려주는 것도 일이 될 정도였다. 상소를 통해 기호 노론에 대한 탄핵까지 바라보고 있었던 영남 입장에서는 이들의 부조가 명분상 허락되지 않았다. 세 번째 상소를 준비하는 과정에서 닥칠 재정적 압박에도 불구하고 남인들에게서 들어온 것을 제외하고 모두 돌려준 이유였다. 다행히 세 번째 상소를 의결하던 날 영천과 밀양, 영덕과 인동 지역에서 거둔 160냥이 통문과 함께 전달되었다. 더불어 두 번째 상소에 이름을 올리지 못한 명단도 함께 제출되었다. 또다시 소청 업무가 탄력을 받으면서, 세 번째 상소운동이 시작되었다.

두 번째 상소 직전에 내려진 관직 문제는 다른 문제들과 연결되어 여전히 소청을 괴롭히는 불씨였다. 이러한 상황에서 음력 5월 9일 밤, 지난 4월 28일 홍문관 교리에 임명된 김한동이 패초[1]를 받고 대궐에 들어갔다. 자라 보고 놀란 가슴 솥뚜껑 보고 놀라듯, 소청은 일순 긴장에 휩싸였다. 그러나 당시에는 상소 문제로 김한동을 부른 것이 아니라, 황단皇壇[2]에서 행사가 있었기 때문이었다. 중국의 황제를 향해 절을 하면서 예를 행하는 행사였는데,

김한동이 소속된 홍문관에서 정해진 인원수를 채우지 못해 그를 불렀던 것이다. 김한동 입장에서도 이것까지 피할 수는 없어, 그 대열에 참석한 후 돌아왔다. 그러나 이러한 일은 점점 늘어날 가능성이 컸다. 좀 더 서둘러야 했다. 5월 10일 논의를 통해 세 번째 상소를 올릴 내용이 대략 정리되었다. 이제 다시 소록을 등사하고, 상소문을 작성하는 작업에 들어갈 참이었다.

일이 이렇게 전개되자, 정작 곤혹스러워진 사람은 정조였다. 류성한에 의해 촉발된 이 정국을 정조가 어디까지 끌고 가려 했는지 알 수 없지만, 그 역시 영남 유생들의 세 번째 상소까지는 생각하지 못했던 듯하다. 첫 번째 상소는 영남 유생들과 정조의 측근인 채제공 사이에 의견 조율이 이루어졌을 가능성이 크며, 정조 역시 첫 번째 상소에서 영남 유생들에게 확실하게 힘을 실어 주었다. 두 번째 상소 역시 이러한 연장선에서 이루어지면서, 비답을 통해 그들에 대한 따뜻한 시선을 드러냈다. 그러나 이제 정조도 시간이 필요했다. 그런데 영남에서는 숨 고를 시간도 없이 상소의 요구를 채택해 달라는 운동을 다시 시작하고 있으니, 당황할 만도 했다.

조정 내 여론도 방향을 못 잡는 것은 마찬가지였다. 몇몇 중신들은 소청에 부조를 보내고 그들에게 힘을 실어 주는 상소를 올리는가 하면, 한편으로는 영남 유생들이 올린 만인소의 파장을 숨죽여 지켜보는 여론도 있었다. 결국 정조가 직접 나서야 했다. 류성한을 바로 처결하든지, 그렇지 않으면 영남 유생들을 설득해서 상소운동을 그만두게 해야 했다. 그런데 어떤 이유에서인지 정조는 영남을 설득하는 쪽을 선택했다. 5월 11일 승정원을 통해 김한 동과 이우를 은밀하게 부른 것이다.

이들의 대화 내용은 전교傳敎 형태로 내려져 정조의 의중은 비 교적 분명하게 확인할 수 있다.[3] 정조는 영남의 상소에 대해 찬성 하면서도 류성한을 처벌하라는 그들의 요구에 대해 '살리는 도를 통해 사람들에게 어떤 문제가 있는지 보여 주려는 의도'로 처벌 을 미루고 있다면서 일종의 양해를 구했다. 동시에 영남의 상소 를 통해 자신의 뜻이 어디에 있는지 분명하게 볼 수 있도록 유도 했기 때문에 상소의 목적은 충분히 달성했다고 평가했다. 정조가 영남의 상소를 통해 이루려고 했던 목표를 가늠해 볼 수 있는 말이 다. 실제 정조로서는 영남에서 올린 이번 상소를 통해 정국을 전환시킬 수 있는 힘을 얻어 가고 있었다.

이렇게 되니 정조로서도 영남 유생들에게 돌아가서 처분을 기 다려 달라고 설득할 수밖에 없었다. 그러면서 돌아가는 여비를 지원하겠다고 제안했다. 나아가 김희택이나 이경유 같은 인물은 이번 상소와 상관없이 조정에서 쓸 수 있는 인재로 판단되므로, 이후 이들을 기용하라는 명도 내렸다.[4] 당장 눈에 보이는 비용부 터 영남 인재에 대한 중용까지, 가능한 많은 당근을 내놓으면서 정조는 귀향을 설득했다. 이우와 김한동을 만난 정조는 자신의 이러한 뜻이 영남 유생들에게 잘 전달되기를 바랐다.

김한동과 이우는 소청으로 돌아오자마자 이 내용을 소청 내 모 든 소임들과 공유했다. 왕의 의도는 너무나 분명했고, 이제 소청에서 결단해야 할 때가 되었다. 그러나 소청의 여론은 정조의 마음 같지 않았다. 1만 명이 넘는 연명을 통해 올라간 대의가 충분하게 시행되지 않았음에도 이대로 돌아간다면 억울함만 커질 것 같다는 게 중론이었다. 돌아가는 비용 역시 황송한 제안이기는 하지만, 그렇다고 여기에 굴복해서 빈손으로 내려갈 수는 없다는 쪽으로 가닥이 잡혔다. 설득해야 하는 이우와 김한동도 그렇지만, 왕명을 거슬러야 하는 젊은 유생들 역시 불편하기는 마찬가지였다.

왕이 내린 비용_받아도 문제, 받지 않아도 문제

상소에 참여한 사람들에게 돌아갈 비용을 대주라는 명이 진청賑廳(백성 구휼 업무를 담당했던 관서)으로 내려졌다. 5월 11일 전교를 받아들고 소청에서 향후 방향에 대한 회의가 열렸는데, 진청에서는 벌써 사람을 보내 상소운동에 참여한 인원이 얼마나 되는지 물어왔다. 필요 예산을 산정하고, 그 결과를 왕에게 보고하기 위함이었다. 그러나 회의는 상소를 지속하자는 쪽으로 결론이 났다. 그러다 보니 진청에서 나온 사람들에게는 아직 돌아갈 계획이 정해지지 않았으므로 이를 받을 수 없다는 입장을 전할 수밖에 없었다. 왕명을 받든 진청 관리들도 곤혹스러워졌다.

　정조의 명을 직접 받았던 이우와 김한동은 조심스럽게 임금이 내리는 것만이라도 받는 게 좋겠다는 쪽으로 젊은 유생들을 설득했다. 그러나 강세응을 비롯한 몇몇 진신과 김시찬을 비롯한 젊은 유생들은 다시금 반대 입장을 분명히 했다. 명분을 중심으로 소청의 여론을 이끌어 온 이들이었다. 그들은 임금이 내리는 물건이라도 분수에 맞는 정당한 도리가 있어야 받을 수 있다며, 이를 따져 보아 받을지 말지를 결정하자고 주장했다. 선비 된 자로서 선대 성현들이 왕으로부터 내려진 작위나 녹봉을 사양한 예가 있는지 살펴보고, 왕이 내려주는 이 비용을 어떠한 명분으로 받을 수 있는지 생각해 봐야 한다는 게 요지였다.

만약 왕이 내리는 이 물건이 상으로 내리는 것이라면 공로도 없이 상을 받는 격이 되니 이는 명분상 옳지 않았다. 그렇다고 상소를 올리는 유생들의 궁핍함을 걱정해 구휼하기 위해 내리는 것이라면, 이도 옳지 않았다. 상소를 올리는 유생들을 구휼했던 예가 없기 때문이다. 이는 단순히 그러한 사례가 없었다는 의미가 아니라, 그 같은 사례가 없을 정도로 명분에서 어긋나는 일이라는 의미였다. 이러한 상황에서 단지 왕의 명이라는 이유로 유학자들의 기본 태도도 고려하지 않고 명분 없는 곡식과 작록을 받는다면, 이는 왕이 진정으로 유생들을 대우하는 아름다운 뜻을 저버리는 일이라고 주장했다. 거역해서 벌을 받는 한이 있더라도, 왕이 보내는 물품을 받을 수 없다는 결론이 내려졌다.

논의가 다시 확대되었다. 특히 이 문제는 유학자들의 출처 문제와 관계되었다. 출처 문제는 유학자들의 현실 참여에 대한 기준이다. 원칙은 '도가 실현되고 있는 조정이나 왕의 통치 시기라면 (벼슬이나 관직에) 나가서[出] 함께 그 도를 이루되, 도가 실현되지 않는 상황이라면 나아가지 않고[處] 스스로를 수양하는 데 최선을 다해야 한다'는 게 핵심이다.[5] 이러한 원칙을 당시 상황에 적용하면, 명분이 옳다면 그 물품을 받아야겠지만, 명분이 옳지 않다면 벌을 받는 한이 있더라도 받지 말아야 했다. 이러한 출처 판단 없이 사욕에 따라 움직이는 게 소인이므로, 까딱 잘못하면 이 논쟁은 큰 의리를 밝히러 왔다가 소청 내에서 상대방을 군자와 소인으로 갈라치기 하는 갈등에 빠질 수 있었다. 유학자로서 평생을 살아 왔던 이우나 김한동으로서도 쉽게 이들의 주장을 반박할 수 없게 되었다. 명분을 중심으로 이루어진 운동인 만큼, 명분보다 강한 무기는 없었다.

소두 이우와 김한동은 입장이 난처해졌다. 왕이 직접 자신의 의중을 전달하면서, 잘 설득해 달라는 부탁까지 했기 때문이다. 꼿꼿하게 맞서기만 하는 유생들의 태도 역시 이해는 되지만, 그렇다고 왕이 직접 부탁한 것을 무시하고 젊은 유생들처럼 강경한 태도를 유지할 수도 없었다. 결국 전체적인 의견은 아무리 왕명이라 해도 진청에서 내리는 물품을 받기는 힘들다는 쪽으로 기울고 있었다. 진청에서 나온 관료들을 오래 기다리게 할 수도 없었다. 일단 이들에게 임금이 내리는 물품을 받을 수 없다는 의사를 전달했다.

왕명을 받은 진청도 진청이었지만, 왕의 복심을 실현해야 하는 승정원도 마음이 급했다. 오후에 김한동에게 편지로 유생들이 고향으로 내려가기로 했는지 물어왔다. 어쩔 수 없이 김한동은 승정원으로 들어가서 소청의 상황을 전했다. 여러 방면으로 유생들을 타일렀지만, 결코 고향으로 돌아갈 뜻이 없다는 사실도 알렸다. 교지가 내려왔지만 받을 수 없는 상황이었다. 승정원에서도 이러한 상황을 정조에게 알렸고, 왕은 해가 저물었으니 다음 날 대궐 문이 열리기를 기다려 김한동으로 하여금 대기했다가 입시하라는 명을 내렸다. 김한동도 정조와 젊은 유생들 사이에서 끼어 곤혹스럽기 이를 데 없었다.

영남 유생들에게 귀향 경비를 지급하라는 명을 받았던 진청에서도 별도 보고가 올라왔다. 진청은 소두 이우가 "칙교飭敎를 내리시어 황공함을 이기지 못하겠으나 여러 사람의 마음이 억울해 감히 선뜻 물러나 돌아가지 못하겠습니다. 돌아갈 계획을 스스로 정하지 못해 돌아갈 때 필요한 양식을 받기가 어렵습니다"[6]라고 했던 말을 그대로 전달했다. 진청을 통해서도 영남 유생들이 상소운동을 지속하려는 상황을 확인했지만, 정조 역시 그들에게 비용을 내리려는 뜻을 거두지 않았다.

설득_명분에 따른 거부

예나 지금이나 정치적 결단은 신중해야 하고, 그만큼 시간도 필요한 법이다. 정조 역시 마찬가지였다. 정조는 시간이 필요했고, 그를 위해서라도 영남 유생들은 영남으로 돌아갈 필요가 있었다. 정조는 왕으로서 젊은 유생들이 생각하는 것보다 더 많은 정치적 사항들을 고려해야 하기 때문이다. 그래서 정조는 비용 지급 여부를 묻는 진청 관료들에게 "영남의 유생들이 돌아가야 내 마음이 조금 놓일 듯하다"면서, "(그들이) 돌아갈 때 사용할 비용으로 받지 않는다면, 먼저 머무는 데 필요한 양식을 넉넉히 주라. 이렇게 하면 영남 유생들은 반드시 철수할 것이다"[7]라고 대답했다. 어떻게든 비용을 지불하면 영남 유생들이 철수하리라 생각했던 것이다.

이러한 정조의 입장이 어떻게 비추어졌을지 알 수 없지만, 소청에서도 왕이 내리는 은혜만큼은 크다고 생각했다. 젊은 유생들 사이에서도 의리를 지키는 게 이렇게 어려운 일인지 몰랐다면서 곳곳에서 탄식할 정도였다. 이러한 상황 때문인지, 소청에서는 아무리 재정이 어려워도 부조는 정확하게 가려 받았다. 오죽하면 사도세자의 죽음을 막으려다 사약을 받고 죽은 조재호趙載浩 (1702~1762)[8]의 아들 조관진이 자신이 보낸 어떤 물품도 소청에서 받지 않았다면서 목조원이라는 사람에게 불평할 정도였다. 또한 사도세자의 죽음을 막기 위해 최선을 다했던 이이장李彝章(1708~ 1764)[9]의 아들 이항년이 보낸 20냥도 받지 않았다. 이러한 상황에서 왕이 영남 유생들의 세 번째 상소를 막기 위한 목적으로 부조를 내리니, 소청에서도 난감하기 이를 데 없었다.

5월 12일, 아침 일찍 소청에 나간 류이좌는 깜짝 놀랐다. 엄청나게 많은 식량이 소청에 쌓여 있었기 때문이다. 새벽같이 체류비용으로 사용하라면서 진청에서 보낸 식량이었다. 전날 논의 과정에서 젊은 유생들의 반대가 강했기 때문에 거부 의사가 전해진 것으로 생각하고 있었다. 그러나 전날 소두와 김한동 등은 임금이 보내는 양식을 무조건 거부만 할 수도 없어서, 소청에 참가한 소임들의 명부를 보냈던 것이다. 결국 소청에서는 이를 받을 수 없다고 간곡하게 사양하는 절차를 또다시 밟아야 했다. 왕명과 소청 사이에서 진청 관원들도 죽을 맛이었고, 소두와 장로들 입장도 난처해졌다. 결국 이 소식을 들은 정조는 양식을 거두어들이라고 명했다.

이제 새벽에 불려 들어간 김한동의 시간이었다. 그는 전날 명에 따라 다른 관원들과 함께 입시했다. 정조는 비록 진청을 통해 내린 양식은 거두어들였지만, 영남 유생들을 돌려보내려는 의지는 굽히지 않았다. 김한동이 정조로부터 받은 교지에는 이러한 입장이 그대로 드러나 있었다.

유생들이 체류해서 무엇을 하려고 하는가? 의리는 이미 해와 달처럼 밝아졌다. 해와 달은 비록 말이 없지만, 그 광채는 크게 밝다. 오늘 의리가 밝아졌음은 실로 영남 유생들의 공로이다. 그러나 체류를 한다고 해도 다시 할 말이 없으니, 모름지기 돌려보내라.[10]

영남 선비들, 정조를 울리다—1792년 만인소운동

정조는 영남의 상소를 통해 그 의리만큼은 충분히 드러났다고 평가했다. 다만 지금 당장 영남 유생들의 요청을 실행하는 것은 무리였다. 세 번째 상소 내용 역시 의리에 따라 정책을 실시하라고 재촉하는 내용일 터이니, 정조 입장에서도 여기에 대해서는 더 이상 할 말이 없을 만도 했다. 예민한 정치적 문제를 명분만 앞세워 빨리 처결하라고 하니, 정조로서도 곤혹스러웠다.

이날 정조와 대면했던 김한동 역시 곤혹스럽기는 마찬가지였다. 왕명이 내려진 이상, 소청에 있는 유생들을 다시 모았다. 왕명에 의해 전날과 같은 내용의 회의 주제를 가지고, 또다시 처음부터 논의를 진행했다. 회의 내용마저 다람쥐 쳇바퀴 돌 듯 이어졌다. 다만 왕명이 한 번 더 내려지자, 장로들의 발언은 강해졌다. 분수에 맞는 도리에는 동의하지만, 임금이 내린 것을 공경스럽게 받지 않는 것도 예에 어긋난다는 목소리가 커졌다. 그러나 젊은 유생들 역시 뜻을 바꿀 생각이 없었다. 식량을 받고 체류하는 것이 죄로 인해 벌을 받고 돌아가는 것만 못하다는 입장을 고수했다. 하물며 돌아가는 비용도 받지 않았는데, 체류에 필요한 식량을 받는 것은 더더욱 말이 되지 않았다. 또다시 진청에 거부 의사를 전달했다.

참으로 지루한 과정이 반복되고 있었다. 진청은 또다시 소청의 의사를 정조에게 보고했고, 정조는 이 문제를 경연 자리에서 다시 꺼내 들었다. 여러 경로를 통해 소청 상황을 파악하고 있었던 정조는 결국 "강제로 주면 선비를 대우하는 의리가 아니다"라고 말했다. 그러면서도 정조는 "비록 유생들은 처신을 통해 의리를 드러낸다고 해도, 체류를 위한 식량을 받으면서 체류를 하면 선비의 도리가 아니고, 체류를 위한 식량을 받지 않고 체류한다면 이 또한 신하의 도리가 아니다"라면서 한양에 체류하는 한 어느 한쪽을 반드시 충족하지 못하는 상황에 처하게 되니, 오늘이라도 당장 돌아가는 게 좋겠다는 입장을 표명했다.[11] 정조도 집요했다. 그는 이러한 전교를 김한동에게 내린 후, 유생들이 돌아갈 것인지 말 것인지를 알려 달라고 했다.

소청에서는 또다시 동일한 의제로 회의가 열렸다. 그리고 승정원을 통해 왕의 요구에 대한 답을 보냈다. 요지는 결국 '조금 기다려 달라'는 것이었다.[12] 상소를 지속하겠다는 단정적인 답도 힘들고, 그렇다고 젊은 유생들 생각대로 지금 바로 세 번째 상소를 올리는 것도 하지 않겠다는 의사 표명이었다.

이런 입장은 김한동이 아침에 승정원에 입시했을 때부터 나온 대안이었다. 상소운동을 그만두고 영남으로 내려가라는 정조의 명과 그럴 수 없다는 젊은 유생들 사이에서 김한동은 재계일齋日이 지난 후 내려가겠다는 입장을 내놓은 터였다.

5월 21일이 사도세자가 사망한 날이므로, 며칠 있으면 제사를 위해 몸가짐을 조심하는 재계일이 시작되었다. 상소운동 자체가 사도세자의 신원과 관련자 처벌에 초점이 맞추어져 있는 만큼 사도세자의 제사를 지낸 후 영남으로 내려가겠다는 쪽으로 가닥을 잡았다.

더불어 체류에 필요한 식량 역시 장로들은 받아야 한다는 입장이지만, 젊은 유생들 중심으로 이를 받아들이지 않는 상황도 아뢰었다. 사도세자의 기일을 목표로 시작한 상소운동은 아니었지만, 날이 이렇게 맞물리면서 정조 역시 그 이전에 내려가라고 채근하기는 어렵게 되었다. 결국 체류를 위한 식량을 거두어들이라는 명을 내리면서 동시에 이우가 낸 의릉 참봉 사직원도 받아들였다. 소청과 조정은 일단 여유를 갖게 되었다. 그러나 문제는 다른 곳에서 터졌다.

갈등_명분과 현실

피치 못할 사정이 있었음에도, 1차 상소 이후 소두 이우가 의릉 참봉에 나아간 것이 소청 내에서는 여전히 찜찜한 문제로 남아 있었다. 젊은 유생들 입장에서는 어떻게 해서라도 이를 받아들이지 않았어야 한다는 명분론이 강했다. 그러나 정조가 이번에 이우의 사직원을 받아들이면서 이에 관한 하교를 내렸는데, 여기에서 이우의 관직에 대한 왕의 유권 해석이 나왔다. 정조는 "벼슬을 받은 것은 사전祀典[13]을 중요하게 생각했던 것이고, 사직하고 물러나는 것은 예의와 염치를 숭상한 것"[14]이라면서 이우가 영남의 풍속을 저버린 것이 없다고 해석했다. 그러면서 동시에 이우를 곤란하게 만든 전 이조참판 김희를 파직시켰다. 일개 인사 담당자의 의견으로 전례 없는 일을 했다는 게 이유였으며, 이를 통해 영남의 명분에 손을 들어 주었다.

일단 자기 정당성을 확보한 소두 이우는 이제 왕이 내려준 체류 비용과 식량에 대한 젊은 유생들의 태도에 대해 답답한 심정을 털어놓기 시작했다. 그는 장로들의 입장과 뜻을 같이해, 왕이 내린 체류 식량만큼은 받아야 한다고 생각해 온 터였다. 그러나 소청의 젊은 유생들로 인해 이를 관철하지 못했고, 이후 몇 번이나 내려온 권유로 인해 쳇바퀴 돌듯 회의를 진행하는 과정에서 그 역시 지쳤다. 똑같은 회의 주제와 똑같은 주장, 그리고 한 치도 양보하지 않는 젊은 유생들로 인해 감정의 골은 깊어졌다. 소청 내에서는 명분을 중심에 둔 젊은 유생들의 입장이 늘 우위를 지켰지만, 그때마다 소두와 장로들의 감정은 상해 갔다.

소두로서 장로들과 젊은 유생들의 입장을 조율해야 했지만, 그때마다 양보하지 않는 젊은 유생들에 대한 섭섭함이 있었다. 그런데 근래 왕명으로, 그것도 몇 번이나 하사한 체류 비용에 대해서는 젊은 유생들의 양보가 필요하다고 생각하던 터였다. 소청 내에서 관련 논의가 있을 때마다 장로들과 젊은 유생들 사이에서는 조금씩 언성이 높아졌다. 소두로서는 당혹스럽고 섭섭하기까지 했다. 이러한 터에 의릉 참봉에서 체직되었다는 소식이 들려왔고, 이를 기회로 이우는 자신의 섭섭한 마음을 털어놓았다. 그는 스스로 이러한 갈등을 봉합하지 못한 책임을 지고 소두 자리를 내려놓고 고향으로 내려가겠다고 소청에 통보했다. 또다시 소청이 혼란스러워졌다.

우선 주위 사람들부터 말렸다. 몇몇 유생들은 소두를 찾아 결정을 철회해 달라고 요구했다. 그러나 이우의 생각은 완고했다. 그는 한발 더 나아가 다음 날 아침에 출발하겠다고 소청에 입장을 알렸다. 이렇게 되자 사이가 가까운 류회문이 다시 이우의 처소를 찾았다. 그는 지금 상황에서 소두가 먼저 고향으로 내려가는 게 어떤 파장이 있을지 예상되지 않느냐면서, 내려가지 말 것을 권했다. 그러면서 명분을 중시할 수밖에 없는 젊은 유생들의 입장도 고려해 줄 것을 청했다.

그러나 소두 이우 역시 마음이 많이 상해 있었다. 상대적으로 터놓고 이야기할 수 있던 류회문이었던지라, 그는 자신과 김한동 등이 처한 입장을 조목조목 설명하면서 젊은 유생들이 좀 더 넓게 생각해야 한다는 입장을 강조했다. 이 과정에서 그는 특히 영남 학파의 학문적 원조인 이황의 태도를 논리적 근거로 활용했다. 학문의 장이라는 게 논쟁을 통해 승부를 겨루는 곳이 되어서는 안 된다는 이황의 입장[15]이야말로 퇴계 학인들이 가져야 할 태도인데, 젊은 유생들은 이 상황에서도 이기기만 좋아한다고 지적했다.[16] 젊은 유생들이 의리와 명분만 강조하면서 꼭 막혀 한발도 물러서지 않는다는 비판이었다.

이러한 상황에서 소두로서 할 수 있는 처신은 물러나는 것밖에 없다면서 류회문에게 안타까운 마음을 드러냈다. 류회문을 비롯한 소청의 젊은 유생들이 다시 소두를 찾았다. 또한 몇몇 장로들 역시 소두의 입장을 이해하지만, 그렇다고 지금 소두가 자리를 내놓고 고향으로 내려가는 것은 옳지 않다면서 소두를 말렸다. 일단 김한동이 재계하는 기간만큼 시간을 벌어놓은 탓에 소두가 고향으로 내려가는 사태만큼은 겨우 막을 수 있었다.

음력 5월 13일부터 사도세자의 제사를 준비하기 위한 좌재일 坐齋日이 시작되었다. 음력 5월 21일이 사도세자의 기일이므로 입재일[17]인 5월 20일 기준 7일 전부터 재계에 들어갔다. 재계일이 시작되면서 소청 역시 갈등도 잠시 내려놓고 상소 추진도 잠시 멈추었다. 7일의 재계 기간에 소청은 관련 업무에서 벗어나, 그야말로 사도세자의 기일에 맞추어 몸과 마음을 깨끗이 하는 일에 전념해야 했다.

그런데 다른 곳에서 문제가 터졌다. 얼마 전부터 영남 유생들의 상소에 영향을 받아 유생들의 상소가 드문드문 올라오기 시작했는데, 좌재일이 들어서기 하루 전인 12일 지방 유생 300여 명이 박하원朴夏源이라는 사람을 소두로 해 남학南學*을 통해 상소를 올렸다.[18] 이들은 영남 유생들의 상소에 영향을 받아 몇십 년 동안 말하지 못했던 내용을 털어놓을 수 있게 된 상황에 의미를

---

* 모든 지역에 향교가 설치되었던 것처럼, 한양에도 성균관 입학 이전의 교육기관이 필요했다. 원래 한성부를 5개의 부로 편제하고 그 속에 하나씩 학당을 설치하려 했는데, 북학을 설치하지 못해 동학과 서학, 남학, 그리고 중학의 4부학당이 설립되었다. 한양에 있다 보니 지역 향교와 달리 성균관과 밀접하게 연계되어 있었으며, 이러한 이유에서 성균관 유생들의 활동 등에 함께하는 경우가 많았다. 남학은 이 4부학당 가운데 남쪽에 있는 학당이었다.

두었다. 이러한 상황에서 영남 유생들이 올린 두 번째 상소까지 언급하면서 자신들 역시 이 상소를 지지하고 의리를 밝히는 차원에서 상소를 올렸다고 했다.

그런데 이 상소에 류성한이나 윤구종을 넘어, 많은 사람의 이름을 구체적으로 거명하면서 탄핵을 요구한 내용이 있는 게 문제였다. 처단을 요구하는 명부인지라, 잘못하면 상소가 하나의 살생부가 될 수 있었다. 이렇게 되자 정조로서도 이 상소를 받아들이기 힘들었다. 류이좌가 남긴 기록에도 "흉악한 역적들을 차례로 나열한 것이 매우 상세하기는 하지만, 협잡한 내용도 없지 않다"[19]라고 할 정도였다.

정조는 승정원에 명을 내려 이 상소를 갖다 버리게 했고[20] 임금이 직접 소두 박하원을 불러 엄하게 단속했다. 정조는 이들이 올린 소록을 세초洗草[21]한 후 돌려주게 함으로써, 상소 내용에 대해 신경 쓰지 않겠다는 입장을 분명히 했다. 그러나 이 상소는 소청에도 큰 부담이었다. 자신들의 상소운동이 힘을 얻는 것이야 환영할 만한 일이었지만, 생각이 다를 수 있는 인물들에 대해 구체적인 이름까지 거명하면서 그들에 대한 척결을 요구하는 일은 영남 소청으로서도 부담이 컸다. 특히 여기에 거론된 인물들은 이 모든 발단이 영남 유생들로부터 시작되었다고 생각할 터이니, 영남으로서도 조심스러울 수밖에 없었다.

정조는 이 상소를 돌려주라고 명을 내리면서 동시에 "영남 유생들 역시 다시 상소를 올려서는 안 된다"라는 점을 강조하기 시작했다. 결국 소두 이우와 김한동이 다시 불려 들어갔다. 급기야 정조는 "내가 고심하는 것은 돌아보지 않고, 지극히 애통해하는 심정도 생각하지 않으면서 예사로운 이야기로 여겨 소란스럽게 떠들고 있으니 더욱이 어찌 말이 되겠는가?"라고 강한 어조로 말하면서, 영남 유생들은 고향으로 돌아가라고 권했다.[22]

좌재일에 들어가는 13일, 소두 박하원이 상소문 초고를 들고 비를 맞으면서 소청을 찾았다. 함께 힘을 보태고 자신들 역시 영남 소청으로부터 힘을 얻어 가겠다는 의도였지만, 영남 소청에서는 애써 이를 무시했다. 이들의 상소에 이름이 거명된 사람들의 반발이 얼마나 거셀지는 보지 않아도 짐작되기 때문이었다. 아니나 다를까, 그들의 상소에 이름이 거명되었던 이창수李昌壽의 아들 이병정李秉鼎이 상소 중인 남학에 들어가 억울하다면서 신문고를 치고 대궐 아래에서 처벌을 기다리는 일이 발생했다. 나흘 뒤인 5월 16일에는 이이상李頤詳의 아내가 신문고를 쳐서 그 원통함을 호소했고, 17일에는 이준상李駿祥의 아들 이영옥李英玉이 태학(성균관)에 편지를 보내[23] 그 아버지의 원통함을 씻어 달라고 요청했다. 사도세자 제사를 앞두고 재계에 들어가 있는 조정이 남학에서 올린 상소로 다시 시끄러워졌다.

특히 남학에서 올린 상소는 성균관에 많은 여파를 미쳤다. 영남의 상소운동 과정에서 1차 때 근실을 해주지 않아 장의 이만수와 반수들이 청금록[24]에서 삭제되는 일이 있었는데, 이번에는 남학에서 올린 상소로 인해 성균관 내에서는 광범위한 탄핵 논의가 일었다. 이들은 영남의 상소 방해 문제를 넘어, 그 이전부터 사도세자에 대해 부정적 입장을 보였던 사람들까지 문제 삼기 시작했다. 사도세자에 대한 좋지 않은 의견과 상소를 올린 안형과 박휘진을 성균관 차원에서 묵삭墨削[25]한 이유였다. 더불어 1789년 이회보, 유헌주, 김종화는 양주 배봉산에 있던 사도세자의 묘를 옮길 때 반대 입장을 냈는데, 이를 이유로 성균관 청금록에서 그들의 이름이 삭제되었다. 성균관에서는 남학에서 올린 상소에 포함된 사람들을 발 빠르게 탄핵하고 있었다.

동시에 성균관에서는 안형이나 박휘진과 뜻을 함께했던 송재덕과 이준상은 묵삭을 당하지 않았다면서 탄핵론에 불을 지피고 있었다. 둘은 이미 조정 관료였기 때문에 묵삭을 할 수 없음에도 불구하고, 성균관 내에서는 이 역시 불공정하다면서 묵삭과 동시에 조정에서의 처결을 요구하자는 의론이 일었다. 영남에서 올린 만인소의 파장은 이제 그들이 제어할 수 있는 단계를 넘어서고 있었다.

말미_ 사도세자의 기일

5월 16일 소청을 찾은 류이좌를 비롯한 사소직에 선임된 젊은 유생들은 조용히 소록을 등사하는 작업을 시작했다. 좌재일을 평계로 모든 논의가 수면 아래 가라앉은 상태였지만, 사도세자의 기일 이후 바로 상소를 올리기 위해서는 미리 작업을 시작해야 했다.

소청에서는 사도세자의 기일인 21일을 마지노선으로 걸어 놓았기 때문에, 21일 이후에는 한양 체류의 정당성을 얻기 힘들었다. 소청의 이름으로 김한동이 21일까지만 말미를 달라고 임금에게까지 보고했으니, 더 이상 지체할 수 없었다. 기일이 지나고 나서 하루 이틀 내에 상소를 마치고 내려가는 게 최선이었다. 소록 등사 작업이라도 해놓지 않으면 시기를 놓칠 위험성이 컸다. 21일까지라고 해도 5일밖에 남지 않은 상황이었으므로, 속도를 내야 했다.

날짜는 정해졌고, 소청은 겉으로는 평온했지만 내부적으로는 다시 바빠졌다. 소본도 작성 과정이 만만치는 않지만, 물리적 시간이 필요한 일은 소록을 작성하는 일이었다. 다행히 1차와 2차 상소 봉입 경험으로 인해 3차 상소의 소록도 그다지 어렵지 않게 완성할 수 있었다. 작업에 착수한 지 3일 만인 5월 19일, 드디어 소록을 만드는 모든 작업이 완료되었다. 세 번째 상소에는 두 번째 상소보다 976명이 더 늘어난 1만 1,365명이 이름을 올렸다. 2차 상소 이후에도 거의 1천여 명 가까운 사람들이 추가되었다.

19일 소록 작성을 마쳤고, 20일 드디어 세 번째 올리는 소본도 확정되었다. 세 번째 상소 역시[26] 소두인 이우와 전 감찰 권방, 그리고 김시찬 등을 비롯한 여러 사람이 각각 별개로 한 부씩 작성했는데, 봉사 대부[27]가 쓴 초고가 가장 적절해 소청의 유생들은 이를 사용하자고 했다. 다만 장로들 가운데 견해가 일치하지 않는 부분이 있어서 여기에 글을 더하고 뺐는데, 그러다 보니 원래의 의도와 달라진 부분도 있었다. 의견 차이가 발생한 부분에 대해서는 여러 의견을 수합해 바로잡는 과정을 거쳤고, 이를 통해 최종적으로 소본이 완성되었다. 이제 소록과 소본을 합하는 작업만 남았다. 유난히 이 일에 능한 권응전權應銓이 소청에 유숙하면서 상소문을 봉합했고, 세 번째 상소를 올리기 위한 준비도 끝났다.

5월 21일은 경모궁(사도세자를 모신 사당)에 제사를 올리는 날이었다. 영남 유생들에게도 이날은 중요했다. 류성한으로 인해 촉발된 상소운동이었지만, 이는 결국 사도세자를 신원하고 그를 죽음으로 몰아넣은 세력에 대한 처벌을 목표로 했기 때문이다. 이날 소청도 엄숙하게 보내면서 고기나 생선이 섞이지 않은 소찬으로 식사를 하고, 음주는 금했다.

이날 당장 상소를 올리자는 의견도 있었지만, 제사 당일 상소 봉입을 감행하기에는 상황이 녹록지 않았다. 게다가 하필 이날 남학의 유생들이 두 번째 상소를 올리려 했고, 이로 인해 임금이 이를 금하는 엄한 전교를 내린 터였다. 이로 인해 남학에서도 두 번째 상소를 철회했다는 소식이 소청으로 들려왔다. 이래저래 상소를 올리기 힘든 날이었다. 사도세자의 기일을 이유로 댄 탓에 빨리 상소를 올려야 했지만, 21일은 피하는 게 좋을 듯했다. 하지만 그렇다고 하루 이틀 이상을 넘길 수도 없었다.

결국 남학의 상소는 영남의 상소운동에 좋지 않은 영향을 끼쳤다. 정조는 남학의 상소만큼 영남의 상소에 대해서도 강하게 대처할 필요를 느꼈던 듯하다. 22일 새벽, 정조는 패초를 소청으로 보내 교리 김한동과 정언 강세륜을 불러들였다. 새벽부터 궁궐에 들어가니 대신과 신하들 대부분이 문안 인사차 입시하고 있었다. 이러한 상황에서 주상은 김한동을 불러 승정원을 통해 하교를 받아 가게 했는데, 그 내용은 지난번 정조가 강조했던 내용과 크게 다르지 않았다.

지금은 의리가 분명하게 결판이 났으니, 영남 유생들은 더 이상 체류할 필요가 없다. 아까 경연에서 좌의정이 주청한 바[28]가 있었다. 물러나 좌의정을 보고 상세히 물어서 영남 유생들에게 전달하라. 일전에 체류에 필요한 식량을 받지는 않았지만, 지금 돌아가는 데 사용할 비용을 주면 감히 받지 않을 수 없을 것이다. 또 듣기로 유생들이 퇴수학업退修學業, 즉 물러나 학업을 닦으라는 비답을 듣기 원한다고 하니, 모름지기 비답을 내리는 법도에 따라 말로 하교를 전하는 것이 좋을 듯하다.[29]

21일까지 약속했던 영남 입장에서는 더 이상 가져다 댈 핑계도 없었다. 사실 김한동이 궁궐에 들어간 이후 많은 유생 역시 이러한 걱정을 하지 않은 것은 아니었다. 그 전날 남학의 두 번째 상소에 대해 강하게 엄명을 내렸던 임금이었던지라, 김한동과 강세륜을 불러들이는 이유 역시 여기에서 크게 벗어날 게 없다고 판단했던 터였다. 그래서 김한동과 강세륜이 궁에 들어간 뒤에 또 다른 칙교勅敎가 내려올까 두려워, 그 이전에 대궐에 가서 엎드려 상소를 봉입하려고 시도했다. 그러나 상소문을 마지막까지 수정하고 있었는데, 그사이 결국 시간을 놓치고 말았다. 정조의 엄한 하교가 소청으로 전해졌다.

당시 좌의정 채제공은 영남 상소의 가장 큰 후원자였다. 그러나 채제공 입장에서는 이제 정조의 정치적 입장도 고려해야 했다. 차근차근 해결해야 할 문제들까지 영남 유림이 끝을 보겠다고 버티고 있으니 채제공 역시 돌려보내는 쪽으로 방향을 잡은 듯했다. 게다가 그는 영중추부사 이복원李福源(1719~1792)과 함께 다시는 류성한의 일에 대해 거론하지 않겠다는 상소를 이미 올린 상태였다.[30] 이는 전날 정조가 내린 전교에 대한 화답 상소로, 계속해서 류성한의 탄핵을 거론하는 게 정조가 의도하는 정국 운영을 위해 좋을 게 없다고 판단했기 때문이다.[31]

결국 김한동은 좌의정 채제공과의 논의에서 한마디 반박도 하지 못한 채 내려갈 것을 권유받았다. 전달하는 입장이나 전달받는 입장 모두 더 이상 상소가 불가능하다는 사실을 절감했다. 소청의 분위기는 급격하게 어두워졌고, 이날따라 유난히 많은 서울 인사들이 소청에 문안을 왔지만 힘없이 돌아가야 했다.

중지_그리고 낙향

소청 내에서는 다시 갑론을박이 오갔다. 이미 상소문도 다 만들어진 상태에서 봉입만 하면 되기 때문에, 결행해야 한다는 입장도 있었다. 그러나 이미 임금의 하교는 내려졌고, 이우나 김한동을 비롯한 장로들의 목소리 역시 이전과 달리 강경했다. 왕명까지 내려진 상황이니, 처음으로 장로들의 목소리가 대세를 형성했다. 소청 내에서는 명분도 명분이지만, 현실적으로 어떻게 할 수 없는 상황을 보면서 답답해하는 반응들이 이쪽저쪽에서 나왔다. 그러나 불충으로 인해 죽는 한이 있더라도 남쪽으로 돌아갈 뜻이 없다고 말하는 사람은 이제 2~3명밖에 남지 않았다. 모두 돌아가는 상황을 정확하게 알고 있었다. 다만 사도세자의 죽음 이후 30년 만에 그 억울함을 목소리 높여 외쳤지만, 구체적으로 얻은 것 하나 없이 물러나야 하는 현실에 대한 답답함만 남았다.

23일 새벽, 진청의 당상관이 소청에 들렀다. 임금의 하교대로 소청 유생들에게 돌아가는 비용을 지불하기 위해서였다. 내려가는 유생이 몇 명이나 되는지 구체적으로 물어왔다. 겉으로야 경비 계산이 목적이었지만, 소청의 상황을 파악하려는 의도도 있었던 듯하다. 지금까지 그래 왔던 것처럼, 당연히 이를 받는 게 옳지 않다는 주장도 있었다. 그러나 장로들이 전체 분위기를 주도하면서, 소청에 참여한 유생들의 이름이 적힌 도록을 전해 주었다. 그 이름 아래에 이후 행적을 주석으로 달아 내려가는 인원 파악이 가능하도록 했다. 이날 넘겨진 자료에 따르면 소청에 참여한 인원 가운데 서울 거주자가 6명이었고, 서울에 머물 사람이 3명, 그리고 관직에 제수되거나 현직 관원인 사람이 6명이었다. 이들은 서울에 머물 사람들이었고, 그 외 고향으로 내려갈 인원은 진신 16명을 포함해 전체 32명[32]이었다. 돌아갈 곡식을 받을 명단을 보낸 것이니, 이제 내려갈 준비가 되었다는 의미로 해석되었다.

진청에서 사람이 오가는 동안, 김한동은 승정원에 있었다. 왕명을 받기 위해 남아 있었는데, 이날 승정원에서는 전날 경연에서 내린 하교를 한 부 선사繕寫(검토를 거친 후 베껴 쓴 것)해 내주었다. 이 한 부를 받아 나오려는데 정조는 영남 유생들에게 내린 하교만큼은 한 부를 더 필사해서 주라고 했다. 한 부만 가지고는 모든 유생이 돌려가면서 베껴 보관하기에 부족하다고 생각했기 때문이다. 고향으로 돌아가는 영남 유생들을 향한 정조의 마지막 배려였다. 새벽에 승정원에 들어갔던 김한동은 이렇게 옮겨 적은 하교 2부를 가지고 늦게야 궁을 나섰다. 소청에서 이 소식을 들은 영남 유생들은 정조의 배려에 감동하지 않는 이가 없었다.

정조는 두 번의 상소에 대한 비답과 이번 하교를 통해 "의리가 분명하게 드러났다"라는 점을 강조했다. 사도세자가 죽은 임오화변 30년이 된 시점에 사도세자를 신원하고 관련자들을 처벌하라는 영남 유생들의 목숨을 건 상소야말로 "사도세자에 대한 영남의 의리를 분명하게 드러낸 것"이라고 평가를 받았던 것이다. 이는 사도세자 죽음에 대한 책임이 어디에 있는지를 공론을 통해 드러나게 했다는 의미로 이해된다. 관련자 처벌과 직접적인 정책 변화는 아직 드러나지 않았지만, 정조 입장에서는 이를 위한 명분을 영남 유생들을 통해 확보한 터였다. 더불어 영남 유생들 입장에서는 정조에 대한 영남의 의리를 증명했다. 어찌 보면 가시적인 정책 변화는 없었지만, 새로운 기대는 가능한 상황이었다. 정조 입장에서는 자신이 원했던 목표가 충분하게 달성되었다고 생각했던 듯하며, 영남 입장에서도 정조와 이전과는 전혀 다른 새로운 관계를 형성했다.

5월 24일 아침, 진청에서 백미와 청동으로 된 돈[33]을 가지고 와서 유생들에게 나누어 주었다. 고향으로 내려가는 유생들은 돌아가는 노자로 각각 쌀 5두와 돈 5관[34]을 받았다. 더불어 강진에서 파견한 경저리[35]도 돈 100민緡[36]을 보내, 유생들이 돌아갈 비용으로 사용하도록 했다. 5월 25일 아침, 소청의 유생들이 모두 한곳에 모여 각각 소임을 기록한 명부인 임록任錄을 한 부씩 써서 자신이 여기에 참여했다는 증표로 삼기로 했다. 칠곡 사람 이동급李東汲과 성주 사람 정후鄭㷂는 문을 닫으려 하는 소청에 참여하기 위해 올라왔다. 이들은 한양의 상소운동 소식을 듣고 직접 참여하겠다고 헐레벌떡 올라온 터였다. 장마로 인해 오는 길이 쉽지 않았을 터였는데, 오자마자 내려가야 할 처지가 되었다. 영남의 의지를 엿볼 수 있는 해프닝이었다.

5월 27일 소청에서는 마지막 회의가 열렸다. 이 회의를 통해 도회를 8월 2일 안동에 있는 안동향교에서 열기로 의결하고, 경상도에 있는 4군데 도호부에 통지하기로 했다.[37] 상소운동 상황을 공유하고, 왕의 비답과 연설筵說(경연 석상에서 임금의 자문에 답해 올리던 말)을 도내에 널리 알리기 위해서였다. 이 회의를 끝으로 소청은 문을 닫았다. 이제 고향으로 출발할 시간이었다.

소두를 비롯한 모든 유생이 떠날 채비를 하고 반촌의 동쪽에 있는 괴목 아래에서 잠시 쉬고 있을 무렵, 사성 강침이 급히 달려와 술과 음식을 대접하면서 먼 길을 전별했다. 소청에서의 마지막 술자리였다. 운자를 따서 시를 한 수씩 지으면서 소청의 모든 행사를 마무리지었다. 의도치 않게 출발하기 전 서울에 남아 있을 사람들과 그간의 고생을 나누고, 한 달여에 걸친 서울 생활을 마무리하는 술자리가 되었다. 최초로 '만인소'라는 이름을 얻게 된 상소운동은 이렇게 마무리되었다.

이후 8월 2일 안동향교에서 범영남 유생들의 도회가 열렸다. 정조의 성지聖旨를 전달하고 상소 원본과 전교 및 비답을 적은 문건들을 안동향교에 보관했다. 서원과 달리 국교인 유학을 상징하는 지역의 핵심 공간이었기 때문이다. 그러나 여기에서도 고민은 있었다. 안동 지역이 퇴계학의 메카라고 해도, 당시 안동향교의 향권은 노론이 잡고 있었다. 그래서 소임들이 이번 만인소에 대한 비답과 교지 등을 안동향교로 봉입하려 했을 때 노론 측의 이시백 등이 이를 극력 저지하는 일이 있었고,[38] 이로 인해 이시백은 유배형에 처해졌다.

이러한 상황은 당시 기호 노론 중심으로 안동의 지방관들이 내려왔고, 거기에 노론으로 전향한 지역의 일부 유림들에 의해 만들어졌다. 이 때문에 당시 보관된 1792년 최초 만인소 관련 다양한 기록들, 즉 비답, 전교 등을 잘 보관하기 위해 안동향교의 향권을 영남에서 찾아와야 할 필요가 생겼다. 안동향교를 두고 또 다른 갈등이 만들어지게 된 이유였다.[39] 아니나 다를까 이러한 고민을 안고 안동향교에 모셔 두었던 기록물들은 정조 사후 일실되었으며, 이로 인해 현재 그 기록들은 전해지지 않고 있다.[40]

만인의 청원, 만인소운동

영남의 만인소운동은 5월 27일 마무리되었다. 그러나 그 파장은 이때부터 시작이었다. 심지어 세 번째 상소가 막혀 소청에서 내려갈 준비를 할 때에도 조정에서는 만인소 여진이 계속되고 있었다. 류성한에 대한 처벌은 이루어지지 않았지만, 류성한과 조금이라도 관계가 있는 사람들은 그 관계를 해명하며 거리 두기를 해야 했다. 류성한과 관계되었다는 의심 그 자체로 관직을 내려놓아야 했고, 조그마한 혐의점만 있어도 예외 없이 탄핵되었다. 조정 내에서 류성한은 그야말로 프로크루스테스의 침대였다. 류성한과 관계가 있는 경우, 키우면 키우는 대로 줄이면 줄이는 대로 탄핵당해야 할 이유는 너무나 많았다.

만인소가 사도세자의 문제를 직접 언급하면서, 탄핵은 류성한과의 관계에만 한정되지 않았다. 조정 내에서는 사도세자 관련 다양한 발언과 행적들까지 재검토해 문제 삼기 시작했다. 상징적인 사건은 5월 25일 우의정 박종악의 탄핵이었다.[1] 그는 이전에 적극적으로 류성한을 탄핵했었음에도 불구하고, 류성한과 가까운 사람으로 알려지면서 대역죄로 탄핵되었다.

박종악은 상소를 올려 류성한과 윤구종이 했던 일을 상세하게 고하면서 자신은 이와 관련 없음을 증명해야 했다. 그래서 그는 류성한과 윤구종 두 역적이 의지했던 인물이 전 우의정 김종수金鍾秀(1728~1799)라고 아뢰면서 본인은 관계가 없다고 항변했다. 그러나 이러한 노력에도 불구하고 결국 그는 파직되었고, 그가 올린 상소 원본은 내용 확인을 위해 김종수의 집으로 보내졌다.[2] 상소문을 옮겨 그 집으로 보내라는 정조의 어명이 처음에는 이해되지 않았지만, 그 여파는 바로 나타났다.

이틀 뒤 김종수의 손자 김동선金東善이 대궐 앞에 있는 북을 치면서 그 억울함을 호소했다. 류성한은 자기 할아버지와 모르는 사이였고, 윤구종은 몇 차례 찾아온 적은 있었지만 서로 친한 사이는 아니었다면서, 왕의 너그러운 용서를 빌었다.[3] 류성한이나 윤구종과 친했다는 이유만으로 탄핵을 당할 정도가 되니, 정조는 박종악의 상소를 통해 벽파 거두였던 김종수까지 이러한 방법으로 견제했던 것이다. 당시 분위기에서 류성한이나 윤구종과 가까웠던 사람이라면 누구나 그 이유를 해명해야 했고, 사도세자 문제를 건드렸거나 명예를 떨어뜨리는 행동을 했던 사람들 역시 몸을 사려야 했다.

영남_만인소 이후

류이좌를 비롯한 소청에 참여했던 영남 유생들에게 한양에서의
한 달은 깊은 절망과 격한 감동, 그리고 냉혹한 정치 현실 사이를
오르내렸던 하루하루였을 것이다. 특히 세 번째 상소가 막힌 상
황에서 그들이 맛본 것은 냉혹한 정치 현실이었다. 첫 번째 상소
를 올린 후 느꼈던 격한 감동에도 불구하고, 전체 상소운동 결과
가 흡족했다고 느끼는 영남 유생들은 많지 않았다. 꼭꼭 접어 소
중하게 운반 중인 왕의 비답과 소청의 기록들이 그나마 허한 마음
을 달래 주었을 뿐, 결과로만 보면 여전히 아쉬움이 많이 남았다.
그럼에도 불구하고 이들이 만들어 갈 영남은 더 이상 만인소운동
전의 영남이 아니었다. 정조의 영남에 대한 관심과 배려, 그리고
새로운 영남의 가능성을 직접 경험했기 때문이다.

영남으로 돌아온 소청 참가자 대부분은 원래의 일상으로 돌아
갔지만, 일상에서 그들의 영향력 역시 결코 작지 않았다. 당시 영
남에서 상경했던 이들은 모두 삼계서원 도회를 통해 선출된 인물
들로, 지역과 학문적 분파를 대표했다. 또한 연령대 역시 중진과
원로들로부터 업무가 가능한 젊은 유생들까지 안배함으로써, 이
들은 영남의 모든 연령대를 대표하기도 했다. 이처럼 다양한 지
역과 학문 분파, 각기 다른 연령대의 대표들이 함께 만든 만인소
운동의 경험은 특히 정신적으로 만인소운동 이전과 다른 영남을
만들었다. 이들은 각 지역 향청과 서원, 향교 등의 핵심 인물로서,

그 속에서 만인소 경험을 전파하면서 새로운 영남에 대한 가능성을 공유했기 때문이다.

여기에는 영남을 향한 정조의 배려도 한몫했다. 만인소운동이 끝나고 약 한 달 뒤인 6월 22일 조정 인사를 결정하는 회의인 도목정사가 열렸다.[4] 만인소운동 후 첫 도목정사였다. 이 회의의 결과에서 눈에 띈 것은 영남 사람들의 약진이었다. 영남 사람 장동원張東源이 훈련원 주부로 자리를 옮겼고, 단성丹城 사람 류유택柳有澤과 권사한權思漢은 참하 무겸선전관이 되었다. 당시 영남 출신의 무과 급제자 중에 무겸선전관이 되는 경우가 거의 없었다는 점을 상기하면,[5] 그야말로 약진이었다. 진주 사람 성동일成東一은 경상 중군慶尙中軍이 되고, 김택화金宅和는 중추부도사中樞府都事로 자리를 옮겼다. 상주가 고향인 조석목趙錫穆은 특별히 품계가 더해져 동부승지가 되었고, 경주 참판 이정규李鼎揆는 원래 망 단자에 오르지 못했다가 추가로 왕명에 의해 망 단자에 오른 후 대사헌에 낙점되었다. 정조의 의지가 분명히 개입된 인사였다.

소청에 참여했던 인물들 가운데에도 이 도목정사에 이름을 올린 이들이 있었다. 특히 상소운동을 주도한 김한동의 약진이 컸다. 그는 이 도목정사에서 홍문관 부응교副應敎 겸 남학교수南學敎授로 승진했다. 수찬이 된 지 불과 석 달 만이었다. 그리고 석 달 뒤 다시 승지로 자리를 옮겼는데,[6] 이후에도 인사 때마다 다양한 직임에서 그의 이름이 오르내렸다. 만인소운동 이후 영남을 대표하는 인물로 자리 잡은 것이다.

더불어 예안에서 참여했던 김시찬과 안동 출신의 김희택 역시 6월 22일 도목정사에서 각각 □능 참봉과 □능 참봉에 제수되었다.[7] 김시찬은 이후 동몽교관 및 봉사, 직장 등 여러 관직에 임명되었지만, 학문 연구와 후진 양성에 전념하면서 관직에는 큰 관심을 보이지 않았다. 김희택은 만인소운동 중 정조가 등용해야 할 사람으로 이경유와 함께 직접 이름을 거론한 인물인데, 이번 도목정사에서 바로 이름을 올렸다. 비록 낮은 직책이지만, 비교적 빠른 조치들이 나오고 있었다.

정조의 정치적 배려는 이후에도 계속 이어졌다. 소청에 참여한 이후 성균관에 남아 공부를 이어 갔던 진사 김희주는 7월 21일 성균관 유생들을 대상으로 책문을 짓게 했던 시험에서 두 번 모두 차상次上과 삼하三下를 받아 바로 대과의 등수만 결정하는 전시를 칠 수 있게 했다.[8] 대과 회시 합격에 준하는 파격적인 대우였다. 이후 그는 병조좌랑 및 예조정랑을 지냈고, 영해 부사를 거쳐 안주 목사, 형조참판, 한성좌윤, 함길도 관찰사를 역임하면서 중앙 정계에서 자기 위치를 탄탄하게 마련했다. 또한 노상추가 남긴 그해 9월의 기록에는 반가운 소식도 실려 있었다. 영남의 무반 가운데 처음으로 벼슬에 오른 사람이 6명이었는데, 이렇게 한꺼번에 영남 인사들이 진출하는 것은 40년 만에 처음 듣는 소식이라고 했다.[9]

이 책의 원전인《국역 천휘록》의 기록자 류이좌의 출사에서도 정조의 애정이 확인된다. 류이좌는 당시 업무 담당자로 발탁되어 소청에서 일기유사 및 사소 등의 실무를 맡았다. 봉서암에서 책을 읽다가 갑자기 소청에 참여했던 그는 귀향한 후 다시 책을 읽고 공부하는 일상으로 돌아갔던 듯하다. 2년 뒤인 1794년 그는 31세의 나이로 대과에 급제했는데, 사촌형 류상조와 함께였다. 한 문중에서 두 명이 동시에 합격한 경사에 대해 정조 역시 극찬하면서 선조 류성룡의 음덕을 기리는 제문을 내려 승지 이익운으로 하여금 제사를 지내도록 배려했다. 2년 전 아들을 사지에 보내는 심정으로 눈물을 보였던 류이좌의 어머지는 이날 그 기쁜 마음을 담아 〈쌍벽가〉라는 유명한 내방가사를 지었다.[10] 이후 류이좌는 그 학문적 성취를 인정받아 초계문신으로 발탁되었고,[11] 사간원과 홍문관, 시강원 등 청요직 및 다양한 지방관을 거치면서 순조 재임기까지 관직을 이어 갔다. 또한 그는 지역에서도 채제공의 문집 발간을 주도하면서 김희주와 더불어 당시 영남을 대표하는 인물이 되었다.

이에 비해 소두 이우는 그의 역할에도 불구하고, 직접적인 혜택을 입지는 못했다. 상소운동 과정에서 내려진 의릉 참봉 문제는 정조에 의해 그 의미가 정리되었지만, 상소운동의 소두였기 때문에 이후 관직에 나가는 것 역시 조심스러웠던 듯하다. 50대 중반이었던 이우는 영남을 향한 정조의 배려를 젊은 후진들에게 돌리고, 자신은 소퇴계로 추앙받던 숙부 이상정의 문집을 정리하는 작업에 매진했다. 그러나 소두로서의 책임은 정조의 사망 이후 다시 그를 짓눌렀다. 순조 즉위 이후 기호 노론의 영남에 대한 공격들이 이어졌고, 이 과정에서 그 역시 1806년 1월 강진에 있는 고금도(현 전남 완도군 고금도)에 유배되었다. 다행히 그해 4월 유배에서 풀려났고 이후 참봉 벼슬도 내려졌지만, 이우는 이를 사양했다. 소두의 무게는 그만큼 무거웠다.

정조 사후 시련은 김한동 역시 마찬가지였다. 앞에서 본 것처럼, 김한동은 정조 생전 다양한 관직을 역임하면서 영남을 대표하는 인물로 자리 잡았지만, 정조 사후 2년 뒤인 1802년 천주교와 관련되었다는 이유로 탄핵되었다. 명천明川과 흡곡歙谷에서 3여 년에 걸친 유배 생활을 해야 했다. 채제공의 삭탈관직을 이끌어 냈던 탄핵 상소에서도 1792년 만인소운동에 대한 직접적인 조정자로 채제공과 김한동이 지목되면서, 노론 벽파의 공격을 피하기 어려웠다. 1792년 만인소가 그만큼 노론에게 충격적이었다는 의미이다.

물론 영남 남인들 관점에서도, 1792년 만인소운동은 결과적으로 아쉬움이 많은 운동이었다. 기호 노론에 대한 직접적인 처결은 고사하고, 류성한에 대한 처리마저도 끝내 이루지 못했기 때문이다.[12] 만인소운동 이후에도 권력의 중심은 여전히 기호 노론에게 있었고, 정조의 복잡한 정치적 셈법은 숙종처럼 영남을 위한 일방적인 환국을 단행하지도 못했다. 그럼에도 불구하고 만인소 이후 영남은 비교적 자유롭게 중앙정계 진출을 꿈꾸기 시작했고, 그에 따른 가시적 성과도 있었다. 비록 1800년 6월 정조가 사망할 때까지 한시적이기는 했지만, 만인소운동은 젊은 영남 선비들로 하여금 새로운 영남을 꿈꾸게 했던 것이다.

배경_조선의 권력과 상소의 권위

그가 누구든, 어떠한 방식이든, 권력을 비판하는 일은 목숨을 걸어야 한다. 대부분의 봉건시대는 특히 더 그랬다. 권력 입장에서 개인의 비판은 보복하기 쉽고, 집단의 비판은 반역의 이름으로 몰아 대규모 학살도 마다하지 않았다. 어떤 역사에서도 진심을 다해 비판을 수용하고, 비판자들을 예우하는 사례를 찾기 어렵다. 물론 이러한 이상적인 형태가 1792년 만인소운동을 통해 실현되었다고 말하려는 것은 아니다. 이 운동은 채제공이나 정조의 정치적 기획일 수도 있고, 중앙정계를 향한 영남 유생들의 간절한 정치적 바람이 담겨 있기도 했다. 하지만 그렇다고 목숨을 건 만인소운동의 가치가 희석되는 것은 아니다. 그만큼 만인소운동은 권력에 대한 비판과 견제를 통해 당대가 믿는 공정한 가치를 이루려 했던 사회운동이기 때문이다. 이렇게 된 데에는 조선의 독특한 문화적 특징이 중요한 역할을 했다.

　모든 권력은 권력의 속성에 충실하게 마련이다. 모두가 권력 앞에 굴복하는 사회, 권력이 이끄는 대로 움직이는 사회, 심지어 진심으로 권력에 굴복해 마음으로 그 권력을 따르는 사회를 지향한다. 그래서 권력은 그 속성상 비판에 인색하며, 힘에 대한 의지역시 강하다. 이러한 사회에서 권력에 대한 비판은 불가능에 가까우며, 그 어떠한 반대도 쉽게 모습을 드러내기 어렵다. 당연히 한 사회의 건강도를 결정하는 다양성은 사라지고, 획일적인 사고와 독단의 정치가 백성들을 누르게 마련이다.

이러한 관점에서 보면 조선의 권력은 권력의 기본 속성과 조금은 다른 점들이 눈에 띈다. 물론 그렇다고 조선의 권력이 약했다는 의미는 아니며, 당연하겠지만 모든 권력은 그 권력을 비판하는 사람들보다 강하기 마련이다. 당연히 그들 역시 힘의 논리로 비판자들을 누르는 게 일반적이었다. 그러나 조선의 권력은 '권위'에 대해 항상 조심하는 태도를 보여 주었다. 조선 사회에서 권위는 유학적 이념과 그 이념에 종사하는 사람들에게 이양되어 있었으며, 권력이 정당성을 얻기 위해서는 이들의 권위를 기반으로 권력을 행사해야 했다. 그래서 유학적 이념에 충실한 사람들은 '국가의 원기元氣'로 보호되었고, 그들의 비판에는 '공론'이라는 권위가 부여되었다. 나아가 권력은 공론에 따라 행사되어야 한다는 원칙을 만들었고, 공론의 이름으로 이루어지는 폭넓은 비판을 용인해야 했다.

이렇게 되면서 조선시대는 권력을 갖지 못한 사람들이라도 유학적 권위에 기대어 비판하는 용기를 내기가 비교적 수월했고, 비판의 강도가 높아도 그것이 권위가 있으면 국가권력 역시 이를 받아들였다. 심지어 국가적 재난이나 혼란이 발생했을 때에는 최고 권력자가 직접 '구언求言'이라는 형식을 통해 비판을 폭넓게 요청함으로써, 권위를 기반으로 권력이 행사되고 있음을 보여 주려 노력했다. 조선의 유생 상소는 이러한 문화적 배경이 만들어 낸 독특한 현상으로, 만인소는 이러한 비판문화가 최고조에 달한 형태였다.

하지만 그렇다고 권력을 비판하는 게 쉬울 수는 없다. 조선 역시 용기를 내는 일이 전근대 시기 다른 권력들에 비해 비교적 수월했다는 의미이지, 늘 그와 같은 용기가 용인되었다는 의미는 결코 아니다. 1776년 이도현·이응원 부자의 죽음은 이러한 용기의 위험성을 잘 보여 준 사례였으며, 동시에 조선의 권력 역시 권력의 속성을 충분히 가졌다는 사실을 잘 보여 준 증거이기도 하다. 그만큼 비판 그 자체는 위험한 일이었고, 그래서 목숨을 건 상소운동은 시기마다 중요한 역사적 의미를 가지고 있었다.

연명 상소운동은 권력을 비판하는 사람들이 선택할 수 있는 중요한 방법 가운데 하나였다. 개개인의 비판을 넘어, 유학적 이념을 가진 집단이 만들어 낸 '공론'은 그만큼의 권위를 가질 수 있었다. 특히 조선 중기 이후 사림士林이 집권하면서, 조선은 수양에 매진하는 유생들의 정치 참여 방법으로 상소가 일반화되었다. 권력을 갖지 못한 순수 유생들은 자신의 입장을 관철하기 위해 뜻을 같이하는 사람들과 함께하는 연명 상소를 선택했다. 적게는 몇십 명에서 많게는 몇백 명으로, 그리고 17세기가 되면 천여 명이 넘는 사람들이 연명하면서 자신들의 청원에 '공론'이라는 권위를 만들었다. '만인소'는 이러한 유생들의 연명 상소가 최고점에 도달했음을 보여 주는 사례이다.

의미_만인소의 가치와 영향

1792년 윤4월 27일 봉입된 영남의 상소는 유생들의 연명 상소가 1만 명을 넘겼던 최초의 사례였다. 그런데 1만 57명이 연명했다는 사실은 단순히 물리적 숫자로 1만을 넘겼다는 것이 중요한 게 아니다. '만백성'이라는 말에서 알 수 있듯, 만이라는 숫자는 '모든'을 상징하는 개념어이다. '모든 백성의 뜻'을 '하늘의 뜻'으로 받들어야 하는 유교 정치 이념에서 만인소는 '만백성의 이름'으로 '하늘의 뜻'을 만들기 위한 구체적인 노력이었다. 1792년 올린 두 번째 상소의 비답에서 정조가 "만여 명 장보들의 논의는 이미 온 나라 사람들의 공론이다"라고 전제한 이유이다. 이러한 배경에서 정조 역시 "공론이 같아, 하늘의 이치가 큰 공의인 것을 볼 수 있다"라면서, 이를 하늘의 뜻으로 받아들였다.

그러나 단순하게 숫자로만 1만 명이 연명했다고 이 상소가 '공론'이 되는 것은 결코 아니었다. 1792년 만인소는 1만여 명의 연명이 어떻게 공론이 되는지를 보여 주는 중요한 사례이다. '공론'은 그것이 지향하는 방향만큼이나 '만드는 과정' 자체가 중요하다. 이를 위한 첫 번째 조건은 바로 '자발적 참여'이다. 1만이 넘는 사람 개개인이 자기 자발성에 근거해서 동일한 소리를 낼 때 이를 '공론'이라고 했다. 물론 조선의 유학 공동체는 강한 네트워크를 가졌기 때문에 촘촘한 그물망이 이들을 동일한 방향으로 이끌기도 했다. 그럼에도 불구하고 동일한 문제의식 앞에서 각각의 개인이 동의하고 이를 공동체의 힘으로 만드는 과정을 거치는 것은 매우 중요했다. 상소운동은 개인의 목숨이 걸린 일이었기 때문이다. 명첩을 만들 때 반드시 자필로 서명하고, 자신을 증명할 수 있는 수결을 남겼던 이유이다.

명첩은 상소운동에 참여한 사람들이 자발적으로 참여했음을 나타내는 문건으로, 이를 통해 참여자들은 상소운동에 대한 자기 책임성을 명확히 했다. 권력 입장에서 볼 때 이만큼 확실한 살생부도 없다는 사실을 감안하면, 거기에 이름을 올리는 개개인의 갈등과 고뇌는 결코 적지 않았을 것이다. 물론 일부 사회적 강제나 공동체 내의 강압적 분위기도 있고, 이 역시 만인소운동을 추진하는 중요한 힘이었겠지만, 그럼에도 목숨을 위협하는 위험성은 개개인의 결단을 우선적으로 요구할 수밖에 없기 때문이다.

이렇게 되면서 상소운동 진행 역시 '공론에 의해 운영'되었다. 상소운동에 참여한 사람들의 공론을 모아 소두를 '선출'하며, 전체 논의를 통해 소청의 운영 방향을 결정했다. 청원의 핵심 내용인 소본을 만들 때에도 누구나 상소초를 작성할 수 있도록 열어두었으며, 이렇게 제출된 상소초를 대상으로 전체 회의를 통해 소본 대상을 선정했다. 그리고 여기에 대한 다양한 의견 정취를 통해 수정에 수정을 거듭한 후 최종 소본을 채택했다.

이 과정에서 개개인의 의견은 언제나 가감 없이 제시되었고, 최종 결정은 이러한 의견들의 협의를 통해 이루어졌다. 물론 입장 차에 따른 갈등도 있었고, 사적 욕심이 공적인 일에 개입되는 경우도 있었지만, 원칙은 협의를 통한 합의였다. 이 과정을 거쳐야 비로소 힘없는 개개인의 의견이라도 거대 권력에 맞서는 '공론'으로서의 권위를 가졌다. 공론은 특정 개인이 이끄는 방향대로 다수가 따르는 게 아니라, 개개인의 다양한 의사가 합의 과정을 통해 결론으로 수렴되는 과정이기 때문이다. 형태만 가지고 보면 이 둘은 크게 다르지 않지만, 그것들이 지향하는 방향은 완전히 다르다.

공론의 권위는 바로 여기에 있었다. 그리고 이렇게 만들어진 권위에 기대어 권력은 변혁과 개혁의 동력을 만들었다. 1792년 만인소운동이 끝난 후 그 영향은 한 달 뒤에 이루어진 도목정사뿐만 아니라, 이후 정조 사망 때까지는 지속되었다. 과거시험을 통해 류이좌를 비롯한 상소에 참여했던 영남 인재의 합격이 이어졌고, 중요 영남 인재들은 영조의 핵심 세력으로 자리를 굳혀 나갔다. 특히 정조는 공론을 통해 사도세자를 신원함으로써, 강한 정치적 행보를 이어 갈 수 있었다. 영남의 요구가 상소운동 이후 바로 드러나지는 않았지만, 이후 정조는 재위 기간 내내 영남의 요구를 정책으로 반영했던 것도 사실이다.

또한 1만 명이 연명하는 상소는 이후 중요한 역사적 변곡점에서 재야 유생들이 자신의 목소리를 내는 중요한 방법으로 정착되었다. 30여 년 뒤인 1823년에는 신분적으로 천대받던 서얼 9,996명이 대구를 시작으로 전국적인 연명을 받아 서얼 차별을 철폐해 달라는 상소운동을 벌였다. 그리고 1855년에는 사도세자 사망 2주갑을 맞아 1만 94명의 영남 유생들이 사도세자를 왕으로 추존해 달라는 상소를 올렸다. 또한 1871년 대원군에 의해 서원 철폐령이 내려지자 1만 27명이 연명해 서원 철폐를 거두어 달라는 상소를 올렸고, 4년 뒤인 1875년에는 실각당한 대원군의 봉환을 요청하는 상소를 올렸다.

1881년에는 1만 3,000여 명 정도로 추정되는 유생들이 연명해 당시 밀려 들어오는 서구 세력에 대한 척결을 청원하는 '척사 만인소'를 올렸다. 이 운동은 영남에서 시작되어 전국 유생들까지 참여하면서 세 차례에 걸쳐 상소가 올라갔고, 고종의 정책 변화까지 끌어냈다. 그리고 1884년 고종에 의해 내려진 복제 개혁에 반대하면서 영남 유생 8,849명이 연명 상소운동도 진행했다. 이 상소는 갑신정변으로 인해 복제 개혁안 자체가 취소되어 상소가 올려지지는 않았다. 현재 관점에서 이러한 상소운동은 역사에 대한 역행일 수도 있지만, 유학적 세계관을 가진 당시의 문화적 분위기 속에서 그들이 지향하는 세계를 만들기 위한 목숨을 건 운동이었다는 사실은 분명하다.

이처럼 만인소운동은 시대에 따라 각각 다르게 발생하는 다양한 사안들에 대해 유학적 권위를 빌려 구체적인 정책 변화를 촉구했던 운동이었다. 올바름을 향한 공론의 힘을 신뢰하고 이를 실천에 옮겼던 이들의 노력이 역사의 전환점마다 다양한 형식으로 드러났다. 그리고 이러한 정신은 이후 언로 자체가 의미 없는 시기가 되었을 때에는 강한 무력운동의 철학적 기반으로 작용했다.[13] 의병운동에서 독립운동으로 이어지는 실천 정신의 철학적 기반을 만인소운동에서 찾는 이유이다. 어떤 측면에서 이들은 명분에 목숨을 걸고 한 치도 물러서지 않는 고리타분한 사람들이지만, 이들의 실천과 참여 정신은 궁극적으로 다수가 지향하는 방향으로 역사를 견인하는 힘이 되었던 것도 사실이다.

프롤로그_ 어머니의 눈물

1 현 경상북도 안동시 풍산면 하회마을 내에 있는 북촌댁를 말한다. 이후 화경당
   和敬堂이라는 이름도 함께 갖게 되었다.

2 현재 경상북도 안동시 북후면 옹천에 있었던 암자로 추정된다.

3 권오영의 연구에서는 숙부 류종춘으로 보기도 한다. 여기에서는 류이좌,《국역
   천휘록》의 주석을 따랐다. 권오영의 입장은 권오영,〈류이좌의 생애와 학문성
   향〉,《동양학》(단국대 동양학연구원, 2019), 8쪽 참조.

4 본관은 진주晉州이며, 노론계 산림인 미호渼湖 김원행金元行의 제자로, 1777년
   (정조 1) 식년문과에 장원했다. 성격이 꼿꼿하다고 알려졌으며, 정조 최측근으
   로 최고의 권력자였던 홍국영의 종에게 곤장을 치기도 했던 인물로 알려져 있
   다. 1789년 사헌부 지평을 거쳐, 1791년 황해도 도사, 그리고 1792년 사간원
   의 대간이 되었다.

5 류이좌,《국역 천휘록》, 472쪽.

6 여기에서 말하는 영남은 중의적이다. 경상도 전역을 아우르는 지역의 의미를
   갖고 있으며, 동시에 퇴계학을 기반으로 하는 영남학파 인물들을 의미하기도
   한다. 특히 이들은 중앙정계에 진출하면서 동인으로, 영남 남(북)인으로 활동했
   다. 때문에 영남은 기호 또는 이 시기 기호 노론과 정치적·학문적으로 대척점
   에 선 사람들을 지칭하는 말이기도 하다. 또한 이 지역에 살면서 퇴계학을 학
   문적 모토로 삼는 영남 사람 전체를 일컫기도 한다. 이 책에서 말하는 '영남'은
   퇴계학을 기반으로 영남에서 살고 있는 유생들과 관직에 진출한 인사 등을 포
   함해 영남학파로서 자기 정체성을 가진 사람들을 통칭해서 부르는 말로 사용
   한다.

7 모든 일이 그렇듯, 상소운동을 추진할 때에도 세부적인 업무 영역들이 있는데,

이를 맡아서 진행할 사람들을 소임 또는 공사원이라고 불렀다. 어떤 경우 이 둘의 의미를 분리해서 사용하는 경우도 있지만, 이 책에서는 같은 의미로 사용한다.

8 비판과 감찰을 전문으로 하는 사간원과 사헌부의 관원을 통칭하는 말로, 비판을 주로 하는 언관의 직위를 의미했다. 당시 류성한은 사간원 언관이었다.

9 여러 기록에 보면 이미 한양을 향해 상소운동을 시작하는 최초의 시점이 윤4월 17일인데, 이미 이때쯤이면 풍기향교에 도착해서 일행을 기다리는 사람들도 있었다. 류이좌가 이 소식을 접했을 무렵, 영남은 여론 수렴을 넘어 행동으로 이행되고 있었다.

10 관련 내용은 《정조실록》 권2, 정조 즉위년(1776) 8월 6일 두 번째 기사.

11 여기에 대해 자세한 내용은 김정자, 〈정조 후반 순조 초반 정치세력과 정국의 동향〉, 《한국학논총》 50집, 국민대학교 한국학연구소, 2018, 447쪽 참조.

12 관련된 내용은 《정조실록》 권2, 정조 즉위년(1776) 8월 19일 세 번째 기사. 역모가 나면, 그 지역 전체에 책임을 물리는 방식으로 그 지역의 행정구역상 부르는 격을 떨어뜨리기도 하고, 아예 군현을 철폐해 다른 군현에 붙이기도 했다. 이때에는 '도호부'였던 안동을 '현'으로 떨어뜨렸다.

01 도산별과_새로운 희망

1 초기 영남 사림士林은 고려가 멸망하고 조선이 개창할 때, 주자학자로서 불사이군의 신념에 따라 조선 개창을 반대했던 길재가 구미의 금오산 자락에 채미정을 세우고 학생들을 가르치기 시작하면서 형성되었다. 초기 낙동강 중류에 자리 잡은 선산 지역을 중심으로 형성된 제자들이 재전과 삼전으로 넘어가면서 낙동강을 따라 상류에서 하류까지 폭넓게 제자군이 형성되었고, 이들은 정몽주와 길재의 절의 정신을 기반으로 한 철학으로 무장했다. 이들이 삼전 제자 대에 이르면서 그 수가 폭발적으로 늘어 '선비의 숲'이라는 의미를 가진 '사림士林'으로 상정했다. 이들을 초기 영남 사림이라고 말할 수 있으며, 이들이 이후 중앙정계 진출을 시도하는 과정에서 사화를 맞게 되었고, 이 과정을 통해 사림이 전국화되었다. 사림파에 대한 자세한 내용은 김홍경, 〈15세기 정치 상

황과 성리학의 흐름〉,《한국 유학사상 대계 Ⅱ》, 한국국학진흥원, 2014, 277쪽 이하 참조.

2 인조반정(1623)을 통해 북인들이 축출된 후, 현종(재위 1659~1674) 때까지 조선의 정치는 서인과 남인이 공존했다. 그런데 숙종 대는 이와 달리, 세 차례의 환국이 이루어진 환국정치의 시대였다. 숙종이 서인이나 남인의 손을 번갈아 들어주면서 권력을 바꾸는 정치를 환국정치라고 불렀다. 숙종이 처음 즉위했을 때에는 예송 논쟁에서 승리한 남인이 정권을 잡고 있었는데, 숙종이 20세 되던 해인 1680년 남인의 실세 허적이 궁중에서 사용하는 비품을 왕의 허락 없이 사용한 일을 꼬투리 잡아 남인을 축출하고 서인을 등용했다. 이른바 경신환국이다. 그리고 남인들이 정치적으로 지지했던 희빈 장씨가 왕비가 되면서 1689년 남인들이 다시 정권을 잡는데, 이를 기사환국이라고 부른다. 그런데 1694년 서인—그중 노론—을 중심으로 희빈 장씨에 의해 폐비가 된 민씨의 복위운동을 추진하고 있었는데, 남인들이 이를 포착하고 주동자를 중심으로 수십 명을 체포해 국문했다. 그런데 이때 숙종이 갑자기 폐비 민씨 복위운동에 손을 들어주면서 다시 당시 왕후였던 장씨를 희빈으로 강등시키고, 남인들을 중앙정계에서 완전히 축출했다. 이를 갑술환국이라고 부르는데, 이후 남인들은 더 이상 중앙정계에 진출하지 못했다. 이처럼 남인들이 중앙정계에서 축출된 대표적 사건이 경신환국과 갑술환국이었다.

3 이 때문에 이 반란을 이인좌의 난이라고만 부르지 않고 두 사람의 이름을 붙여서 '이인좌·정희량의 난'이라고 하는 경우도 있다.

4 이 일로 안음현의 대부분은 함양부에 그리고 일부는 거창군에 나누어져 복속되었다. 그런데 이렇게 군현이 철폐되어도 5년 정도면 행정의 효율성을 위해 다시 복원하는 게 관례였는데, 영조는 이를 미루다 8년도 더 지난 1736년 1월이 되어서야 다시 복원했다. 관련 내용은《영조실록》권41, 1736년 1월 15일자 첫 번째 기사 참조. 그러다가 이후 영조는 안음현에서 정희량과 같은 사람들이 등장한 이유가 안음현에 음陰이 들었기 때문이라고 하면서, 1767년에는 현의 이름에서 陰자를 빼고 義자를 넣어 안의현安義縣으로 바꾸게 했다. 여기에 관한 내용은《영조실록》권109, 1767년 윤7월 30일 첫 번째 기록 참조.

영남 선비들, 정조를 울리다—1792년 만인소운동

5 이 내용과 유사한 말이《영조실록》에도 보인다. 당시 영조가 즉위한 지 9년이 지나면서 영남의 인재 등용이 이루어지지 않자, 영남 사람이었던 정랑 김오응 金五應을 비롯한 9명이 연명한 상소에서 "영남 사람들이 비록 다른 장점은 없으나, 그래도 염치와 의리의 귀중함을 대략은 알고 있어서 백의白衣로 조령을 넘어가는 것을 예로부터 부끄럽게 여기고 있습니다"라고 말하면서, 인재 등용에 편견 없기를 청했다. 영남이 염치와 의리를 중시해서 조령을 넘지 않았다는 말이다.《영조실록》권33, 1733년(영조 9), 2월 25일 첫 번째 기록.

6 여기에 관한 자세한 내용은 강지혜, 〈정조 즉위년 소론의 사도세자 신원소 제기와 정조의 대응〉,《전북사학》51호, 전북사학회, 2017, 63~64쪽 참조.

7 당시 정조는 사도세자 죽음에 대한 책임을 물어 김상로金尙魯의 관작을 추탈하고, 김상로의 아들 김치현金致顯과 숙의 문씨文氏, 그리고 그녀의 동생 문성국文成國 등을 처단한 게 전부였다. 그리고 정조는 자신의 즉위를 방해했던 부홍파扶洪派를 제거하기 위해 홍인한洪麟漢과 정후겸鄭厚謙, 홍상간洪相簡, 민항열閔恒烈 등 핵심 세력만 처형했다. 그리고 당시 한성부윤 김귀주金龜柱를 흑산도에 유배 보냈던 게 전부였다. 자세한 내용은 김준혁, 〈조선 정조대 장용영 연구〉, 중앙대학교 대학원 박사학위 논문, 2007, 14~15쪽 참조.

8 대표적인 사례는 영조 24년인 1748년, 영조가 그를 예문관 한림으로 발탁하는 과정에서 잘 드러난다. 당시 예문관 한림을 선발하기 위한 한림회권에서 소수파인 남인을 추천하는 관료가 아무도 없자, 영조가 직접 한림의 권지圈紙를 가지고 오게 해서 채제공의 이름에 2개의 어점(왕의 권점)을 치고 소시召試에 응하게 해서 예문관 한림이 될 수 있도록 했다. 관련 내용은《영조실록》권68, 영조 24년 11월 26일 기록 참조. 여기에 관한 주변 상황 및 채제공 생애에 관한 자세한 내용은 이상호, 〈의리, 목판으로 꽃피다〉,《이야기로 보는 한국의 세계기록유산》, 한국국학진흥원, 2019, 291~296쪽 참조.

9 1762년이 임오년이기 때문에 사도세자가 죽은 이 사건을 임오화변이라고 불렀다.

10 실제로 사도세자의 죽음에 대한 정확한 정황과 죽음 과정은 정확하게 복원하기 어려울 정도로 어렴풋하기만 하다. 관련 내용을 가장 정확하게 기록했을《승

정원일기》의 관련 내용은 정조에 의해 대부분 지워졌고, 이후 노론과 소론의 복잡한 정치적 대치가 이루어지면서 관련 내용에 대한 언급 자체가 금기시되었기 때문이다. 다만 당시의 복잡한 정치적 상황이 만들어 낸 사도세자의 죽음을 특정 개인, 그것도 힘이 없는 남인 관료가 막을 수 있었던 상황은 아니었을 것으로 추정된다. 김영민, 〈정조 대 '임오화변' 논의의 전개와 사회적 반향〉, 《조선시대 사학보》 40집, 조선시대사학회, 2007, 285쪽 이하 참조.

11 정약용, 《여유당전서與猶堂全書》 권17, 〈樊翁遺事〉 참조.

12 이 사건에 관한 자세한 내용은 김준혁, 앞의 논문, 23쪽 이하 참조.

13 1776년 정조 즉위년인 3월 설치되어 역대 왕들이 남긴 다양한 기록물을 관리하던 곳이었는데, 이후 점차 학술 및 정책 연구기관으로 운영되었다. 일종의 왕실 도서관 역할을 하면서 동시에 왕이 의도하는 혁신정치를 보조하는 기구 역할을 하기도 했다. 특히 정조는 규장각 관원들을 자신의 사람으로 채우고 실력 있는 서얼 출신들을 임용하기도 하면서 정조의 최측근 조직으로 부상했다.

14 이 당시 채제공 등이 중심이 된 근기 남인은 1791년 발생한 천주교 관련 진산사건으로 인해 힘이 많이 빠져 있는 상황이었다. 근기 남인들이 천주교와 관련되어 있다는 노론의 공격은 집요했고, 정조 역시 적극적으로 채제공을 비롯한 청남파를 보호했지만, 힘이 빠질 수밖에 없는 상황이기는 했다. 이렇게 되면서 정조는 천주교와의 관계를 차단하기 위해 영남만이 사학에 물들지 않았다는 사실을 강조하면서, 당시 국면을 전환할 중요한 대안으로 생각했던 것 같다. 관련 내용은 허태용, 〈정조 대 후반 탕평 정국과 진산사건의 성격〉, 《민족문화》 35, 한국고전번역원 2010, 248쪽 이하를 참조. 특히 정조의 이 같은 입장에 대해서는 257쪽 참조.

15 《정조실록》 권34, 1792년(정조 16) 3월 2일 기록.

16 여기에서 말하는 사특한 학문은 한 해 전 진산사건을 일으킨 천주교를 지칭하는 것으로 보인다. 영남이야말로 천주교에 물든 적이 없다는 사실을 강조하면서, 영남 남인을 새로운 정치세력으로 확보하기 위해 영남에 명분을 주려는 정조의 입장을 엿볼 수 있다.

17 《정조실록》 권34, 1792년 음력 3월 2일 기록.

18 1788년 이전인 1781년에도 도산서원과 옥산서원에서 왕명에 따른 제사가 있었던 것으로 보아, 이때부터도 정조가 영남에 대해 관심은 가졌던 것으로 보이지만, 이때는 선현에 대한 제사 이상의 의미를 담지는 못했다. 관련 내용은 〈도산서원 치제시 일기〉, 《국역 조선 시대 서원일기》, 한국국학진흥원, 2007, 424쪽 이하 일기를 통해 확인할 수 있다. 〈도산서원 치제시 일기〉는 1733년, 1756년, 그리고 1781년 및 1792년에 도산서원에 있었던 어명에 의한 제향 행사 시 기록된 일기를 모두 묶어 번역한 책이다. 그만큼 어명에 의한 도산서원 제향이 많았음을 알 수 있으며, 이 가운데 1792년 제향 및 도산별과가 영남의 만인소운동과 관계된다. 앞으로 이 책은 "〈도산서원 치제시 일기〉, 《국역 조선 시대 서원일기》"로 표기하고 관련 쪽수를 표기하기로 한다. 1788년 관련 내용은 이욱, 〈사도세자 관련 만인소의 정치적 의미〉, 《남도문화연구》 35집, 순천대학교 남도문화연구소, 2018, 177쪽 참조.

19 1주갑周甲은 조선시대 연도를 계산하는 육십갑자가 돌아오는 단위로, 60년이다. 조선을 비롯한 동양문화에서 날짜는 하늘과 땅의 조화에 따라 이루어진다고 생각했다. 그래서 하늘의 운행인 천간天干 10개(갑甲, 을乙, 병丙, 정丁, 무戊, 기己, 경庚, 신辛, 임壬, 계癸)와 땅의 운행인 지지地支 12개(자子, 축丑, 인寅, 묘卯, 진辰, 사巳, 오午, 미未, 신申, 유酉, 술戌, 해亥)의 조합에 따라 연도를 계산했다. 즉 천간의 첫 번째 갑과 지지의 첫 번째인 자를 연결해서 갑자년甲子年부터 시작해서, 마지막 천간인 계와 마지막 지지인 해가 결합된 계해년癸亥年까지 총 60개의 연도가 만들어진다. 이는 물리적으로 60년이라는 의미도 있지만, 조선시대 사람들이 우주의 운행원리를 60년 단위로 이해하는 이유가 되었다. 이 때문에 현대가 십진법에 따른 100주년을 의미 있게 생각한다면, 조선시대에는 1주갑을 더 의미있는 주기로 생각했다. 무신란이 일어난 무신년에서 다시 첫 무신년이 돌아왔다는 의미로, 무신란 1주갑이라는 용어를 사용했다.

20 안동 출신으로, 특히 문학으로 유명했다. 저서로는 《욕과재집欲寡齋集》이 전해진다.

21 《정조실록》 권26, 1788년 11월 8일 기록. 무신란이 발발했을 때 경상도 상주 출신인 황익재는 경상우도 지역을 중심으로, 그리고 경상도 영양 출신인 조덕

린은 경상좌도를 중심으로 각각 의병들을 모으는 소모사로 활동하면서 무신란 평정에 노력했다. 무신란 평정 직후 이들은 그 공을 인정받기도 했지만, 이후 황익재는 무신란 세력과 내통했다는 의심을 받아 7년간 유배 생활을 했고, 조덕린 역시 무신란의 배후세력이라는 의심을 받아 제주도 유배가 결정되었고, 유배길에서 사망했다. 이는 소모사로 활동했던 이들까지 무신란의 배후 등으로 지목하면서 경상도 전체를 역향으로 밀어붙이려 했던 노론의 노력이 만든 결과였으며, 따라서 이들에 대한 신원은 그 자체로 영남 전체에 대한 신원으로 이어질 수 있었다. 이 둘의 신원이 상징적인 이유이다. 황익재에 대한 자세한 내용은 황만기, 〈화재 황익재의 삶과 학문경향〉, 《漢文學論集》 제51집, 근역한문학회, 2018, 그리고 조덕린에 대한 자세한 내용은 김문식, 〈조선후기 京南과 嶺南의 교류 양상—영양 주실의 한양조씨가를 중심으로〉, 《한국사상과 문화》 15집, 한국사상문화학회, 2002를 참조.

22 《정조실록》 권26, 1788년 11월 11일 기록.

23 이욱, 앞의 논문, 178쪽 참조. 당시 상황을 기록한 〈도산서원 치제시 일기〉에는 대략 3,730여 장으로 기록되어 있다. 정확한 수치는 《교남빈흥록嶠南賓興錄》에 따른 것이다. 관련 내용은 〈도산서원 치제시 일기〉, 《국역 조선 시대 서원일기》, 478쪽 참조.

24 《정조실록》 권34, 1792년(정조 16) 4월 4일 기록.

25 앞의 책, 같은 곳. 이 책은 총 3권 1책으로 간행되었다. 이때 간행된 목판은 총 24장으로 정조의 전교에 따라 도산서원에 보존되어 있다가 한국국학진흥원으로 이전되었다. 2015년 〈유교책판〉이 유네스코 세계기록유산에 등재될 때 24점의 《교남빈흥록嶠南賓興錄》 책판도 포함되었다.

26 이 발표는 왕의 전교 형태로 도산서원에 내려졌다. 〈도산서원 치제시 일기〉, 《국역 조선 시대 서원일기》, 478쪽.

27 최종 대과에 합격해서 관직에 나아가기 위해서는 통상 5번의 시험을 통과해야 했다. 지방시의 경우 진사와 생원을 뽑는 시험으로, 초시와 회시를 통해 선발했다. 이렇게 2번의 시험에서 선발된 진사와 생원은 대과에 응시할 자격과 성균관 입학 자격이 주어졌다. 이후 이들은 대과 역시 초시와 회시 2번의 시험을

통해 선발되는데, 3년마다 이루어지는 정기 과거시험인 식년시의 경우 33명을 선발했다. 이렇게 대과 회시에 합격하면 마지막 시험인 전시를 치르는데, 이는 왕이 직접 시험을 치르는 것으로 당락없이 등수를 매기는 시험이었다. 따라서 대과 회시 합격이 곧 대과 합격을 의미했다. 전시에 응할 자격을 주었다는 말은 대과 회시 합격, 즉 대과 합격에 준한다는 의미이다.

28 진사 김상구金象九, 유학幼學 조심曹深이 삼중三中이었다.

29 26명도 나누어지는데, 삼하三下가 7명, 초삼하草三下 18명, 그리고 의초삼하義草三下 1명이었다. 이 가운데 삼하 7명의 면면을 보면 유학幼學 조거신趙居信, 진사 곽선郭璿과 권형복權馨復, 생원 권사호權思浩와 이태순李泰淳, 유학幼學 김형진金馨進과 남한조南漢朝였다.

30 자세한 내용은 〈도산서원 치제시 일기〉, 《국역 조선 시대 서원일기》, 479쪽.

02 반발_류성한의 상소와 파장

1 《정조실록》 권26, 1788년(정조 12) 11월 25일 기록 참조. 상소 내용은 《승정원 일기》, 1788년(정조 12) 11월 25일 16번째 기록.

2 조선시대 경연經筵은 단순한 왕의 공부 이상의 정치적 성격을 가지고 있었다. 가장 중요한 취지는 왕이 유학에 대한 전문가가 아니라는 인식 아래, 도를 오래 닦은 전문 유학자 신분인 신하들로부터 유학의 이념을 지속적으로 교육받아야 한다는 생각이 반영된 것이다. 그러면서 이러한 경연을 통해 당시 쟁점이 되는 일이나 정책 등에 대해 유학 이념에 따라 판단하고 결정하도록 했다. 유학적 이념을 기반으로 설립된 조선에서 경연은 왕이 왕도정치를 구현하기 위한 기본적인 조건이라고 생각했으며, 왕의 경연 참석 여부는 왕도정치 실현의 가장 기본적인 조건으로 보았다. 이 때문에 다른 내용으로 왕을 비판하는 게 쉽지 않은 상황에서 왕의 부적절한 정책이나 행동을 비판할 때 늘 경연을 경시하거나 경연 불참을 이유로 들었다. 왕을 비판하는 일종의 관용구였다.

3 여악은 조정과 지역에서 악기를 연주하고 노래를 하는 여성 악인樂人들로, 일종의 신역身役 성격을 가지고 있다. 주로 국가 행사나 연회, 의식 등에서 연주를 하는 기녀들을 의미했다. 이러한 여악이 금원까지 들어왔다는 것은 단순한

기강의 문란을 넘어, 유학에서 말하는 도덕적 해이에 이르렀다는 의미이다.

4 상소 전문은 《정조실록》 권34, 정조 16년 4월 18일 기록 참조.

5 이번 단락에 언급된 내용은 김정자, 〈정조 후반 순조 초반 정치세력과 정국의 동향〉, 《한국학논총》 50집, 국민대학교 한국학연구소, 2018, 452쪽을 참조한 것임.

6 《정조실록》 권34, 1792년(정조 16) 4월 18일 기록.

7 이병훈, 〈1792년 사도세자 신원 만인소의 추진 배경과 추이〉, 《만인의 청원, 만인소운동과 그 기록》, 한국국학진흥원, 2020, 57쪽.

8 노상추 역시 '인열척식因咽廢食'이라는 네 글자를 '흉측한 말'이라고 평가했는데, 이는 당시 류성한의 상소에 대해 비판했던 전반적인 인식을 반영하고 있다. 노상추, 《노상추일기》, 1792년 윤4월 11일 기록.

9 방마원은 '말을 기르는 동산'이라는 말에서 알 수 있듯이 궁이나 기타 관서에서 사용하는 말을 기르는 곳으로, 정조 대에는 함춘원에 설치되어 있었다. 창경궁의 선인문 건너편으로, 황화문과 마주한 곳이라는 기사를 통해 그 장소를 유추할 수 있다.

10 노상추는 이 내용에 대해 "이 일은 4월 초8일 연등절 저녁에 장신將臣(장군들을 의미)과 병조판서로 하여금 선인문宣仁門 밖 마장馬場에서 풍악을 올리게 한 것을 말하는데, 원과 마장은 본래 다르니 그의 말은 불측하다"라고 기록했다. 노상추, 《노상추일기》, 1792년 윤4월 11일 기록.

11 《정조실록》 권34, 1792년(정조 16) 4월 18일 기록.

12 《정조실록》 권34, 1792년(정조 16) 4월 27일 기록.

13 그러나 이 정도 강도의 비판도 대사간 홍인호와 채제공 등에 의해 오히려 류성한을 비호하기 위한 상소였다면서 역비판을 받았다.

14 《정조실록》 권34, 1792년(정조 16) 4월 27일 기록.

15 김정자, 앞의 논문, 452쪽 참조.

16 뒤에 발생한 윤구종 사건을 보면, 사간원에서 류성한 관련 의견을 모을 때 후임 언관이었던 윤구종이 미친 척하면서 여기에 한 번도 참석하지 않았다는 비판이 있었다. 이로 보건대 의론을 모으고 상소를 올리는 일에 대해서는 사간원

전체의 논의가 있었다는 사실을 알 수 있다.

17 1583년 윤2월 14일 당시 사헌부 관원이었던 권문해는 사간원과 탄핵 관련해서 일종의 확대회의를 진행하고, 관련 내용을 조율하고 있는데, 이는 탄핵과 감찰부서의 업무 성격에 따른 것으로 보인다. 관련 내용은 권문해權文海, 《초간일기草澗日記》, 1583년 윤2월 14일 기록 참조.

18 탄핵을 전문으로 하는 사간원과 감찰 전문 기관인 사헌부, 그리고 조정 운영에 대한 학문 자문 기구 성격을 가진 홍문관을 삼사라고 불렀는데, 이곳은 유학을 기반으로 국정 운영을 하기 위해 설치되었으며 젊은 의기를 가진 관원들이 중심을 이루었다. 일반적으로 사간원에서 의견 조율이 안 되면 사헌부에서, 그리고 사헌부에서 의견 조율이 안 되면 사간원에서 이를 논의하고, 그래도 의견 조율이 이루어지지 않으면 홍문관으로 넘어오는 것이 관행이었다. 이러한 절차를 '처치'라고 했다. 관련 내용은 이정철, 《왜 선한 지식인이 나쁜 정치를 할까》, 너머북스, 2011, 51쪽 참조.

19 《정조실록》권34, 1792년(정조 16) 4월 30일 기록.

20 '목구멍과 혀 같은 신하'라는 의미를 가진 후설지신喉舌之臣의 준말로, 왕명을 출납하는 역할을 하는 승정원을 의미했다.

21 당시 윤구종은 현종과 그의 비인 명성왕후의 능인 숭릉崇陵의 별검으로 근무했는데, 숭릉이 동쪽의 아홉 개 능 가운데 하나여서 동릉으로 표현했다.

22 이욱, 앞의 논문, 179쪽.

23 관련 내용은 이욱, 앞의 논문 179쪽 참조.

24 《정조실록》권34, 1792년(정조 16) 윤4월 10일 기록.

25 어깨에 지고 가는 가마로, 2명이 지거나 혹은 4명이 지기도 했다. 하마下馬는 말에서 내리는 것을 의미하지만, 동시에 가마를 탔을 때에는 가마에서 내려서 지나는 것이 하마의 예이다. 모두 왕에 대한 예를 어긴 벌이다.

26 숭릉은 현종과 명성왕후 김씨의 능으로, 당시 모두 동릉에 속했다. 윤구종은 동릉 전체를 관할하는 별검이었기 때문에, 숭릉의 관원들을 대상으로 탐문 조사를 했다.

27 류이좌, 《국역 천휘록》, 480쪽. 이 일이 진행될 당시 류이좌는 이 사실을 알지

못했다. 그는 이후 한양에 도착해서 그의 오랜 친구 이인행으로부터 한양의 소식을 모두 듣고 이를 기록해 두었다.

28 당시 오위장으로 근무하고 있었던 노상추의 기록에 따르면 윤4월 21일 윤구종의 처리와 관련된 논의가 있었는데, 많은 대신이 그의 처자식을 노비로 삼고 가산을 몰수해야 한다고 주장했지만 정조는 이를 윤허하지 않았다. 윤구종의 시신은 10일 동안 버려 두었다가 당현(堂峴)으로 옮겨 갔다고 했다. 관련 내용은 노상추, 《노상추일기》 윤4월 21일 및 윤4월 23일 기록 참조.

29 류이좌, 《국역 천휘록》, 481쪽.

30 위의 책, 같은 곳.

31 《정조실록》 권34, 1792년(정조 16) 윤4월 17일 기록.

32 《정조실록》 권34, 1792년(정조 16) 윤4월 17일 기록.

33 특히 당시 정조와 정치적으로 대립했던 심환지 등과 주고받은 서찰은 우리가 흔히 알고 있는 정조 이미지를 많이 바꾸었다. 흔히 알려진 정조 이미지와 달리 서찰을 통해 뒤에서 전체를 조정하는 정조의 면모가 드러났기 때문이다. 그만큼 정조 역시 어려움을 뚫고 왕위에 오른 후, 다양한 정치적 포석을 두면서 자신의 정치적 입지를 넓혀 갔다. 정조의 이러한 면모를 볼 수 있는 어찰 관련 연구로는 안대회·장유승·박철상 외, 《정조의 비밀어찰, 정조가 그의 시대를 말하다》, 푸른역사, 2011이 있으며, 관련 연구로는 안대회, 《정조의 비밀편지》, 문학동네, 2010가 대표적이다.

34 《정조실록》 권34, 1792년(정조 16) 윤4월 19일 이지영의 상소 내용 참조.

35 이와 관련된 자세한 내용은 이병훈, 앞의 글, 62쪽 참조.

36 《정조실록》 권34, 1792년(정조 16) 윤4월 22일 첫 번째 기록.

37 시파와 벽파는 사도세자를 두고 입장 차이가 발생하여 만들어진 파벌로, 시파는 사도세자를 동정하고 정조의 정책에 편승한 사람들을 말했다. 정조가 왕이 된 후 그 시류를 따르는 파당이라는 비판적 입장을 담은 말이기는 했다. 이에 비해 벽파는 노론의 다수가 참여한 파당으로 사도세자의 문제나 정조 정책에 대해 시파와 반대 입장을 가졌다. 실제 벽파는 정조 때 불리한 위치에 놓여 있었지만, 정조가 사망한 후 순조 초기 정국을 주도했다.

영남 선비들, 정조를 울리다—1792년 만인소운동

38 '이 책의 주요 인물' 참조.

39 《승정원일기》, 1792년(정조 16) 4월 28일.

40 金翰東, 《臥隱先生文集》卷4, 〈疏行日錄〉, "壬子閏四月初四日, 伏承下諭, 以前望, 除修撰, 赴召之際, 得見朝紙, 則前月十八日, 正言柳星漢投進凶疏, 語逼景慕宮." 동일한 내용은《闡揮錄》乾, 卷1, 〈壬子錄〉 4월 4일 자 기록에도 보인다.

41 《순조실록》 권2, 1801년(순조 1) 2월 18일 자 기사.

42 이는 첫 번째 상소의 비답에서 나온 말로, 왕은 사적 복수가 허락되지 않고 오직 국가라는 큰 틀에서 국가에 위해를 가한 사람에게만 복수를 할 수 있다는 의미로 이해된다. 《정조실록》 권34, 1792년 윤4월 27일 다섯 번째 기사.

43 《孟子》, 〈梁惠王 下〉, "左右皆曰可殺, 勿聽, 諸大夫皆曰可殺, 勿聽, 國人皆曰可殺, 然後察之, 見可殺焉, 然後殺之. 故曰, 國人殺之也."

03 분노_공론의 수렴과 소행

1 당시 왕의 낙점이 이루어지고 나면, 각 관청에서는 기별서리를 보내 그 사실을 당사자에게 통보하고 지역에 있는 경우는 그를 모시고 올라오게 했다. 지방관의 경우에는 지역에서 파견한 경저리를 통해 지역 지방관의 낙점 소식이 전해지면 그의 부임을 지원하기 위해 지역에서 사람을 보내는 것과 같은 이치였다.

2 공식적으로는 기별서리를 통해 한양의 상황을 알게 된 것으로 기록되어 있지만, 당시 채제공과의 관계 등을 통해 볼 때 조금 일찍 알았을 수도 있거나 혹은 기별서리를 통해 알았다고 해도 상소운동의 주도는 채제공과 조율을 통해 진행했을 가능성이 있다.

3 金翰東, 《臥隱先生文集》卷4, 〈疏行日錄〉, "遂與一二同志, 約會于三溪書院, 倡率多士, 爲指日叫閽之擧."

4 《闡揮錄》乾, 卷1, 〈壬子錄〉, "是時(初二日)泮留嶺中儒紳柳奉事(㴐)權監察訪朴參奉漢東李典籍基楨李郎憲儒李參奉仁行姜監察世揆權進士就度儒生李景運孫錫祉李儆行諸人, 會李社令世胤舍館."

5 류이좌, 《국역 천휘록》, 472쪽.

6 통문이란 조선시대에 특정 사안에 대한 의견 공유 목적으로 한 문서로, 주로

사안별 동의를 구하고 이를 기반으로 한 행동을 하도록 요청할 목적으로 만들어졌다. 성균관의 공식 통문은 지역 향교나 서원, 유생들의 의견을 모으는 데 중요한 역할을 했다. 이 때문에 성균관 통문의 발신자는 성균관 유생의 대표인 장의掌議나 유사有司였고, 이들이 공석인 경우에는 성균관 유생들의 기숙사에 해당하는 동재와 서재의 최연장자, 또는 각 재의 대표자인 동반수東班首와 서반수西班首 명의로 발송되었다. 혀여 장의나 유사, 동·서반 반수들 명의로 통문을 발행하기 힘들 때에는 유생 대표를 선임해서 서압署押을 날인한 통문을 보내기도 했다. 이렇게 발행된 성균관의 공식 통문은 성균관의 공식 입장으로 간주되었다. 이에 대한 내용은 박현순, 〈조선 후기 儒生通文의 전달 구조〉, 《한국문화》76집, 서울대학교 규장각 한국학연구원, 2016, 223쪽 참조.

7 《闡揮錄》乾, 卷1, 〈壬子錄〉, 윤4월 8일 기록.

8 전체 유림 도회의 성격을 갖기에는 시간이 너무 촉박해서, 대략 4월 9일 통문이 도달할 수 있는 범위에 있는 유림들 중심으로 이루어졌던 듯하다. 이 때문에 이후 도회 결과를 전 경상도에 알려 이를 공인받는 과정을 거쳤다.

9 이병훈, 앞의 글, 63쪽. 관련 내용은 金翰東, 《臥隱先生文集》卷4, 〈疏行日錄〉과 《闡揮錄》乾, 卷1, 〈壬子錄〉 4월 8~10일 자 기록 참조.

10 당시 《闡揮錄》乾, 卷1, 〈壬子錄〉의 기록에 따르면 경주 옥산서원, 상주 도남서원, 예안 도산서원, 안동 호계서원으로 통문을 발송했다.

11 '이 책의 주요 인물' 참조.

12 李瑀, 《俛庵集別錄》上, 〈壬子日記〉, "壬子閏四月十三日, 三溪書院通文及陪疏儒生望記來到."

13 어떤 사안이나 일의 실무를 맡아 보던 사람을 의미하는데, 당시 삼계서원에서 상소운동 관련 업무를 보던 사람을 장무로 선정한 듯하다.

14 조선시대 각 관서나 기관 등에서 공적인 일을 알리거나 문안 등을 위해 보내는 간단한 문서 양식으로, 이 당시 소임을 맡은 사람들에게는 정상적인 통문보다는 고목의 형식으로 보낸 듯하다.

15 실제로 류이좌는 20일 아침 풍기향교를 들러서 지나가지만, 본대에 해당하는 십여 명의 사람들은 18일 모여 19일 아침 한양행에 올랐다.

16 자세한 내용은 이병훈, 앞의 글, 64쪽. 이 내용은 《영소전말》, 〈소청일기〉에서도 보인다.

17 이욱, 앞의 논문, 180쪽 참조.

18 이 만인소는 사도세자 사망 2주갑, 즉 120주년을 기념해서 올린 상소로, 이휘병李彙柄을 소두로 1만 94명이 연명했다. 사도세자를 왕으로 추존하고 사도세자가 사망한 임오의리를 분명하게 할 것을 청하는 상소였지만, 당시 이 상소를 받은 철종의 비답은 "되돌려주라"는 것이었다. 이 상소 원문은 도산서원에서 보관해 오다가, 2003년 한국국학진흥원으로 이관하여 현재까지 보존되고 있다. 만인소가 가진 가치를 인정받아 2018년 〈만인의 청원, 만인소〉라는 이름으로 1884년 작성된 《복제 개혁 반대 만인소》 상소문과 함께 유네스코 세계기록유산 아시아·태평양 지역 목록에 등재되었다. 관련 내용은 한국국학진흥원 편, 《2007 유교문화박물관 정기기획전 도록─만 사람의 뜻은 천하의 뜻, 만인소》, 한국국학진흥원, 2007, 62~65쪽 참조.

19 이욱, 앞의 논문, 180쪽 참조.

20 이 말은 역사학자 이정철의 생각을 대화 과정에서 필자가 들은 내용으로, 공식적인 기록이나 연구를 통해 이 문제가 본격적으로 논의된 적은 없다. 그럼에도 불구하고 유교 이념 국가인 조선에서 유교 이념에 기반한 '권위'와 구체적 힘인 '권력'이 어디에 있는지를 살펴보는 것은 조선사회와 문화를 이해하는 중요한 틀일 수 있다.

21 '수기치인修己治人'이라는 말은 유학의 학문 목표로, 한자 그대로 번역하면 '자신을 닦고, (그 이후) 남을 (도덕적으로) 다스린다'는 의미이다. 그래서 유학은 일차적으로 '스스로를 수양하여 도덕적인 성인에 이르는 것'을 최종 목표로 삼았다. 성인이 된 이후 '왕도정치를 실현하여 도덕적으로 완성된 사회를 구현하는 것'을 목표로 한다. 이러한 이유에서 수기치인은 '내적으로 성인이 된 후, 밖으로 왕도정치를 실현한다'는 의미를 가진 내성외왕內聖外王과 같은 의미로 이해된다. 관련 내용은 최상전, 〈공자의 수기치인의 정치사회학〉, 《사회과학연구》 5권, 대구가톨릭대학교 사회과학연구소, 1998, 46쪽 이하 참조.

22 상소를 유생들의 공론이라는 관점에서 다룬 대표적 연구로는 설석규, 〈16~18

세기의 儒疏와 公論政治〉, 경북대학교 박사학위 논문, 1995가 있다.

23 이욱, 〈복제 개혁 반대 만인소〉, 《만인의 청원, 만인소》, 한국국학진흥원, 2017, 94쪽에서 재인용. 공론에 대한 기본 입장도 이 부분을 참조할 것.

24 1565년 김우굉 등 유생 300여 명이 당시 불교 승려로서 권력의 실세로 행세했던 보우와 윤원형을 처단하라는 상소로, 총 22번에 걸쳐 올라갔다. 이로 인해 윤원형이 실각하고 보우가 처단되는 결과를 얻어 냈다.

25 1650년 천인소는 이이와 성혼의 문묘 종사를 반대하기 위해 올린 상소로, 950명의 영남 유림이 연명했다. 관련 내용과 상소 내용은 한국국학진흥원 편, 《2007 유교문화박물관 정기기획전 도록—만 사람의 뜻은 천하의 뜻, 만인소》, 한국국학진흥원, 2007, 36쪽 이하 참조. 더불어 1679년에는 1천 명이 넘는 영남 유생들이 송시열을 탄핵하는 상소에 연명하면서 본격적으로 연명 상소 1천 명 시대가 되었다.

26 학자들 간에 보는 관점에 따라 차이는 있지만, 1792년 만인소운동 이후 여기에 준하거나 넘어설 정도의 이른바 '만인소운동'은 1884년까지 총 여섯 번 더 진행된 것으로 본다. 자세한 내용은 앞의 책, 51쪽 참조.

27 이후 한양에 도착해서 사건의 전모를 다시 확인하는 것으로 보아, 이 당시에도 한양에서 있었던 사안에 대한 전후 맥락이나 사정을 정확하게 알고 있었던 것으로 보이지는 않는다. 이들은 도산별과 이후 류성한이 왕을 비판하는 상소를 올렸다는 이유만으로 여론을 만들고 이를 추진했다는 의미인데, 그만큼 노론의 횡포에 대한 영남의 불만은 이미 임계점을 넘어서고 있었음을 알 수 있다.

28 당시 병산서원의 명첩과 소청에 보내는 돈을 류이좌에게 맡겼을 가능성이 높은데, 관련 기록은 없어 확인되지 않는다. 따라서 이 돈이 순수한 류이좌의 노자였는지, 아니면 병산서원에서 소청에 보내는 비용을 포함하고 있는지 확인되지 않는다.

29 현재 경상북도 안동시 일직면 일대로, 이황 이후 소퇴계로 추앙받았던 이상정과 그의 동생 이광정이 살았던 지역이다.

30 실제 하루 앞선 이들 역시 날씨가 좋지 않아 이천을 거쳐 넉고개라고 불리는 광현廣峴을 겨우 넘은 후 경안역景安驛에 머물렀다. 경안역은 현재 경기도 광주

시 경안동 일대이다.

31 관상감이나 돈녕부, 훈련원 등에 있는 종8품 관직이다.

32 할아버지와 같은 항렬인 남자 친척을 대부라고 부른다. 봉사로 있으면서 류이
좌의 대부에 해당하는 사람은 당시 상소운동에 함께 참여했던 류규였을 것으
로 추정된다.

33 현대 경상도는 남도와 북도로 행정구역이 나뉘어져 있었지만, 조선시대는 낙
동강을 중심으로 경상좌도와 우도로 나누었다. 좌와 우는 왕이 있는 한양의 관
점에서 내려다보면서 만들어지는 방향 개념이다. 좌도의 대표적인 도시는 안
동과 경주였으며, 우도의 대표적인 도시는 상주와 진주였다.

34 류이좌와 소행단이 걸었던 이 길은 1830년《임원경제지》에서 '태백산로'로 부
른 길이면서 동시에 김정호가 1865년《대동지지》에서 '봉화로'로 부른 길이기
도 하다. 중요 경유지를 보면 서울을 출발점으로 봤을 때, 광주−이천−음죽−
장호원−가흥−충주−황강역−수산역−단양−죽령−풍기−봉화로 이르는 길이다.
관련 내용은 조혁연, 〈조선 시대 교통로와 영남선비 상경기〉,《중원문화연구》
제23집, 충북대학교 중원문화연구소, 2015, 41쪽에서 인용. 이 길은 영남중로
에 해당하는 동래로와 구분된다. 참고로 동래로는 서울 출발 기점 용인−양지−
충주−조령−문경−유곡역−동래로 이어지며, 주로 영남의 지방관으로 파견되
었던 사람들의 부임로와도 일치한다.

35 기록에 따르면 황여일이 1583년 풍산에서 출발해서 한강 변에 이를 때까지 대
략 8일이 소요되며, 신열도가 1626년 경상도 비안에서 출발해서 한양까지 가는
데에도 8일 정도 소요되었다. 물론 가는 과정에 충주에서 물길을 타는 경우도
있고, 경우에 따라 사람을 만나 일정이 늦어지는 경우도 있었기 때문에 날짜 자
체는 큰 의미가 없다. 그럼에도 불구하고 4일 만에 입성한 것은 얼마나 서두른
길인지는 짐작 가능하다. 관련 내용은 조혁연, 앞의 논문, 48~50쪽.

36 1746년에 만들어진《속대전續大典》의 기록에 따르면 "주척周尺 6척尺을 1보步로
하고, 360보를 1리里로 하며, 30리를 1식息으로 한다"라고 규정되어 있다. 이
렇게 보면 1리는 2,160척이다. 주척 1척의 길이에 대해서 논란이 많기는 하
지만, 대체로 20센티미터에서 21센티미터 사이로 본다. 주척 1척을 20.81센티미

터로 환산할 경우 1리는 450미터 정도이고 10리는 약 4.5킬로미터이다.

37 지역별로 보면, 안동에서는 유학 이우와 김희택金熙澤, 이여간李汝幹, 류태조(이후 류이좌), 김종호金宗鎬, 진사 김희주金熙周, 류회문柳晦文, 권의도權義度가, 예안에서는 유학 김시찬金是瓚과 진사 이태순李泰淳이 참여했다. 영천(현 경상북도 영주시)에서는 전 지평 성언집成彦楫과 유학 김종화金宗華, 이검행李儉行이, 예천醴泉(현 경상북도 예천군)에서는 유학 박한사朴漢師가, 순흥順興(현 경상북도 영주시 순흥면 지역)에서는 유학 성종로成宗魯가 도착했다. 선산(현 경상북도 구미시 일대)에서는 진사 최봉우崔鳳羽가, 용궁(현 경상북도 예천군 용궁면)에서는 진사 정필규鄭必奎가, 상주(현 경상북도 상주시)에서는 전 지평 강세응姜世鷹과 남필석南必錫, 강세륜姜世綸, 유학 강세로姜世魯, 이경유李敬儒, 김종범金宗範이 참여했다. 그리고 영양英陽(현 경상북도 영양군 일대)에서도 유학 조거신趙居信이, 영천(현 경상북도 영천시)에서도 유학 이동겸李東謙이 도착해 총 25명이었다.

38 이들은 대부분 지난 윤4월 2일과 4일 회의에 참석하고, 삼계서원과 도산서원에 통문을 보냈던 인물들로, 이후 한양에서 소임을 맡아 함께 상소운동을 진행한다. 김한동과 이우의 기록에 남아 있는 인물들은 사직서령 이세윤李世胤과 사재감 봉사奉事 류규柳逵, 부사과 이헌유李憲儒, 사헌부 감찰 권방權訪, 전적 이기정李基禎, 공릉 참봉 이인행李仁行, 생원 권취도權就度, 유학 이경운李景運, 감찰 강세규姜世揆, 유학 손석지孫錫祉 등 10명이다.

39 이 내용은 당시 상소운동을 주도했던 김한동과 소두였던 이우의 기록에 동일하게 등장한다. 그러나 한 달 동안이나 진행되는 상소운동 가운데 많은 사람의 출입이 있었고, 이로 인해 상소 봉입하던 날짜를 보면 37명이 함께했던 것으로 파악되며, 귀향할 때쯤 되면 47~48명 정도의 인원이 된다. 다만 초기 도착 명단을 제외하면 이후 관련 명단이 기록으로 남지 않아, 누가 어떻게 출입했는지 확인하기 어렵다.

40 류이좌, 《국역 천휘록》, 482쪽.

41 조선의 8대 왕인 예종의 첫 번째 왕비, 장순왕후章順王后 한씨의 능이다. 경기도 파주시 종리읍 삼릉로에 있다.

42 이병훈, 앞의 글, 64쪽 참조.

43 류이좌, 《국역 천휘록》, 482쪽.

44 앞의 책, 같은 곳.

45 설석규, 앞의 글, 100쪽.

46 KBS 역사스페셜, 〈길이 100미터의 상소문, 만인소〉, 2010년 9월 11일 방송 참조.

47 서명이 말 그대로 자신의 이름을 자필로 쓰는 행위라면, 수결은 다른 사람이 흉내 내기 힘든 자신만의 표시를 하는 행위이다. 요즘은 도장을 많이 사용하기도 했지만, 조선시대에는 수결을 통해 자신이 직접 서명했음을 드러내는데, 흔히 요즘 통용되는 사인sign과 같은 형태이다.

48 도회는 말 그대로 대표자 회의를 의미하는데, 여기에서는 서원에서 이루어진 지역 유림 대표자들의 회의라고 말할 수 있다. 영남 유림들 입장에서는 이황을 배향하고 있는 도산서원의 도회가 갖는 권위가 컸으며, 여기에서 지역 유림들의 판단과 행동이 필요한 모든 사안을 의결하고 이를 유림사회 전체에서 공유하는 역할을 했다.

49 관련 내용은 채제공의 문집을 발간하는 과정을 기록한 《간소일기刊所日記》, 1823년 7월 4일 기록 참조. 이 책은 다른 간역시 일기들과 함께 번역되어 다음 서지사항으로 출간되었다. 한국국학진흥원 기획, 《문집판각의 기록—간역시일기》, 신상목·장재석·조천래 옮김, 한국국학진흥원, 2015, 192쪽 이하가 《번암집》 간역시 일기임.

04 소청_본격화된 상소운동

1 물론 많은 상소운동의 경우 한양에서 일정 조율이나 정치적인 문제 등으로 인해 바로 봉입되지 못하는 경우가 많아서, 한양에서 체류 일정을 늘려야 하는 경우 역시 적지 않았다. 심지어 여러 다양한 상소를 올리는 집단들이 한양에서 만나기도 했고, 이 과정에서 서로 경쟁하거나 협업하기도 했다.

2 사현사라는 사당이 있어 사현사동이라고 했는데, 사현삿골로도 불렸다. 옛날 중국에서 목숨을 아끼지 않고 지조를 지킨 사람으로 알려진 진晉나라의 태학사 동양董養과 당나라의 태학사 하번何蕃, 송나라의 태학사 진동陳東과 구양철歐

陽徹을 배향한 사당이다. 원래 숙종이 당나라 하번의 도의를 사모해 사당을 지으려다 이루지 못했고, 이후 1726년 11월 영조가 설립한 후 직접 사현사라는 편액을 하사해 그 기능을 시작했고, 1908년 7월 그 기능이 폐지되었다. 현재 서울특별시 종로구 명륜2가의 아남아파트 북쪽 마을에 있었다.

3 반촌 내에서 모임이나 회합, 공무 등을 위한 건물로 추정된다.

4 본관은 안동이며, 자는 계주季周이다. 안동 사람으로 이상정의 문하에서 수학했다. 1763년 생원이 되었으며, 1783년 문과에 급제해 승문원 부정자承文院副正字가 되었고, 이듬해 소녕원수昭寧園守가 되었다. 1788년 부친상을 당해 상을 마친 후 사헌부 감찰이 되었고, 1793년 병조좌랑에 제수되었다. 사퇴 후 학가산 남쪽에 집을 짓고 '학림'이라는 자호를 붙여 살면서 산수를 즐겼다.

5 상주 사람으로 도산별과에서 삼상三上으로 합격한 2명 중 한 명이었다. 그러나 아직 전시를 보지 않아 관직에 오르지는 못했으므로, 유학의 신분이었다.

6 뒤에 선출되는 이 상소의 소두 이우는 정조 사후 다시 벽파가 집권하면서 고금도에 유배를 가야 했고, 실제 그의 사후에 후예들은 행여 부관참시와 같은 불상사가 있을까 싶어 비석도 제대로 세우지 못할 정도였다고 한다. 또한 이후 진행되었던 만인소운동의 경우 생명의 위협을 받거나 실제 유배를 가는 경우도 많았다. 그만큼 위험한 자리였다.

7 관련 내용은 설석규, 〈조선 시대 유생 상소와 공론정치〉, 《2007 유교문화박물관 정기기획전 도록—만 사람의 뜻은 천하의 뜻, 만인소》, 한국국학진흥원, 2007, 99쪽 참조.

8 물론 상황이 급해서 이러한 절차를 모두 밟을 수 없을 때에는 회의를 통해 추대하는 경우도 있었지만, 일반적으로는 투표를 통해 선출했다. 설석규, 앞의 논문, 같은 곳.

9 흔히 이조에서 3배수의 인사 대상을 추천하면, 추천된 사람은 '물망에 올랐다'라고 하고, 그 가운데 한 명에게 왕이 점을 찍어(낙점) 표시하면 최종 인사가 결정되었다. 지금도 인사 관련 용어에서 물망과 낙점이라는 말은 흔하게 사용한다.

10 概을 '즙' 또는 '집'으로 읽는데, 여기에서는 '성언집'으로 읽는다. 본관은 창녕

으로 자는 용여用汝이다. 1762년 알성문과에 을과로 급제해 1768년에 승문원 정자承文院正字에 임명되었으며, 1771년 봉상시 직장奉常寺直長, 이듬해에 다시 성균관 전적成均館典籍에 제수되었다. 이어 예조좌랑을 거쳐 1778년 결성結城 현감에 부임했다. 그 뒤 성균관 전적·사헌부 지평持平 등을 역임한 뒤 1811년 호군護軍에 올랐고, 1900년 내부 협판內部 協辦에 추증되었다.

11 본관은 의령宜寧이며, 자는 광지光之이다. 상주 사람으로, 1773년 증광시에 병과로 문과에 급제해 사헌부 장령을 지냈다.

12 향안은 조선시대 지방 자치기구의 일종인 '유향소'에 지역 사족들의 이름과 그 사람에 대한 신상을 기록한 등록원부라고 할 수 있다. 여기에는 그 지방에서 활동하는 사족들만 이름을 올릴 수 있었는데, 여기에 이름이 올라야 비로소 진정한 양반으로 대우받을 수 있었고, 좌수나 별감과 같은 향임으로 선출되어 지배신분으로서의 지위를 행사할 수 있었다. 이 때문에 향안에 이름이 있는지 그렇지 않은지는 지방 사족에게 매우 중요한 문제였다. 간혹 이를 정리하거나 혹은 새로운 사람을 향안에 올리는 경우가 있는데, 이 경우 향안에 등록된 사람들의 투표를 통해 결정했다.

13 권문해,《초간일기》, 1626년 4월 29일 자 기록. 이 기록에 따르면 향안에 51명을 등록할 수 있는데, 당시 예천군에서는 80명 가운데 부정적 의미인 부否가 29개를 넘지 않아야 향안에 들 수 있었다. 이는 가可의 여부보다 부의 여부로 보는 방식인데, 거꾸로 보면 80명 가운데 59명까지 가可를 받아야 향안에 이름을 등록할 수 있다는 의미이기도 하다. 그만큼 많은 사람들로부터 인정을 받고 있는지 확인하는 투표 방법이었다.

14 본관은 전주이고 호는 한평寒坪으로, 안동에 살았다. 류도원柳道源과 이상정의 문인으로 1783년 생원진사에 합격했다. 이후 정재학파를 열었던 류치명의 아버지로도 잘 알려져 있다. 저서로는《한평집寒坪集》이 있다. 그는 당시 소퇴계로 불렸던 이상정의 학문적 성과를 그의 아들인 류치명에게 이어 주었고, 이후 정재학파는 영남 유림의 정통으로 자리매김되었다. 영남의 의병운동과 이후 이를 이은 독립운동의 대표적 인물들 중에는 정재학파를 이은 사람들이 많았는데, 그 원류에 류회문이 있었다고 해도 과언이 아니다.

15 설석규, 앞의 논문, 100쪽 참조. 이날 도청에는 군수 이헌유李憲儒와 진사 최봉우崔鳳羽가 선임되었고, 장의에는 지평 강세응姜世鷹과 전적 이기정李基楨이 선임되었다. 그리고 일기유사에는 김종호와 류이좌가, 사소(록)寫疏(錄)에는 유생 조거신과 이여간, 이태순, 김희주, 류회문, 김종호, 류이좌가 선임되었다. 사소는 주로 젊은 유생들 중심으로 선임되었다. 이 내용은《천휘록》乾, 卷1, 〈壬子錄〉, 윤4월 24일 기록.

16 이틀 뒤 소두를 다시 선출하면서 그의 역할이 바뀌지만, 이때 그에게 정해진 일기유사의 임무로 인해,《국역 천휘록》의 기록을 남길 수 있었던 듯하다.

17 당시 한양에서 오위장으로 근무하던 노상추 역시 이날 반촌에 소청이 차려졌다는 사실을 알고 있었다. 관련 내용은 노상추,《노상추일기》, 1792년 윤4월 24일 기록 참조.

18 1855년 상소 원본을 보면 유생들의 이름이 같은 필체로 정서되어 있다. 필사자가 필사해서 옮겨 적었기 때문이다. 이에 비해 수결을 어떻게 상소에 복사했는지는 아직도 확인할 길이 없다. 다만 1855년 만인소 원본을 보면, 연명자의 이름 밑에 있는 수결 부분이 좀 더 희미하다. 이름은 바로 필사를 했기 때문에 뚜렷한데, 수결은 명첩의 수결 부분을 물이나 기타 다른 방법을 사용해서 복제했을 것으로 보는 이유이다. 한지의 특징을 이용한 수결 복제 방법을 여러 가지로 유추할 수 있지만 확인되지는 않는다. 또 다른 견해로는 1792년 상소의 속도를 감안할 때 명첩을 별도로 올렸을 가능성도 있는데, 이럴 경우 1855년 상소문 형태와 차이가 있을 수도 있다. 상소 원문도 남아 있지 않고, 수결 관련 기록도 없어 확인이 어렵다.

19 이 내용은 설석규, 앞의 논문, 100쪽 내용을 정리한 것임.

20 실종이를 세는 기준은 가장 낮은 단위가 1장이다. 각 문서 규격에 따라 다르겠지만, 낱장 단위를 1장으로 했다. 그리고 이러한 종이 20장이 1권卷이며, 이 기준에 따라 책을 찍을 때에도 20장으로 만든 40쪽 정도를 1권으로 보기도 했다 (2권 1책이면, 대략 80쪽 정도의 1책이 된다). 10권은 1축이고, 10축이 1동이다. 따라서 1축은 200장이고, 1동은 2,000장이다. 당시 11축을 구입했으므로, 2,200장을 구입했다.

21 손계영, 〈조선 시대 고문서에 사용된 종이의 분석〉, 《2006년 한국기록관리학회 학술발표자료집》, 한국기록관리학회, 2006, 77쪽.

22 손계영, 〈朝鮮時代 文書紙 研究〉, 한국학중앙연구원 박사학위 논문, 2004, 16쪽.

23 이 책은 조선 후기 국가재정 전반을 담당하던 탁지부에서 물자 수급과 물동계획 등을 위해 왕실과 각 관청 및 각 지방의 감영과 군현 등에서 소요되는 물자를 항목별로 분류한 필사본이다. 관련 내용은 손계영, 앞의 박사학위 논문, 54쪽.

24 앞의 논문, 61~62쪽.

25 다른 말로 도침이라고도 불리는 이 기술은 고려지, 또는 한반도에서 생산된 한지의 성격을 규정하는 가장 대표적인 기술이다. 이는 닥나무로 뜬 종이를 쌓아놓고 다듬이질하듯 두드리는 기술로, 닥나무 섬유질을 유지하면서도 종이의 밀도를 높이고 더 단단하고 윤기가 흐르게 했다. 이러한 기술은 한지가 오래 유지될 수 있는 중요한 이유였다. 관련 내용은 이정, 《장인과 닥나무가 함께 만든 역사, 조선의 과학기술사》, 푸른역사, 2023, 70~73쪽 및 115~123쪽 등을 참조.

26 숙종 대가 되면 하삼도(충청, 경상, 전라)의 사찰이 종이 부역으로 망한다는 이야기가 있을 정도였다. 종이 제작 자체가 사찰에 맡겨져 있었으며, 그 부역이 워낙 고된 일이었음을 의미했다. 기록을 중시했던 조선의 특성상 많은 종이가 소비되면서, 그 부담을 사찰이 져야 했고, 이로 인해 더 이상 젊은 승려들이 사찰에 남아 있지 않을 정도였다고 한다. 이상호·이정철, 《역사책에 없는 조선사》, 푸른역사, 2019, 77~80쪽 참조.

27 설석규, 앞의 논문, 101쪽.

28 1824년 채제공 문집 발간을 위해 2,600냥이 넘는 예산이 소요되었는데, 이 당시 80곳이 넘는 개인과 문중, 향교, 서원, 그리고 영남 남인이 수령으로 재직하는 관아에서 부조를 했다. 당시 이 부조를 받기 위해 모든 네트워크를 가동해 통문을 돌리고 부조를 독려해 일정 정도 강제 부담의 형식을 띠었던 점을 감안하면, 이 당시 역시 그러한 방식으로 예산을 충족했을 것으로 추정된다.

29 조선시대 오위도총부의 정2품 벼슬, 또는 승녕부承寧府의 칙임勅任의 한 벼슬인데, 기록이 없어서 정확하게 누구인지 알기 어렵다.

30 이병훈, 앞의 글, 65쪽. 예산 사용 과정에서 이 돈으로 종이값을 지불했다는 내용은 《영소전말》에만 나온다.

31 물품도 많이 들어오는데 이를 통해 당시 많이 사용되던 부조물품들을 확인할 수 있다. 류이좌가 남긴 《국역 천휘록》, 5월 11일 및 20일의 기록에 보면, 담배와 미숫가루, 그리고 꿀 등이 들어왔고, 20일과 24일의 기록에 보면 담배만 도합 45근이 들어왔다. 부조물품으로 가장 많이 활용되었던 게 담배였음을 알 수 있는데, 이는 당시 흡연문화와도 관계가 있었겠지만, 동시에 그만큼 담배가 환금성이 좋았기 때문으로 추정된다.

32 이헌유가 선혜청 낭관으로 올라온 것은 그해인 1792년 1월 초였다. 이 당시 상황에 대해 노상추는 "선산善山의 옥천沃川 수령 이헌유李憲囿가 선혜청의 낭청으로 올라왔는데, 영남 사람으로서는 드문 일이다"라고 기록했는데, 그만큼 행운이 따른 일이었다.

33 근실은 원래 언관들이 왕에게 보고하거나 상소를 올리면서 의견 조율이 필요할 때, 그리고 간찰이나 통문을 돌릴 때 동의 표시로 사용하던 용어였다. 관련 내용은 장재천, 〈조선 시대 성균관 장의의 역할과 권한〉, 《한국사상과 문화》 65집, 한국사상과문화학회, 2012, 162쪽, 주 34 참조.

34 《영조실록》 권120, 1773년(영조 49) 3월 12일 첫 번째 기사. 여기에서는 "하교하기를, '도유道儒로서 소장을 올리는 자는 먼저 태학(성균관)을 경유하도록 하되, 만일 곧바로 올리는 자가 있으면 일의 경중을 막론하고 그 글을 태학으로 보내고 이름을 기록한 사람은 10년에 한해 정거(과거 시험 자격 박탈)하라'고 했다." 이 규정에 따라, 유생들의 상소인 경우 반드시 근실을 해야만 했다.

35 이병훈, 앞의 글, 65쪽 참조.

36 류이좌, 《국역 천휘록》, 485쪽.

37 이경유의 본관은 연안으로, 경상도 상주 출신이다. 식산息山 이만부李萬敷의 증손으로, 박천博泉 이옥李沃과 식산 이만부의 가학 계보를 전승했다. 특히 시와 문장으로 유명했다. 저서로는 시 비평서인 《창해시안滄海詩眼》이 있다.

38 본관은 광산이며, 경상도 예안 사람이다. 도승지에 추증된 계암 김령의 후손으로, 조부는 김굉金紘이다. 1792년 만인소운동 이후 동몽교관에 제수되었으며, 이후 봉사와 직장 등에 제수되었지만 나아가지 않고 후진 양성과 학문 연구에 힘썼다. 문집으로《일일재선생문집——齋先生文集》이 있다.

39 《영소전말》의 기록을 기반으로 한 이병훈의 앞에 글에는 청좌 유생이 정여규鄭如奎로 되어 있다. 그런데 류이좌의《국역 천휘록》과 이우의《면암집별록俛庵集別錄》上,〈임자일기壬子日記〉에는 정필규로 되어 있으며,《천휘록》건, 권1,〈임자록壬子錄〉과 김한동의《와은선생문집》권4,〈소행일록疏行日錄〉에는 청좌 유생이 나오지 않는다. 이 글은 류이좌와 이우의 기록에 따라 정필규를 청좌 유생으로 보았다. 정필규의 본관은 청주로, 경상도 예천 용궁 출신이다. 정유덕鄭游德의 손자로, 김강한金江漢의 문하에서 수학했다. 당시 영남 유림을 대표했던 김희주金熙周·이종휴李宗休·이야순李野淳·이병원李秉遠·류치명柳致明 등과 교유했다. 1814년 혜릉 참봉에 제수되었지만 사양하고 오직 학문 연구와 후진 양성에 전념했다. 문집으로 8권 4책의《노암선생문집魯庵先生文集》이 있다.

40 제소製疏에는 이여간, 김시찬, 류회문이 선임되었으며, 사소寫疏에는 김종화, 김희주, 류이좌가 선임되었다. 장의는 조거신과 이태순이, 소색에는 권취도와 이경운이, 그리고 도청에는 김종범과 최봉우가 선임되었다. 관행에는 성종로와 이검행, 김종호가, 일기유사에는 정필규와 권의도가 선임되었다. 그리고 배소에는 류규, 이헌유, 이세윤, 성언집, 강세로, 박한사, 김희택, 남필석, 김한동, 권방, 강세응, 이기정, 이인행, 강세규, 이경유李敬儒, 이동겸李東謙, 손석지孫錫祉, 이엄행李儼行, 김노범金魯範이 선임되었다. 관련 내용은 류이좌,《국역 천휘록》, 485쪽.

41 이병훈, 앞의 글, 65쪽, 주석 61번 참조.

05 1차 봉입_이산의 눈물

1 《경국대전》에 따르면 성균관 직제에는 정2품인 지사知事와 종2품의 동지사同知事가 있고, 정3품의 대사성과 종3품의 사성을 두도록 규정되어 있다. 그 외에도 정4품의 사예와 정5품의 직강, 정6품의 전적과 정7품의 박사, 정8품의

학사, 그리고 정9품의 학록과 종9품의 학유를 두도록 되어 있다. 그러나 지사와 동지사는 겸직이기 때문에 실제 성균관은 전임 관원인 대사성이 책임졌고, 그 외에는 주로 전적과 박사들이 배치되어 성균관의 실무나 행정 업무를 보았다. 따라서 성균관의 실제 운영은 성균관에 소속된 유생들의 자치를 통해 이루어지는 경우가 많았고, 이로 인해 성균관 유생들의 자치 조직이 일정 정도 공적 기능을 했다.

2 성균관 유생들은 대부분 지방의 진사시나 생원시를 통과했거나, 서울의 사부학당 등을 통해 올라온 인재들이어서, 이미 초급 관료로서의 기능을 충분히 할 수 있다고 인정되었다. 특히 이들은 미래 인재들로 조정의 인정과 예우를 받고 있었기 때문에 순수한 유생들의 상소를 보고 판단하는 근실의 업무를 맡기에 부족하다고 여기지 않는 문화가 있었다.

3 대과 시험에 응시할 수 있는 소과小科 가운데 생원시를 통해 합격한 사람들을 생원이라고 불렀다. 이들은 오경의五經義와 사서의四書義 등을 중심으로 시험을 쳤는데, 이는 주로 유교 경전에 대한 시험이었다. 당시 문장보다 경전을 중시하는 영향에다 초기 진사시가 없었을 때 생원시만 있었던 전통 등으로 인해 생원이 진사보다 의전 등에서 약간의 예우를 더 받아 동재를 차지했다.

4 대과 시험에 응시할 수 있는 소과 가운데 진사시를 통해 합격한 사람들을 진사라고 불렀다. 진사시는 주로 부賦나 시詩를 제목으로 문예 창작 능력이나 문장 능력을 테스트했다.

5 장재천, 앞의 논문, 151쪽 참조.

6 당시 장의의 선출 역시 유생들 가운데 가장 나이가 많은 사람들이 맡는 반수班首들이 재회를 주도해 천거와 권점을 통해 뽑았으며, 이렇게 뽑힌 장의는 대사성의 승인을 받아 전국 유생 대표로서의 위치를 가졌다. 자세한 내용은 장재천, 앞의 논문, 153쪽 참조.

7 당시 동일방 장의 이동수는 50세인 1783년에 소과에 합격했으며, 이 당시 이미 60세를 앞두고 있었다. 그의 입장에서 이처럼 정치적인 사안에 근실을 하기 쉽지 않았을 터였다.

8 서재 장의 맹현대 역시 45세인 1783년 진사시에 합격해, 이때 나이 54세였다.

영남 선비들, 정조를 울리다—1792년 만인소운동

9 이우, 《면암집별록》 上, 〈임자일기〉, 윤4월 27일, "慶尙道幼學臣李堉等, 裹足踰嶺, 瀝血陳章."

10 《정조실록》 권34, 1792년 윤4월 27일 네번 째 기사에 상소 내용 전문이 남아 있으므로 참조할 것. 한글로 번역된 번역문은 국사편찬위원회에서 서비스하는 《조선왕조실록》의 동일 날짜를 통해 확인할 수 있다. https://sillok.history.go.kr/id/ kva_11604127_004 참조.

11 이 내용은 이수환, 〈조선 후기 영남 만인소〉, 《만인의 청원, 만인소》, 한국국학 진흥원, 2017, 76쪽 참조.

12 여기에서 말하는 의리는 현대에 일반적으로 통용되는 친구나 개인 간의 의리 와는 다른 개념이다. 물론 친구나 개인 간에 의리를 지켜 준다는 말도 포함되 지만, 여기에서 의리는 '유학적 이념에 따른 올바름을 향한 마음과 실천 의지' 를 의미한다. 옳지 못한 것을 옳지 못하다고 말하고 실천하는 노력이자, 올바 른 방향을 향해서 실천하는 유학자들의 삶의 태도를 담고 있으며, 영남 유생들 은 바로 이러한 명분과 의리에 따라 행동하고 있음을 말하려 했다.

13 류이좌, 《국역 천휘록》, 486쪽.

14 1792년 만인소 원본은 현재 전해지지 않아 정확한 규격을 확인할 길은 없다. 다만 1855년 만인소를 기준으로 하면, 길이는 100미터 전후였을 것으로 추정 되며, 종이 질에 따라 무게 차이는 있겠지만, 1855년 만인소가 13.5킬로그램이 었던 점을 감안하면 무게는 10킬로그램 이상이었을 것으로 추정된다. 다만 이 는 현존하는 1855년 만인소를 보면서 추정한 것으로, 1792년의 만인소가 반드 시 이것과 유사했을 것이라고 말할 수는 없다.

15 소청에 참여한 인원은 상경한 인원 25명에 한양 참여 인원 10명이었는데, 이 날 상소를 올리기 위해 참여했던 인원에는 진신 1명과 장보 1명씩 추가되었다. 기록이 없어 누가 더 참여했는지 알 수 없지만, 기록별로 한두 명씩 인원의 출 입이 있다.

16 돈화문은 창덕궁의 정문으로, 당시 정조는 창덕궁을 사용하고 있었다. 따라서 이 책에 나오는 모든 궁내 건물은 창덕궁 내의 건물들이다.

17 상소의 행렬에 대해서는 설석규, 앞의 논문, 101쪽.

18 현재 서울대학교 의과대학 자리이다.

19 일반적 상소 봉입에 대한 절차는 설석규, 앞의 논문, 101쪽 내용을 참조했음.

20 이 당시 수문장은 수문장청에 소속된 관원인 수문장과 소속 관리들로 구성되
    었는데, 1746년 편찬된 《속대전》에 따르면 보통 수문장청의 관원은 종6품인
    수문장 5명과 정7품~종9품의 수문장 18명 등 모두 23명으로 이루어져 있다.
    돈화문은 그 특성상 창덕궁의 정문이었기 때문에 고위 수문장이 관리했을 것
    으로 추정된다.

21 이 상소가 올라가기 한 해 전인 1791년 진산사건이 터지면서, 많은 근기 남인
    들이 서학과 연계되어 탄핵당했다. 특히 정조의 보호에도 불구하고 기호 노론
    의 공격이 워낙 집요했기 때문에, 이 당시 사학이나 강화도 관련 상소를 금한
    다는 의미는 천주교와 관련된 상소를 더 이상 받지 않겠다는 의미로 이해할 수
    있을 듯하다. 진산사건 관련해서는 허태용, 앞의 논문 참조.

22 류이좌, 《국역 천휘록》, 487쪽.

23 앞의 책, 같은 곳.

24 상소 내용은 《정조실록》 권34, 윤4월 27일 세 번째 기사 내용 참조. 여기에서
    김한동은 "진신들과 유생들이 서로 거느리고 문경새재를 넘어와서 정성을 쏟
    아 울부짖으며 호소한 것이 임금에게 알려지기를 바랐습니다"라면서, 상소가
    들어와 있다는 사실을 알렸다. 더불어 "성균관의 장의가 여러 모로 핑계 대면
    서 근실을 해주지 않았고 승정원은 성균관의 근실이 없다는 이유로 또 핑계를
    대고 미루었으므로 여러 차례 왕복을 했으나 끝내 올리지 못했습니다"라고 상
    황을 정확하게 묘사했다.

25 《정조실록》 권34, 윤4월 27일 세 번째, "省疏具悉矣."

26 상소는 왕에게 직접 올리는 문건이기 때문에 승정원에서도 상소 내용 전체를
    왕보다 먼저 열람할 수 없었다. 이 때문에 승정원에 연통을 넣을 때에도 별도
    의 상소 개요를 적은 문건을 올렸고, 승정원은 이 상소 개요를 중심으로 왕에
    게 보고하고 상소 원문을 왕에게 올렸다. 상소는 왕에게 바로 올라가는 문건이
    기 때문이다.

27 창덕궁 안에 있는 문으로, 숙장문은 진선문進善門을 지나면 나오는 마당의 동

쪽에 있는 문이다. 숙장문을 지나 왕이 정사를 보던 중심 건물인 선정전으로 가다 보면 만나는 문이 협양문이었다. 협양문 안에는 선정전宣政殿이 있었으며, 이 문을 통해 희정당으로 갈 수도 있었다. 현재 창덕궁에서는 숙장문을 볼 수 있지만, 협양문은 볼 수 없다. 대한제국기와 1917년 화재 등으로 경복궁 강녕전을 헐어 희정당을 새로 짓고, 그 앞에 차량 운행이 가능하도록 만드는 과정에서 없어진 듯하다.

28 《정조실록》 권34, 윤4월 27일 당일 기록에 따르면, 이 당시 배석한 승선은 좌승지左承旨 임제원林濟遠(1737~?)이었다. 1771년 식년문과에 병과로 급제한 그는 1776년 장령을 거쳐 1780년 교리로 재직하다가, 이 당시 승정원 좌승지로 왕명의 출납을 맡은 승선 역할을 했다. 이듬해인 1793년 대사간을 거쳐 1797년 충청도 관찰사를 지냈다.

29 사실을 기록해 확실히 해둔다라는 의미를 가진 기주記注라는 직책은 역사 기록을 담당했던 춘추관春秋館의 정·종 5품직 사관史官들이다. 1401년 7월 당시 왕이었던 태종이 춘추관을 분리해 설치하면서 배치되기 시작했다. 대부분의 춘추관 관원들처럼, 이들 역시 다른 관서에 근무하면서 춘추관 관원을 겸하는 겸직 사관들이었을 가능성이 크다.

30 《승정원일기》 당일 기록에 따르면 이날 상소의 내용을 듣는 자리에 배석한 관료는 좌승지 임제원과 기사관記事官 이해청李海淸, 가주서假注書 윤익열尹益烈, 기주관記注官 김양주金良俏·승응조承膺祚 등이었다. 《승정원일기》에는 류이좌의 《국역 천휘록》 기록보다 많은 사람이 배석한 것으로 나와 있는데, 신뢰성은 《승정원일기》의 당일 기록이 훨씬 높다. 《승정원일기》에는 특히 왕의 일정이 기록되어 있는데, 여기에 따르면 원래 영남 유생들의 상소를 듣고 그다음 강원도 위유어사와 전 간성군수의 알현을 받을 계획이었다. 이 때문에 대부분의 근무자들이 배석하고 있었을 것으로 추정되는데, 당시 상소에 참여한 사람들은 이들 모두를 알아보지 못했을 가능성이 크다.

31 이지영이 올린 상소에 대한 자세한 내용은 《정조실록》 권34, 윤4월 19일 두 번째 기사 참조. 정조와 이지영이 나눈 대화는 같은 책, 윤4월 22일 첫 번째 기사를 참조할 것.

32 류이좌, 《국역 천휘록》, 489~490쪽.

33 조선시대 액정서掖庭署 소속 관원. 임금 명령을 전달하던 정6품의 잡직이다.

34 류이좌의 《국역 천휘록》의 기록과 달리, 당일 실록에는 상소를 읽기 전에 정조
가 명을 내려 "진신과 유생들 중 이름을 아는 자를 각각 두세 명씩 함께 전에
올라오게 하는 것이 좋겠다"라고 했다. 이 기록은 소두였던 이우가 쓴 〈임자
소청일록〉 역시 마찬가지이다. 이에 비해 류이좌의 《국역 천휘록》과 김한동의
《와은선생문집》 권4, 〈소행일록疏行日錄〉에는 상소를 읽은 후 올라간 것으로 기
록되어 있다. 여기에서는 《천휘록》과 김한동의 기록에 따랐다. 실록의 기록은
《정조실록》 권34, 1792년 윤4월 27일 다섯 번째 기사 참조. 류이좌의 기록은
류이좌, 《국역 천휘록》, 490쪽 참조.

35 당시 왕을 처음 볼 때 주로 자신을 소개하던 방식이었다. 이날 이우는 선대 신
하였던 고 옥당 이완의 종제이고, 고 교관 이관정의 아들이라고 소개했다. 이
경유는 이조판서 봉조하 이관징의 5대손이고 고 참판 이옥의 현손이라고 소개
했으며, 김희택은 교리 김희직의 재종제再從弟이고 김한동의 삼종질이라고 소
개했다. 김시찬 역시 고 사간 중 도승지 김령의 6대손으로 소개했다. 문중과
자신의 신분, 그리고 현달한 사람과의 관계를 통해 그가 어느 위치에 있는지를
설명하는 방식이었다. 소개 내용은 《정조실록》 권34, 1792년 윤5월 27일 다섯
번째 기사 참조.

36 《정조실록》에서는 이 분위기에 대해 "상(정조)이 억제하느라 목이 메어 소리를
내지 못해 말을 하려다가 말하지 못했다"라고 기록되어 있다. 앞의 책, 같은
기사.

37 《정조실록》 권34, 1792년 윤4월 27일 다섯 번째 기사.

38 앞의 책, 같은 기사.

39 앞의 책, 같은 기사.

40 이 말은 매우 중요한 의미를 갖는다. 정조는 왕으로서 개인의 원수에 대한 사
사로운 복수를 해서는 안 된다는 분명한 자기 입장을 보여 주었다. 즉, 왕의 입
으로 내리는 처벌은 반드시 국가의 역적만을 대상으로 해야 하며, 왕은 그러한
공공의 대리인이어야 한다는 의미이다. 정조는 자신의 처벌이 이와 같은 기준

에서 이루어졌음을 분명히 밝혔다.

41 류이좌, 《국역 천휘록》, 490쪽.

42 실제 정조는 이를 통해 왕권 강화책과 사도세자에 대한 추모 사업을 추진하는
    데 자신을 얻었던 것으로 평가한다. 관련 내용은 이수건, 《영남학파의 형성과
    전개》, 일조각, 1995, 548쪽 참조.

43 《정조실록》권34, 1792년 윤4월 27일 다섯 번째 기사.

44 노상추는 삼경(오후 11시~1시 사이) 쯤이었던 것으로 기록했는데, 여기에서는
    류이좌의 기록을 따랐다. 노상추의 기록에 대해서는 노상추, 《노상추일기》,
    1792년 윤4월 27일 기록.

06 회유_그리고 2차 상소

1 일반적으로 시독은 경연청 소속으로 왕에게 경연을 하던 정5품 관원을 말한다.
   여기에서는 승정원에서 파견되어 이를 받아 적을 사람을 지칭하는 듯하다.

2 성균관 유생 가운데 죄가 있다고 판단되면, 북에 그의 이름을 써서 붙인 다음
   성균관 안에서 이 북을 치면서 돌아다니는 행동을 한다. 이를 통해 성균관 유
   생들의 주의를 집중시켜, 그 사람이 어떠한 죄를 지었는지를 공유하는 것으로,
   일종의 명예에 관한 벌이다.

3 성균관에서 식사하던 식당을 말하는 곳으로, 보통 식당은 이들의 출결을 확인
   하고 많은 사람이 모인 자리에서 논의를 진행하는 장소로 활용되었다. 성균관
   의 식당록이 중요한 이유이다. 여기에서 논의해야 한다는 주장은 식당이 갖는
   '전체'라는 의미와 '공적 의결'이라는 의미를 함께 담기 위한 것으로, 전체 유
   생 회의를 열어 그 벌칙을 공식적으로 논의해야 한다는 의미이다.

4 이 상소는 윤면순 등 400여 명이 연명해 윤4월 2일 올라갔고, 정조는 여기에 대
   해 예민하게 반응했다. 정조는 다른 류성한 탄핵 상소에 대한 짧은 비답과 달리
   긴 비답을 내렸다. 특히 류성한을 둘러싼 소문까지 성균관의 상소 내용에 넣은
   것을 가지고 강하게 질타하면서 "개탄스럽다"라는 평가를 내놓기까지 했다. 자
   세한 내용은 《정조실록》권34, 1792년 윤4월 2일 세 번째 기사 참조.

5 류이좌, 《국역 천휘록》, 493쪽.

6 앞의 책, 같은 곳.

7 순조 때 채제공의 신원을 청하는 상소사건에 연루되어 쫓겨났다가 다시 등용된 인물로 알려져 있다. 시문이 뛰어났으며 이유수李儒修, 정약전 등과 교유하며 죽란시사竹欄詩社라는 모임을 조직했다. 문집으로는 《병산집》이 있다.

8 《승정원일기》, 정조 16년(1792) 윤4월 27일 24번째 기사, "上曰, 萬餘人呼籲, 何等莫重之事, 而不捧疏耶?"

9 한치응의 상소는 승정원에 대한 비판 상소를 동반하게 되면서, 윤29일 좌부승지 이익진과 동부승지 김효건이 승정원에서 의도적으로 상소를 제어하기 위한 것이 아니라는 사실을 말하면서 책임을 지고 대궐을 나가겠다는 상소를 올린다. 《승정원일기》, 정조 16년(1792) 윤4월 29일 17, 18번째 기사 참조.

10 《정조실록》 권35, 1792년 5월 1일 두 번째 기사. 실록은 5월 1일 파직된 것으로 기록되어 있는데, 김한동과 소두 이우의 기록에 따르면 윤4월 28일 이미 파직된 것으로 되어 있다. 《정조실록》의 기록은 이후 편집된 내용이므로, 하루이틀 정도의 날짜 착오가 있었던 듯하다. 김한동의 기록은 김한동, 《와은선생문집》 권4, 〈소행일록〉, 윤4월 28일 기록, "是日, 正言韓致應啓論門將俊院阻搪嶺疏之罪, 承旨一幷罷職, 門將亦爲汰去." 이우의 기록은 이우, 《면암집별록》 上, 〈임자일기〉, "二十八日. 上命當日阻搪承旨一幷罷職, 守門將亦爲汰去" 참조.

11 이 당시 방외 유생은 지역에 거주하는 유생이 아니라, 성균관 주변에 올라온 일종의 재경 유생이나 성균관에 정식 입학해서 공부하는 유생이 아닌 정원 외의 사람들을 의미한다. 이들은 성균관에 드나들면서 성균관 의례에 참가하기도 하고 갑작스럽게 비어 버린 재실을 지키거나 재회에 참석하기도 했다. 이 때문에 조정에서도 이후 성균관을 거쳐 정식 관원이 될 가능성이 있는 사람으로 보아 적절하게 관리했던 것으로 보이며, 그들 역시 유생으로서 일정한 지위를 가졌다. 자세한 내용은 최광만, 〈조선 시대 방외 유생 용례 분석〉, 《교육사학연구》 26집, 교육사학회, 2016, 174쪽 이하 참조.

12 류이좌, 《국역 천휘록》, 495쪽.

13 권당은 특정 현안에 대한 반대의견을 드러내기 위해 성균관 유생들이 동맹휴학 하는 행위를 말하는 것으로, 조선 전기는 주로 불교 관련해서 공관(성균관을

비움)이나 권당을 행한 데 비해 조선 후기로 가면 여러 정치적 문제나 유교 관련 정책 등에 대해 의견을 제시하기 위한 방법으로 활용되었다. 권당은 주로 성균관에 있는 식당에 들어가지 않는 방법으로 이루어졌는데, 이는 성균관 식당록이 학생들의 출석을 의미하기 때문이다. 이렇게 권당이 이루어지면 대사성에게 보고하고 이를 대사성이 다시 왕에게까지 그 연유를 보고하도록 되어 있다. 그 이후에도 문제가 해결되지 않으면, 유생들은 짐을 싸서 집으로 돌아감으로써, 성균관을 비우는 공관空館으로 발전하기도 했다. 관련 내용은 피정란, 〈성균관 유생의 자치 생활에 관한 연구: 유소와 권당을 중심으로〉, 성균관대학교 석사학위 논문, 1979; 신동준, 〈조선 후기 성균관의 권당과 공관〉, 한국교원대학교 석사학위 논문, 2001; 이희권, 〈朝鮮後期의 空館卷堂 研究〉, 《사학연구》 제30호, 한국사학회, 1980; 박현순, 〈영조 대 성균관 유생의 정치활동 규제와 士氣의 저하〉, 《규장각》 제44호, 서울대학교 규장각한국학연구원, 2014 등을 참조.

14 류이좌, 《국역 천휘록》, 495~496쪽.

15 《정조실록》에는 관직이 5월 2일 내려진 것으로 되어 있는데, 이 소식이 소청으로 전해진 것은 5월 3일로 보인다. 여기에서는 소청을 들은 시점을 기준으로 5월 3일로 표기했다.

16 관료들의 인사 이동을 논의하기 위한 회의로, 문관 전체에 대한 인사를 담당하는 이조와 무관들의 인사를 담당하는 병조가 함께 모여 보통 1년에 두 번, 즉 6월과 12월에 정기적인 도목정사를 진행했다. 여기에서는 기존의 근무 평가와 다양한 인사 자료를 바탕으로 3명의 후보자를 선정해 수망에서 말망까지 순위를 매겨서 추천하면, 왕이 그중 한 명을 최종적으로 낙점했다.

17 의릉은 경종과 경종의 두 번째 왕비인 선의왕후 어씨의 능으로, 현재 서울 성북구 화랑고 32길 146-20에 있다.

18 관료의 인사는 도목정사를 거쳐 이조에서 세 명을 추천하면, 왕이 그 이름에 점을 찍는 형식으로 선택하게 된다. 세 명의 추천인을 올리는 단자를 망기望記 혹은 망 단자라고 했고, 세 명은 순서에 따라 첫 번째에서 세 번째로 나뉘는데, 이를 순서대로 수망首望, 아망亞望, 말망末望이라고 했다. 이렇게 망 단자에 오

르는 일을 지금도 흔히 사용하는 용어인 '물망에 올랐다'라고 표현한다. 그리고 왕이 3명의 대상자 가운데 한 명을 이름에 점을 찍어 최종 인사를 확인하는데, 이 역시 지금도 많이 사용하는 용어인 '낙점'이라고 했다.

19 《정조실록》과 《승정원일기》에는 성언집의 강진 현감 제수에 대한 기록은 없고, 이우의 의릉 참봉 제수 기록만 남아 있다. 성언집의 강진 현감 제수는 류이좌와 김한동, 이우의 기록에만 보인다.

20 본관은 광산으로, 김장생의 후손이다. 수찬, 지제교, 부수찬, 부교리, 지평, 교리를 거쳐 규장각 직각이 되고 사간원 대사간, 성균관 대사성을 지낸 뒤 이조참의, 동지의금부사, 사헌부 대사헌을 지내고 공조참판, 이조참판을 거쳐 성균관 대사성으로 동지경연사를 겸한 뒤 도승지가 되고 다시 이조참판을 지낸 뒤에 예조판서를 거쳐 함경도 관찰사, 경기도 관찰사를 거쳐 우의정이 되고 판중추부사, 영중추부사에 이르렀다. 시호는 효간孝簡이다.

21 《정조실록》 권35, 1792년 5월 2일 자 기록.

22 류이좌, 《국역 천휘록》, 499쪽.

23 《정조실록》 권35, 1792년 5월 4일 자 기록.

24 관직 역시 기본적으로 어명이기 때문에 받아들이는 것이 원칙이다. 따라서 관직에 대한 사양을 청하는 것[控辭] 역시 어명을 거역하는 것이기 때문에 죄라고 표현한 것이다.

25 당시 이우와 류회문은 가까운 사이였다. 이우는 소산 이광정의 아들로, 이광정의 형인 대산 이상정의 조카이다. 당시 류회문은 이상정의 딸인 한산 이씨와 결혼해 이상정의 학문을 이었기 때문에 학맥과 혼맥으로 함께 연결되어 있었다. 이후 이상정의 학문은 류회문의 아들인 정재 류치명을 통해 정재학파로 이어졌다. 당시 영남 유림사회에서는 서애(류성룡의 호) 계열인 병파와 학봉(김성일의 호) 계열인 호파 사이의 내적 갈등이 있었는데, 이 둘은 호파를 잇는 핵심 인물들이었다. 이러한 이유에서 젊은 유생들이 이우를 설득해야 할 일이 있으면, 그 역할을 류회문이 맡았다.

26 기호 노론이 경종을 왕으로 인정하지 않았던 내심을 들킨 것이 바로 윤구종이 경종의 비였던 단의왕후의 능(혜릉)에서 말을 내리지 않은 것이었다. 그런데

의릉은 실제 경종 그 자신의 능이었기 때문에 영남 남인들에게는 상징성이 더 컸다.

27 이우, 《면암집별록》上, 〈임자일기〉, "日晡後吏曹不受疏首呈旬, 又再呈旬, 夜二鼓吏曹又還送." 또한 이우가 거듭 사직을 요청했으나 의릉에서 단오날 제향을 담당할 사람이 없다는 이유를 들어 예조에서 사직원을 받지 않았다는 입장도 있다. 관련 내용은 이병훈, 앞의 글, 71쪽.

28 의릉은 현재 서울특별시 성북구 화랑로 32길에 위치하므로, 소청과의 거리는 대략 7~8킬로미터 정도였다. 1~2시간이면 충분히 도착할 수 있는 거리이다.

29 실제 이런 비판은 영남 출신 인사 가운데에서도 있었다. 당시 이 상황을 가까이에서 지켜보았던 노상추 역시 관직을 받은 것 자체를 비판하면서, 이우와 성언집에 대해 대처하는 의리가 잘못되었다면서 통탄해하는 기록을 남기고 있다. 관련 내용은 노상추, 《노상추일기》, 1792년(임자) 5월 초3~4일 기록 참고.

30 류이좌, 《국역 천휘록》, 500쪽.

31 아마 이러한 일 때문에 외부에서 볼 때에는 소청 내에서 내부적 갈등이 심하다고 비판하기도 했다. 관련 내용은 노상추, 《노상추일기》, 1792년(임자) 5월 초3~4일 기록.

32 이우, 앞의 글, 5월 2일 기록에 보면 당일만 해도 다음과 같은 사람들이 방문하고 있다. "五衛將盧尚樞, 進士禹升謨, 權大觀, 姜浚欽, 吳球, 柳正言壽, 尹都事行喆, 進士姜履元, 幼學權應銓, 蔡黍永來問" 참조. 5월 1일 이후 영남 소청을 방문했던 사람들의 자세한 명단은 이병훈, 앞의 글, 70~71쪽을 참조.

33 아마 정치적으로 기호 노론들은 아니었을 것으로 보이며, 대략 기호 지역에 사는 남인, 즉 근기 남인의 후예들이 여기에 참여했을 것으로 보인다.

34 첫 번째 상소 이후 가장 눈에 띄는 변화는 류성한의 탄핵에 찬성하는 많은 사람으로부터 당색에 상관없이 부조가 쏟아지기 시작했다는 사실이다. 당시 김한동의 5월 5일 기록에는 돈을 보내온 사람들을 기록하면서 "모두 다 기록할 수 없을 정도"라고 했을 정도였다. 관련 내용은 김한동, 《臥隱先生文集》卷4, 〈疏行日錄〉, 5월 5일 자 기록.

35 박혜숙의 논문에 보면 1민은 1냥을 의미한다. 100닢을 한 꾸러미로 꿴 것이 1

냥이었으므로 이를 '민緡'으로도 표현한 것 같다. 관련 내용은 박혜숙, 〈18~19 세기 문헌에 보이는 화폐단위 번역의 문제〉, 《민족문학사연구》 38권, 민족문학 사학회, 2008 참조.

36 류이좌, 《국역 천휘록》, 503쪽.

37 초기 사림파의 대표적인 인물로, 김굉필, 김일손 등과 함께 김종직에게서 배웠 다. 1490년 효행과 학식으로 천거되어 소격서 참봉에 임명되었지만 나아가지 않았고, 같은 해 대과에 합격해 예문관 검열, 세자시강원 설서, 안음 현감 등을 역임했다. 1498년 무오사화에 연루되어 경성으로 유배되어 사망했고, 1504년 갑자사화에서 부관참시되는 불운을 겪었다. 1610년 조광조, 이언적, 이황 등 과 함께 동방 5현으로 문묘에 배향되었고, 함양 남계서원을 비롯한 여러 서원 에 배향되었다.

38 권정침은 사도세자가 죽은 임오화변 당시 시강원 설서說書이면서, 동시에 역 사를 기록하는 춘추관 겸직 사관이었다. 당시 그는 임오화변을 직접 목격한 세 명의 사관(전임 사관 윤숙尹塾, 설서 권정침權正忱, 승정원 가주서 이광현李光鉉) 가운 데 한 명으로, 이 세 명의 사관은 각각 자신이 목격한 내용을 일기로 남겼다. 권정침은 안동 출신으로, 이후 그가 남긴 일명 《권정침일기》는 영남에서 폭넓 게 읽혔다. 그는 세자시강원의 설서였기 때문에 사도세자의 입장과 영남 남인 의 관점에서 이 기록을 남겼다. 당연히 당론이 들어 있는 기록이지만, 영남의 입장에서는 사도세자를 바라보는 기본 관점이 되었다. 이 때문에 이 기록은 이 후 이도현 부자의 상소와 1792년 영남 만인소의 배경으로 작용했다. 관련 내 용은 김명재, 〈임오화변을 목격한 사관들의 일기−자료의 현황과 진위 검토를 중심으로〉, 《퇴계학논집》 39집, 사단법인 퇴계학부산연구원, 2022, 77쪽 이하 참조. 이 일기가 이후 영남의 주요 상소운동의 근거가 되었음을 밝힌 부분에 대해서는 김영민, 앞의 논문을 참조.

39 전문은 《정조실록》 권35, 1792년 5월 7일 자 첫 번째 기사로 남아 있으 므로 이를 참조할 것. 한글로 번역된 내용은 https://sillok.history.go.kr/id/ kva_11605007_001를 참조.

40 이미 이 당시 소두가 참봉이었기 때문에 원칙에 따라도 굳이 근실 여부를 물을

필요는 없었다. 그러나 당시 소두가 순수한 유생이었어도 1차 상소의 영향으로 인해 근실을 묻기 힘든 상황이었다.

41 《정조실록》 권35, 1792년 5월 7일 기록.

07 삼소_시도와 좌절

1 조선시대 임금의 명을 받아 승지가 신하를 부르는 일종의 명령서를 말한다. '영슈' 자를 쓴 나무패에 신하의 이름을 써서 소속 관원인 원예院隸로 하여금 불러오게 했다.

2 황단은 대보단을 말한다. 명나라 신종에게 제사 지내기 위해 1704년(숙종 30) 창덕궁 금원에 설치된 제단이다.

3 이 내용은 《승정원일기》 1792년 5월 11일 자 기록 및 김한동의 《와운선생문집》과 이우의 《면암집》에도 동일하게 기록되어 있다.

4 정조는 이 자리에서 이우의 체직을 받아들이면서, 이들에 대한 인사 명령이 이우처럼 영남 인사들을 회유하기 위한 것이 아니었음을 분명히 했다. 지난번 상소 과정에서 자신이 직접 그 인물됨을 보았고, 이후 이조에서는 필요에 따라 이 사람들을 발탁해서 기용하라는 명이었다. 이우의 참봉 임명이 어떤 파장을 낳았는지 잘 알고 있다는 사실을 보여 주면서, 영남 인사들을 대상으로 매우 조심스러워하고 있다는 사실을 보여 주고 있다.

5 이는 선비에 대해 《논어》에서 "독실하게 믿으면서 학문을 좋아하고 죽음으로써 도를 잘 지켜야 한다. 위태로운 나라에 들어가지 않고 어지러운 나라에 살지 않으며, 천하에 도가 있으면 (자신을) 드러내고 도가 없으면 (자신을) 숨긴다. 나라에 도가 있는 데도 가난하고 천하면 부끄럽고, 나라에 도가 없는데 부유하고 고귀해도 부끄럽다"라고 말한 데에서 기인한다. 관련 내용은 《論語》, 〈泰伯〉, "子曰, 篤信好學, 守死善道. 危邦不入, 亂邦不居, 天下有道則見, 無道則隱. 邦有道, 貧且賤焉, 恥也, 邦無道, 富且貴焉, 恥也."

6 《정조실록》 권35, 1792년 5월 11일 두 번째 기사.

7 앞의 책, 같은 곳.

8 본관은 풍양이고, 자는 경대景大이다. 아버지는 소론 완론 탕평파 거두인 좌의

정 문명이었고, 동생은 진종(영조의 아들인 효장세자)의 비 효순왕후이다. 1744
년 음직으로 홍산 현감을 하는 과정에 춘당대문과에 급제해 이후 경상도 관찰
사, 이조판서, 우빈객 등을 역임했다. 1762년 사도세자 폐위 문제가 대두되었
을 때 세자를 보호하기 위해 상소를 올렸다가 역모 혐의로 종성에 유배되었다
가 사사되었다. 저서로는 《손재집損齋集》이 있다.

9 본관은 한산이고 자는 군칙君侧이다. 아버지는 설서 이필중이다. 1724년 사마
시에 합격하고 1735년 증광무과에 급제했다. 전라도 암행어사를 거쳐 부교리,
그리고 부승지와 장단 부사, 동래 부사 등을 역임한 뒤 1762년 도승지가 되었
다. 도승지였을 때 사도세자를 뒤주에 가둬 죽이려 하자 한낱 여인의 계시에
따라 세자를 죽이려 하느냐고 큰소리를 치면서 막으려 했지만, 이를 막지 못했
다. 이후 이조판서로 추증되었다.

10 류이좌, 《국역 천휘록》, 511쪽. 이날 김한동이 왕을 만나서 나누었던 내용은
《정조실록》 권35, 1792년 5월 12일 첫 번째 기사 참조.

11 류이좌, 《국역 천휘록》, 511쪽.

12 김한동이 편지를 보냈는데, 그 내용 중 핵심만 옮겨 오면 다음과 같다. "(돌아와
서) 유생들과 한곳에 모여 누누이 타일렀지만 유생들은 '임금의 하교가 이처럼
엄중해 신하의 분수로써 헤아려 보면 진실로 오늘 당장 물러나 돌아가야 함이
마땅합니다. 그러나 오직 구구하고 억울한 사정私情은 한 길로 마음을 같이해
천 리에 발을 싸매고 왔으니 집에 있는 부형이 자식을 보내고 동생을 보낸 것
은 한 번 백 세의 대의를 펼 수 있을 것이라고 여겼기 때문입니다. 그런데 정성
이 천박해 윤허를 얻지 못했으니 여러 사람들의 불만스러움이 이루 다 말할 수
없습니다.'……모두 잠시 돌아가지 말고 재계일齋日을 지나 내려가기를 원하고
있습니다." 관련 내용은 류이좌, 《국역 천휘록》, 512쪽.

13 벼슬을 받은 날이 단오 하루 전이었기 때문에, 당시 이 벼슬을 받지 않으면 의
릉에서 단오 의례를 행할 사람이 없었다는 판단에서 내린 하교였다.

14 《정조실록》 권35, 1792년 5월 11일 세 번째 기사.

15 이황은 실제 기대승과의 사단칠정 논쟁 과정에서도 지속적으로 논쟁을 제기하
는 기대승에 대해 이와 같은 입장을 제기하고 있다. 기대승에 대한 이황의 이

러한 평가는 이상호, 〈사단칠정 논쟁에서 보여 준 퇴계학파 초기 제자들의 사단칠정 이해〉, 《종교문화연구》 31집, 한신대학교 종교와문화연구소, 2018 참조. 또한 《심경부주心經附註》 관련해서 집요하게 문제를 제기했던 조목에 대해서도 이기기를 좋아한다는 비판을 제기할 정도였다. 관련 내용은 이상호, 〈초기 퇴계학파 제자들의 《心經附註》 이해와 퇴계학의 심학적 경향〉, 《국학연구》 34집, 한국국학진흥원, 2017 참조.

16 류이좌, 《국역 천휘록》, 513쪽.

17 제사는 기일 첫 새벽에 지내는 게 원칙이었으므로, 하루 전 저녁에 준비를 시작해서 다음 날의 시작 시간인 자시子時에 제사를 지냈다. 따라서 기제사 하루 전날 저녁은 제사에 들어가는 날이므로 '입재일'이라고 불렸다.

18 상소 내용은 《정조실록》 권35, 1792년 5월 12일 자 여섯 번째 기사로 실려 있음. 기사 전문은 국사편찬위원회 홈페이지(https://sillok.history.go.kr/id/kva_11605012_006) 번역문 참조.

19 류이좌, 《국역 천휘록》, 514쪽.

20 《정조실록》 권35, 1792년 5월 12일 자 여섯 번째 기사.

21 세초는 원고를 씻어 낸다는 의미로, 일반적으로는 조선시대 실록 편찬이 완료된 뒤 여기에 사용되었던 사초나 초고들을 파기하던 제도를 말한다. 여기에서는 상소 자체를 씻어 내라는 의미로, 상소 내용을 파기하게 했다는 의미이다.

22 노상추, 《노상추일기》, 1792년 5월 12일 기록.

23 남학은 한양에 있는 학당이다 보니, 성균관과 관계가 매우 가까웠다. 이 때문에 남학의 상급 기관이라고 생각되는 성균관에 억울함을 풀어 달라고 요청한 것이다.

24 청금록은 유생들의 인적 사항을 기록한 명부로, 거기에서 이름을 삭제함으로써 더 이상 성균관 유생으로 인정하지 않겠다는 의미를 담았다. 묵삭과 유사한 처벌로 볼 수 있다.

25 성균관 등에서 유생들을 대상으로 처벌할 때 사용했던 방법으로, 먹으로 이름을 지우는 행위이다. 이렇게 되면 과거에 응시할 수 없는 등 불이익을 당했다.

26 제소를 담당하고 있어서, 이들이 상소 초고를 만드는 작업을 했던 것으로 보

인다.

27 당시 소청에 봉사로 불릴 수 있는 인물은 전 사재감 봉사 류규 외에는 없었다. 류이좌가 한양에 올라오자마자 '대부'에 해당하는 문중 어른을 만났는데, 그 인물 역시 류규였다. 따라서 류규가 쓴 상소초가 세 번째 올릴 소본으로 채택된 듯하다.

28 당시 좌의정 채제공은 더 이상 류성한의 일을 조정에서 거론하지 않겠다고 상소를 올리고 경연에서 이 같은 입장을 냈는데, 이를 말하는 듯하다.

29 류이좌, 《국역 천휘록》, 520쪽.

30 《정조실록》 권35, 1792년 5월 22일 기사. 이 상소가 김한동을 만나고 난 이후인지, 아니면 이전에 올린 것인지 알 수 없지만, 상소의 서두를 보면 전날 정조가 내린 하교의 내용을 듣고 쓴 것이라고 밝히고 있다. 이러한 점에서 보면 이는 이미 전날 상소문을 완성해서 이날 올린 것으로 볼 수 있다.

31 이병훈, 앞의 글, 74쪽.

32 처음에 소청에 참여한 사람은 35명 정도였는데, 이때 내려갈 인원과 남아 있는 인원들을 모두 계산하니 47~48명 사이였다. 아마 상소운동을 지속하는 과정에서 참여자가 늘면서, 기록에 따라 인원에 조금씩 차이가 있었던 듯하다.

33 이 당시 유통되던 화폐인 상평통보를 의미하는 것으로, 주로 동을 가지고 주조했기 때문에 이렇게 표현한 듯하다. 지금도 구리를 중심으로 주조한 화폐를 동전銅錢이라고 부르는 이유이다.

34 1관은 당시 동전 1,000문으로, 한 닢의 동전을 1문이라고 불렀다. 10문이 1돈이었고, 10돈이 1냥이었으니, 1냥은 100문(닢)이다. 따라서 1관은 10냥인데, 이 비용은 한양 도성의 규모 있는 한옥 한 채 값의 10분의 1에 해당할 정도의 거금이었다.

35 경저리는 각 지역 단위에서 한양에 설치한 연락 사무소에서 근무하는 지역의 연락 담당자들이었다. 지역과 한양을 잇는 역할을 했다. 이들은 지방관의 선임에 따른 소식 전달로부터 대동미 납부, 지역민들을 대상으로 한 숙식 제공 등 지방의 한양 관련 다양한 업무를 맡았다. 이러한 업무 담당자들을 경저리京邸吏 혹은 경주인京主人으로 불렀고, 이들이 근무하던 곳을 경저京邸 혹은 경재소京在

所라고 불렀다.

36 1민은 꿰미를 의미하는 민緡을 사용하는데, 이는 꿰었다는 의미의 관貫과 같은 의미로 사용했다. 즉 동전 100닢(문)을 묶어서 사용한 데서 유래했기 때문이다. 따라서 1냥, 1민, 1관은 모두 같은 의미이며, 100민이라면 100냥을 의미했다. 자세한 내용은 박혜숙, 앞의 논문 참조.

37 경상도 4군데 도호부는 상주와 안동, 경주와 진주로, 경상도의 대표적인 도시이다. 이를 경상도 4계수관이라고 해서 경상도 전체의 핵심적인 행정도시를 의미했다. 따라서 이곳에 통보한다는 것은 경상도 전체에 이 내용을 알린다는 의미이다.

38 자세한 내용은 이욱, 〈무경일록(해제)〉, 《국역 조선 후기 영남 사림 일기》, 한국국학진흥원, 2008, 593쪽 참조.

39 이 갈등은 이후 안동향교를 둘러싼 향권 다툼으로 이어진다. 1798년의 경우 당시 안동향교는 지역에서 많지 않은 노론 계열들이 향권을 잡고 있었으며, 이들은 같은 노론인 안동 부사와 같은 지방관들의 지원을 받았다. 이 과정은 저자 미상, 이욱·임노직 역, 〈(국역)무경일록〉, 《국역 조선후기 영남사림 일기》, 한국국학진흥원, 2008, 601쪽 이하에 잘 나타나 있다. 이후 1800년대가 넘어가면서 이 당시 봉안된 모든 기록이 사라져 현재까지 전해지지 않고 있다.

40 이 시기는 아마 1800년 7월 정조의 사망 이후로 추정된다. 정조 사망 이후 도산별과를 기념해 세운 시사단비 역시 1801년 변을 당해 훼철되었다가 1824년 새로 만들어졌는데, 이러한 상황에 비추어 볼 때 정조 사망 이후 벽파가 다시 조정 권력을 차지하면서 지역에서도 그에 따른 조치들이 시행된 듯하다. 이 시기 최초 만인소에 대한 정조의 비답과 교지 등 다양한 기록들이 사라졌을 것으로 추정된다. 시사단비 중건을 위한 논의는 《번암집》 발간 과정을 기록한 《(번암집)刊所日記》 1823년 7월 8일에 이루어지고 있는 것을 확인할 수 있다. 이 내용은 국역을 통해 한국국학진흥원이 발간한 《문집 판각의 기록—간역시일기》에 포함되어 발간되었다. 관련 내용은 한국국학진흥원 기획, 심상목·정재석·조천래 번역, 〈간소일기—《번암집樊巖集》〉, 《문집 판각의 기록—간역시일기》, 한국국학진흥원, 2015, 105쪽 이하 참조. 시사단비 뒤에 보면 1801년 훼철되

었다가 1824년 그 결과에 따라 시사단비가 중건되었다는 기록이 남아 있다.

에필로그_만인의 청원, 만인소운동

1 관련 내용은 노상추의 기록에 보인다. 노상추, 《노상추일기》, 1792년 5월 25일 자 기록 참조.

2 노상추는 이러한 왕의 지시가 이해되지 않는다는 기록을 남기고 있지만, 당시 김종수는 노론 벽파의 거두였다. 따라서 정조의 이러한 행동은 당시 정국에서 노론 벽파의 반응을 확인하고, 자신이 정국을 주도하고 있음을 보여 주려 했던 것으로 추정된다.

3 앞의 책, 1792년 5월 27일 자 기록.

4 노상추, 《노상추일기》, 1792년 6월 22일 자 기록 참조. 아래 도목정사 결과는 노상추의 기록에 따른 것으로, 그러다 보니 그가 속한 무관들 기록이 중심을 이룬다.

5 영남 출신의 선천은 거의 이루어지지 않을 정도였다. 원래 무과 출신이 선천에 드는 비율도 적은 데다, 영남 출신은 더더욱 들기 힘들었기 때문이다. 관련 내용은 정해은, 《조선의 무관과 양반사회》, 역사산책, 2020 참조.

6 노상추, 《노상추일기》, 1792년 9월 7일 자 기록.

7 노상추의 기록에는 능 이름을 비운 채 기록되어 있어서, 부득이 □로 표시했다. 다른 기록에 따르면 김희택은 혜릉惠陵 참봉에 제수된 듯하며, 김시찬은 정확치 않다.

8 노상추, 《노상추일기》, 1792년 7월 21일 자 기록.

9 노상추, 《노상추일기》, 1792년 9월 7일 자 기록.

10 〈쌍벽가〉는 현존하는 가장 오래된 내방가사이다. 내방가사는 안동 지역 및 안동문화권에서 혼맥으로 엮인 경상북도 북부 지역을 중심으로 여성들이 집단으로 창작하고 함께 낭송을 통해 전승했던 가사를 지칭한다. 여성들이 한글로 자신들의 생각을 집단으로 표출했던 내방가사는 전근대 시기 동아시아 여성들의 주체적인 문화활동을 증언하는 기록물로 인정되어 2022년 유네스코 세계기록유산 아시아·태평양 지역 목록에 등재되었다. 〈쌍벽가〉 역시 이 목록의 가장

오래된 내방가사로 등재되어 있다.

11 류이좌의 초계문신 활동에 대한 자세한 내용은 김문식, 〈정조대 류이좌의 초계
   문신 활동〉,《동양학》제76집, 단국대학교 동양학연구소, 2019를 참조.

12 류성한은 만인소운동이 일어난 지 약 2년 반 뒤인 1794년 12월 사망했다. 물론
   그가 상소를 올린 이후 엄청난 비난과 비판을 받았고 심지어 어떤 사람이 자복
   할 것을 권할 정도였지만, 그렇다고 그가 특별한 처벌로 인해 사망한 것은 아
   닌 것으로 보인다.《정조실록》에는 그의 졸기가 남아 있는데, 거기에서도 "상
   은 끝까지 그를 죄주지 않았다"라고 기록되어 있다. 관련 내용은《정조실록》
   권 41, 1794년 12월 30일 자 기록.

13 이에 관해서는 이상호, 〈조선 시대 만인소 운동의 철학적 배경〉,《국학연구》38
   집, 한국국학진흥원, 2019 참조.

찾아보기

인명

【ㄱ~ㅂ】

강세륜 85, 125, 134, 188, 189

강세응 85, 125, 172

경종 29, 49, 50, 52, 53, 152

구선복 136

권방 8, 62, 88, 97, 151, 186

권사회 66

권정침 161

길재 25

김시찬 111, 186, 199

김종수 196

김종호 101

김한동 9, 57, 125, 134, 151, 169, 176, 177, 181, 190, 201

김희 150

남필석 98, 99, 125

단의왕후 심씨 49

류규 62, 156

류상조 200

류성한 12, 40~49, 51~57, 59, 61, 62, 64, 66, 67, 69, 70, 75, 118, 119, 136, 143, 167, 168, 170, 183, 187, 189, 195, 196, 201

류이좌 8, 11~13, 15, 62, 64, 68, 75 ~88, 96, 101, 102, 110, 112, 114, 119, 124, 126, 128, 131, 134, 137, 149, 160, 176, 183, 185, 197, 199, 200, 207

류회문 70, 78, 100, 152, 155, 181

맹현대 118, 146, 147

박종악 48, 148

【ㅅ~ㅇ】

사도세자 5, 9, 15, 16, 30~32, 39, 41, 42, 53~57, 59, 67, 74, 106, 118, 119, 121, 129, 131, 132, 134, 135, 137, 158, 159, 161, 167, 175, 178, 179, 182, 184~187, 190, 191, 195, 196, 207, 208

선의왕후 어씨 152

성언집 78, 79, 81, 83, 98, 125, 134, 149, 151

숙종 28, 201

영조 29, 31

윤구종 48~55, 58, 61, 88, 143, 183,
　196
이경유 111, 154, 170
이도현 16, 70, 204
이동수 118, 146, 147
이만수 23, 34, 184
이산(→정조)
이상정 151, 200
이세윤 62
이언적 24, 34, 35, 65
이여간 75
이우 56, 67, 70, 78, 80, 86, 111,
　118, 122~124, 127, 130, 131, 134,
　149~156, 162, 170, 171, 173, 174,
　179~181, 184, 186, 190, 200, 201
이응원 16, 204
이익운 158, 200
이익진 144
이인좌 29, 30, 33
이인행 62, 88. 159
이지영 55, 56, 129, 163
이진동 35
이탄 29
이헌유 62, 108, 134, 151, 156
이황 24, 25, 27, 34, 35, 65, 181
임제원 138, 141

【ㅈ~ㅎ】
정몽주 25, 65
정약용 31
정여창 65, 160
정조 5, 6, 8, 15~17, 30~37, 39~52,
　54~58, 61, 69, 74, 109, 119, 121,
　129
정필규 111
정희량 29
조거신 154
조관진 175
조덕린 35
조재호 175
채제공 31~33, 35, 46, 53~55, 57,
　58, 61, 69, 70, 74, 91, 169, 189,
　200~202
최명진 143
최봉우 154
최현중 48, 49
한광조 158
한대유 158
한치응 144
홍계희 136
홍인한 30, 136
홍인호 44~47
황익재 35, 40
희빈 장씨 50

용어 및 장소

【ㄱ~ㅂ】

갑술환국 29

경모궁 121, 132, 187

경신환국 29, 30

공론 6, 47, 56, 58, 59, 67, 70~74,
97, 100, 110, 125, 137, 145, 163,
191, 203~207, 209

공론정치 73

공릉 88

공사원 66, 69, 96, 100, 105, 110,
111, 120, 141

관물루 66

관학(→성균관)

《교남빈흥록》 37

구계서원 70

권당 145, 146

규장각 23, 32, 34

근기 남인 25

근실 109, 110, 115~120, 122~126,
142~147, 162, 184

기호 노론 5, 8, 15, 16, 29, 30, 39,
74, 161, 167, 168, 193, 200, 201

낙점 98, 111, 149, 198

남인 5, 8, 25, 28, 30, 31, 33, 39, 50,
87, 107, 118, 161, 201

남학 182, 184, 185, 187, 188, 198

노림서원 70

단계서원 68

도남서원 64, 65

도련저주지 105

도목정사 149, 198, 199, 207

도산별과 8, 25, 33, 36, 39, 40, 61

도산서원 23, 25, 27, 33, 34, 36, 68,
90, 91, 107, 108

도연서원 68

도회 66~70, 89~91, 97, 107, 192,
193, 197

돈화문 120~124, 126~128, 132, 133,
162

동릉 49

동일방(동재) 118, 143

만인소운동 6~9, 90~92, 195, 197~
199, 201, 202, 206~209

망단자 98, 99

무신란 35, 36

《무신창의록》 35

묵계서원 68

반인도청소 96, 97, 121

반촌 62, 63, 84, 85, 87, 88, 96, 164,
193

방외 유생 145

배소 111

배소 유생 87, 89, 90, 95, 111

백인소 74

《번옹유사》 31

벽파 57, 118, 196, 201

병산서원 13, 14, 67, 68, 75, 89

보우 탄핵 상소 71

봉서암 11~13, 62, 75, 88, 200

비답 42~44, 46, 54, 56, 70, 73, 126,
　　127, 129~131, 137, 138, 141, 143,
　　150, 161, 163, 164, 167, 169, 188,
　　191, 193, 194, 197, 205

【ㅅ~ㅇ】

사빈서원 70

사소 101, 111, 112, 149, 162, 185,
　　200

사현사동 96

삼계서원 12, 14, 62, 64, 66~70, 75,
　　89~91, 97, 102, 107, 112, 147,
　　197

삼봉서원 68

삼순(정순) 152, 153, 156

상색장 116, 117

상소(문) 5~7, 12, 15~17, 31, 35,
　　40~57, 60, 62~64, 66, 67, 69~
　　75, 83, 87, 89~91, 93, 95, 96,
　　101~113, 115~131, 135~139,
　　141~159, 161~164, 167~172,
　　175, 177~179, 182~191, 193, 195
　　~197, 201, 202, 204, 205, 207,
　　208

상소초 101, 103, 117, 206

선혜청 62, 107, 108, 151, 156

성균관 10, 47, 62~64, 66, 96, 110,
　　115~117, 119, 123~125, 142~
　　147, 149, 182, 184, 185, 199

소두 7, 9, 67, 69, 96~102, 104, 107,
　　109~111, 115, 116, 118, 121~128,
　　130, 137, 138, 141, 149~151, 153
　　~158, 161~163, 173, 174, 176,
　　179~184, 186, 193, 200, 201, 206

소록 93, 101, 102, 161, 183, 185~
　　187

소본 102~104, 115, 118, 120, 122,
　　186, 187, 206, 207

소색 101

소청 186~195, 197~200, 206

수결 6, 90, 96, 103, 106, 115, 120,
　　149, 206

수락대 76

수철교 76, 78, 80

숙장문 128, 133

숭덕전 23, 24

숭릉 51, 52

승정원 47~50, 110, 122, 124~128,
　　141, 144, 162, 163, 170, 174, 178,
　　183, 188, 191

《승정원일기》 144, 149

시권 36

시사단 91

신문고 184

〈쌍벽가〉 200

안동향교 192~194,

언로(의 보장) 42, 73, 122, 123, 209

연명 상소 5, 101, 110, 125, 152, 204, 205

영남 남인 5, 8, 25, 30, 39, 50, 107, 118, 161, 201

영남 사림 25, 71

영남우로 84, 85

영남좌로 85

영남중로 85

영남학파 25, 27

예송 논쟁 28

옥산서원 23, 24, 34

월근문 121, 132

의릉 참봉 149, 150, 153, 179, 180, 200

일기유사 101, 111, 200

1855년 만인소 69, 104, 106, 120

임오화변 32

【ㅈ~ㅎ】

장림역 78, 80, 81

장보 67, 97, 110, 111, 122, 127, 129, 13, 134, 138, 139, 141, 156, 163,

205

장우원 80, 81

장의 101, 104, 116~119, 122, 125, 128, 142~144, 146, 147

장해원(장호원) 80, 81, 83

장후점 79~81

《정조실록》 150

제소 101, 103, 122, 128

좌재일 182, 184, 185

죽령 76, 78, 80, 84~86

진도문 27, 34, 36

진사 62, 78, 116, 143, 199

진산사건 33

진신 64, 67, 97, 98, 109, 110, 111, 115, 117, 121~130, 134, 137~139, 141, 155, 156, 172, 191

진청 171, 173~177, 190~192

창경궁 121

창덕궁 120, 121, 132, 133

천망 98, 99, 111

천인소 74

청금록 184, 185

청좌 유생 100. 111, 154~156

출숙 152

출처 문제 172

《탁지준절》 104

태학(성균관) 123, 143, 145, 184

통문 64, 66~69, 89, 90, 102, 107,

112, 116, 123, 145, 147, 168

퇴계학 25, 28, 193

패초 168, 188

평영남비 29

풍기향교 12, 68, 70, 75~78, 80, 101

하색장 116, 117

하회(마을) 11, 13, 84, 85

향안 99

현릉원 32

협양문 128

혜릉 49~52

호계서원 70

환국정치 28

황강역 80, 81

희정당 129~131, 133

영남 선비들, 정조를 울리다
—1792년 만인소운동

2024년 5월 14일 초판 1쇄 인쇄
2024년 6월 28일 초판 2쇄 발행

글쓴이	이상호
펴낸이	박혜숙
디자인	이보용 김진
펴낸곳	도서출판 푸른역사

　우) 03044 서울시 종로구 자하문로8길 13
　전화: 02)720－8921(편집부) 02)720－8920(영업부)
　팩스: 02)720－9887
　전자우편: 2013history@naver.com
　등록: 1997년 2월 14일 제13－483호
　ⓒ 이상호, 2024

ISBN 979－11－5612－276－0　04900
ISBN 979－11－5612－193－0　04900(세트)

• 잘못 만들어진 책은 교환해드립니다.